U0957000

欧洲之心

人文视角下的捷克国别研究

宋　静◎著

九州出版社
JIUZHOUPRESS

图书在版编目（CIP）数据

“欧洲之心”人文视角下的捷克国别研究 / 宋静著．北京：九州出版社，2025.4. -- ISBN 978-7-5225-3851-8

Ⅰ. K952.4；K952.5

中国国家版本馆 CIP 数据核字第 2025Q06Q46 号

“欧洲之心”人文视角下的捷克国别研究

作　　者	宋　静　著
责任编辑	田　梦
出版发行	九州出版社
地　　址	北京市西城区阜外大街甲 35 号（100037）
发行电话	（010）68992190/3/5/6
网　　址	www.jiuzhoupress.com
印　　刷	三河市华东印刷有限公司
开　　本	710 毫米×1000 毫米　16 开
印　　张	19
字　　数	300 千字
版　　次	2025 年 4 月第 1 版
印　　次	2025 年 4 月第 1 次印刷
书　　号	ISBN 978-7-5225-3851-8
定　　价	98.00 元

★版权所有　侵权必究★

目　录
CONTENTS

引　言 …… **1**

第一章　捷克民族国家的历史 …… **4**

第一节　早期民族国家的萌发 …… 4

第二节　波希米亚王国的沉浮 …… 7

第三节　反法西斯民族解放运动 …… 20

第四节　人民民主主义道路的曲折 …… 26

第五节　改革严寒："布拉格之春" …… 31

第六节　全面转轨："天鹅绒革命" …… 34

第二章　捷克民族国家的政治 …… **43**

第一节　捷克哲学的政治转向 …… 43

第二节　"捷克问题"的百年思考 …… 68

第三节　捷克共和国的地缘政治思想 …… 77

第四节　捷克共和国的政治学发展 …… 87

第五节　捷克共和国的政党体制 …… 101

第六节　捷克政策话语中的智库 …… 118

第三章 捷克民族国家的社会 …… 130
第一节 捷克的国民心理 …… 130
第二节 捷克的移民融合 …… 145
第三节 捷克共和国的社会学发端 …… 153
第四节 捷克社会学的扩展期 …… 160
第五节 捷克社会学的复兴期 …… 167
第六节 捷克社会学的“正常化” …… 179

第四章 捷克民族国家的法律 …… 186
第一节 摩拉维亚帝国的法律 …… 186
第二节 卢森堡时期的法律 …… 191
第三节 胡斯时期的法律 …… 195
第四节 王室时期的法律 …… 196
第五节 绝对主义时代的法律 …… 202
第六节 开明专制主义的法律 …… 204
第七节 奥地利帝国的法律 …… 212

第五章 捷克民族国家的文化 …… 231
第一节 捷克语言的历史沿革 …… 231
第二节 富有民族主义的捷克文学 …… 237
第三节 绚烂璀璨的民族音乐 …… 249
第四节 民族认同的文艺话语 …… 253
第五节 捷克汉学研究的回顾 …… 267
第六节 夸美纽斯的教育思想 …… 277

附 录 …… **282**

附录 1 捷克共和国历任总统 …… 282

附录 2 捷克共和国历任总理 …… 283

附录 3 捷克内阁成员的政党属性 …… 284

参考文献 …… **285**

后 记 …… **294**

引　言

人文泛指人类社会的各种文化现象，内容涉及一切以人为载体的社会活动，可以细化为文化、艺术、教育、哲学、历史、法律、民族等人文社科领域。作为国别区域研究的成果，本书从跨学科和交叉性的人文视角去研究捷克共和国，旨在建立起学界对捷克国家的整体性认知，读懂“欧洲之心”的国情、社情和民情。由于位于欧洲的心脏地带，捷克长期处于东西方文明的交汇、碰撞和融合之中。大国邻邦的影响、宗教王权的纷争、战争与和平，引发捷克社会的不断变革，民族命运在历史中起起落落，都在文化中留下了印记。首都布拉格是一座具有丰富历史文化遗产的城市，在 14 世纪末曾为神圣罗马帝国的中心，在 20 世纪还发生过世人关注的“布拉格之春”“天鹅绒革命”。纵观历史，文人治国是捷克上层建筑最为鲜明的特点之一。他们给这个国家带来丰满的精神追求和命运思考，并将本民族的历史任务确定为“充当欧洲东西方之间的桥梁”。这一隐喻赋予了捷克人同时拥有两种截然不同的欧洲文化和价值体系，虽然时常表现为双重性格下的谨慎、犹豫和摇摆，但理性、务实和平衡才是捷克政治智慧的内核。

捷克人把自我文化形象归结为三件国家叙事：第一，捷克民族遭受了数百年的苦难，但在文化中固守了生存的意义。捷克文化的表象是斯拉夫元素和日耳曼元素的混合，其内核是不断淬炼强化的民族意识；第二，胡斯主义是捷克历史的顶峰，是捷克民族性格的体现；第三，捷克精英通过人本和民主的政治表达，构建了国家身份，实现了民族复兴。捷克人自称他们是“无霸气而有贵族气的国家”，是“政治上的小国，文化上的大国”。昆德拉有句名言：“做小国人的优势在于，他可以成为一种世界性的公民”，这些都充分体现了这个西斯拉夫国家“小而美”的文化特点。

本书内容分为五章，分别从捷克民族国家的历史、政治、社会、法律及文化层面展开。第一章是捷克民族国家的历史，主要梳理了大摩拉维亚、波希米亚王国、胡斯运动、反法西斯民族解放运动、人民民主主义道路等历史时期和“布拉格之春”“天鹅绒革命”两大历史事件。第二章是捷克民族国家的政治，涉及捷克的哲学思想发展、政治思想、政党体制、政策话语和智库的关系。第三章是捷克民族国家的社会，展示了捷克的国民性格及其构成，初步探讨了捷克移民和融合问题，并细致梳理了捷克社会学在发端、扩展、复兴和“正常化时期”的发展历程。第四章考察了捷克民族国家的法学历史渊源，包括摩拉维亚帝国、卢森堡时代、胡斯时期、王室时期、绝对主义时代、开明专制主义时代、奥地利帝国的法律发展史。第五章概述了捷克民族国家的文化学，包括捷克民族的语言、文学、音乐、文艺话语、汉学研究和代表性的教育思想。

捷克共和国由波希米亚（Bohemia［英］，Bohémy［捷］）、摩拉维亚（Moravia［英］，Moravy［捷］）和西里西亚（Silesia［英］，Slezska［捷］）组成。这枚盾徽形象地揭示了捷克的历史渊源。盾面分四部分：左上方和右下方为红地上白色的双尾狮，狮子头戴金冠，爪为金黄色，前爪腾起，代表波希米亚；右上方为蓝地上红白色相间的鹰，代表摩拉维亚；左下方为黄地上头戴金冠的黑鹰，爪为红色，胸前绘有白色月牙，十字形和三叶形饰物分别位于月牙中央和两端，代表西里西亚。捷克人的故乡是古老的波希米亚王国，这个王国把红、白、蓝色作为国色，其中红色象征勇敢和不畏困难的精神，白色代表神圣和纯洁，蓝色来自原来的摩拉维亚和斯洛伐克省徽章的颜色。

第一章

捷克民族国家的历史

捷克早期先后建立大摩拉维亚、波希米亚王国，在日耳曼征服后成为神圣罗马帝国的组成部分。13 世纪后，捷克王国再度成为中欧强国，大大地促进了捷克民族的发展。15 世纪早期，胡斯宗教改革运动在反对天主教会和哈布斯堡王朝的过程中深刻影响了捷克民族文化和价值观念的形成。捷克共和国成立后，经历了第二次世界大战的洗礼，摆脱民族压迫，选择了社会主义道路。作为东西方阵营对峙的前沿，“布拉格之春”和“天鹅绒革命”成为冷战史上重大的标志性事件。国家解体后，捷克开始向西方民主政体和资本主义经济转轨，重新回归西方。

第一节　早期民族国家的萌发

文化属于历史范畴，每一国家都有与之社会形态相适应的文化，并随着历史发展而不断演变。捷克版图内有史可查的最早居民是波希人，与高卢人同属蛮族凯尔特人。公元前 2 世纪时，罗马帝国向北扩张，凯尔特各部落被迫向西逃离大陆，进入不列颠群岛。波希人虽然跟着其他部落一起逃离了家园，罗马人却仍然将此地命名为“Boihaemum”，意思是波希人的家园，这是“波希米亚”这一名称的最早来源。凯尔特人留下了相当长时间的印记，然后在公元前 15—10 年左右由日耳曼夸迪人（Quadi）继承，最后一支斯拉夫人在 6—7 世纪进入波希米亚，他们的部落名称叫“Čechy”，音译就是“捷克”。捷克人与留在此地的日耳曼人相邻而居，成为这片土地的主人。从人种上看，捷克人属于西斯拉夫人。捷克人的祖先来自北方，发祥地在奥得河和维斯瓦河以外的某个地方。“摩拉维亚”一词与摩拉瓦河有关，从波罗的海到亚得里亚海的重要贸易路线是通过摩拉瓦河流域发展起来的，故此得名。根据捷克学弗兰兹·卡夫卡的记载，自从旧石器时代起，布拉格所在的地方就已经有人类定居。在远古时期，在捷克和斯洛伐克境内主要有三个不同人种，即乌涅蒂采人（Unetician）、圆墓人（Tumulus）和卢齐支人（Lusatian）。这些土著被认定为捷克人的先祖。① 从社会发展形态来说，捷克民族形成的这个过程，正是原始公社逐渐解体和国家开始产生的时期，跨过奴隶制度直接从原始社会过渡到封建社会。

一、大摩拉维亚国家的建立

虽然山脉和森林为波希米亚提供了保护，但多瑙河以北及其支流沿岸的低地部落却受到亚洲游牧民族阿瓦尔人从匈牙利平原进攻的沉重压力。斯拉夫部落在法兰克商人萨莫的领导下抵御住阿瓦尔人，控制了包括波希米亚部分地区的大片领土，建立了“萨莫帝国”（Senonian Country，623—658）。这个部落同盟曾强大到击溃了来自法兰克帝国的入侵，其领域一直延伸到今萨克森境内和上奥地利。不过，这个部落同盟只存在了 35 年。公元 658 年萨莫死后，关于他的帝国历史便没有了记载。② 帝国崩溃后，波希米亚又裂解为部落社会。直到公元 805 年查理曼大帝赶走阿瓦人之后，捷克人和斯洛伐克人才建立起自己最古老的民族国家——大摩拉维亚（Great Maravian Empire，830—846），又称莫伊米尔王朝（Mojmirids）。卡夫卡认为，“大摩拉维亚帝国是最古老的西斯拉夫人国家，组成这个国家的不仅包括波希米亚、摩拉维亚和斯洛伐克的斯拉夫人，而且还有卢齐支的塞尔维亚人和波兰人，同时通过潘诺尼亚的斯拉夫人而与南斯

---

① 弗兰兹·卡夫卡. 捷克斯洛伐克史纲卷［M］. 叶林，译. 上海：上海三联书店，1973：6.

② 弗兰兹·卡夫卡. 捷克斯洛伐克史纲卷［M］. 叶林，译. 上海：上海三联书店，1973：18.

拉夫人联系起来。这是第一个包括捷克人和斯洛伐克人的国家"①。从社会发展形态上说，大摩拉维亚帝国的建立也标志着捷克人和斯洛伐克人直接从以公有制为基础的原始社会进入了以私有制为基础的封建社会。三个地区成为潜在的国家中心：尼特拉河沿岸的低地、摩拉瓦河下游和捷克部落居住的波希米亚中部。随着时间的推移，捷克人上升到了主导地位，但未能击败东部和东北部的部落。

二、日耳曼征服与基督教归化

建国后不久，大摩拉维亚就面临东法兰克帝国（Eastern Frankish Kingdom）的威胁。当时，法兰克的统治者被教皇加冕为罗马皇帝，企图统治基督教化的整个欧洲，不能容忍周边存在有非基督教的斯拉夫帝国。846 年，查理大帝之孙日耳曼人路易二世（Louis Ⅱ）亲率大军远征摩拉维亚，废除了莫伊米尔一世，改立其子罗斯蒂斯拉夫（Rostislav）为大摩拉维亚帝国的国王。除政治压力下，来自日耳曼的天主教势力也向摩拉维亚施压。在腹背受敌的形势下，罗斯蒂斯拉夫意识到，只有信奉基督教才能化解来自东法兰克帝国的威胁，同时谋求独立的教会管理权限和用斯拉夫语传教以保持民族独立自由与文化安全。于是，大摩拉维亚在 863 年迎来了拜占庭传教团希腊籍的东正教传教士西里尔（Cyril）和美多德（Methodius［英］，Metoděj［捷］）。他们用斯拉夫语言传播基督教。大摩拉维亚信奉天主教是罗马教皇和东法兰克帝国所规定的，同时，大摩拉维亚还受到拜占庭的影响，用斯拉夫文字传播天主教，结果引起日耳曼教会和东法兰克帝国的不满，双方就斯拉夫礼拜语言问题发生了争执。教皇阿德里安二世为避免日耳曼教区势力的过度膨胀，准用斯拉夫语传教。870 年，大摩拉维亚获得独立的教会管理权限。② 与此同时，为了进一步摆脱东法兰克帝国的影响，罗斯蒂斯拉夫还与东罗马结成军事结盟，顺利地兼并了邻近的波希米亚和卢齐支斯拉夫人的土地。

---

① DENNIS P, HAROLD E. *The Palgrave Concise Historical Atlas of Eastern Europe*［M］. New York: Palgrave Macmillan, 1996: 9.

② 弗兰兹·卡夫卡. 捷克斯洛伐克史纲卷［M］. 叶林，译. 上海：上海三联书店，1973: 6.

三、帝国的扩张与崩溃

罗斯蒂斯拉夫晚年遭到其侄子斯瓦托普卢克（Svatopluk）的宫廷政变。不过，后者当政时期，国势强盛，开始对外扩张，疆域一直扩大到西里西亚的斯洛伐克人部落领域，大摩拉维亚达到了鼎盛时期。然而，斯瓦托普卢克去世、他的儿子莫伊米尔二世（Mojmir Ⅱ）继位后，大摩拉维亚很快就衰败了。除了内部割据势力四起、边疆地区纷纷脱离统一的国家结构之外，马扎尔人（Hungarian 或 Magyars，即匈牙利人）也不断从外部侵扰，并进入了多瑙河平原，存在了 76 年的大摩拉维亚最终在 906 年瓦解，捷克民族大联合受到破坏，西部捷克地区并入波希米亚王国，东部斯洛伐克并入匈牙利王国，两个独立民族开始了不同的命运。①

第二节　波希米亚王国的沉浮

在大摩拉维亚帝国末期，波希米亚各部落从摩拉维亚帝国脱离出来，投靠了巴伐利亚的勒根斯堡（Regensburg）教区，以波希米亚为中心的捷克国家开始出现，成为大摩拉维亚的继承者。波希米亚王国大致以 1562 年为分水岭，划为前后两个时期。前期（873—1526）历时 450 余年，存在 3 个朝代，分别是普什米塞王朝（Přemysl Dynasty）、卢森堡王朝（Luxemburg Dynasty）和雅盖隆王朝（Jagiellon Dynasty）。后期（1526—1918）则被统治于哈布斯堡王朝之下长达 400 年之久。

到 1626 年失去国家独立而成为奥地利哈布斯堡王朝的省份为止，捷克王国存在了大约 725 年。在这 7 个多世纪中，捷克王国的发展时起时伏，数次成为中欧的强国，又多次陷入内乱和外族干预之中，直至失去独立。

---

① 陈广嗣. 捷克［M］. 北京：社会科学文献出版社，2005：52.

一、中欧称强：普什米塞王朝

捷克王国的缔造者是普什米塞家族的瓦茨拉夫一世（Vaclav I，921—929 年在位），他建立了捷克历史上的第一个王朝——普什米塞王朝，因其致力于弘扬基督教教义，死后封圣，被称之为“圣·文采斯劳斯”（St. Wenceslaus）。捷克人把 929 年视作捷克的建国元年，而瓦茨拉夫就上升为国家独立的象征和波希米亚民族的保护神。

在瓦茨拉夫之后两个继任者波列斯拉夫一世（Boleslav I，929—967 年在位）和波列斯拉夫二世（Boleslav Ⅱ，967—999 年在位）当政期间，生产力的发展推动了封建农奴制的形成，捷克王国跻身中欧强国之列。在这一时期，捷克国泰民安，粮食丰裕充足，对外贸易十分活跃，造币业非常发达，经济发展领先于北方诸国，以至于布拉格得到“白石之城”的美誉①。在对外关系方面，捷克王国并没有像易北流域许多斯拉夫民族那样被异族征服，不但成功地抵御了神圣罗马帝国，维护了独立，而且完成了早期的对外扩张，包括波希米亚、摩拉维亚、克拉科夫、西里西亚和卢齐支，大体上恢复了大摩拉维亚帝国的疆域。

二、王位之争：神圣罗马帝国干涉

在 10—12 世纪里，捷克王国始终是神圣罗马帝国与波兰王国相互争夺的目标。950 年，神圣罗马帝国击败波希米亚，一度将其变为帝国的附庸。波列斯拉夫二世死后，普什米塞家庭发生了王位之争，周边大国势力伺机介入。罗马皇帝亨利二世借王位继承问题首先干涉捷克，试图将其纳为藩属。不料，觊觎捷克已久的波兰国王率先抢得对捷克王国的控制权，一度将克拉科夫、摩拉维亚和斯洛伐克划归波兰（1003—1004），但旋即被日耳曼征服。直到 1025 年，摩拉维亚才重新回到波希米亚手中。此后，普什米塞家族内部争夺王位的斗争始终不断，加上神圣罗马帝国的不断干预，使波希米亚的独立再度受到了严峻的威胁。当日耳曼皇帝巴巴罗萨发起第二次十字军东征，波希米亚公弗拉基思拉

① 弗兰兹·卡夫卡．捷克斯洛伐克史纲卷［M］．叶林，译．上海：上海三联书店，1973：24.

夫二世出兵相助，因此被封为捷克的世袭国王和神圣罗马帝国的选侯之一。自此，捷克成为神圣罗马帝国的一个组成部分。1212 年，他利用神圣罗马帝国皇位继承的纠纷，促使神圣罗马帝国国王腓特烈二世（Frederick II）颁布《西西里金皮诏令》，承认波希米亚王位由捷克贵族选举产生，帝国不再干涉其内政。波希米亚王国可在帝国范围之外，享有王权独立地位，自铸货币，有权任命主教，民族独立性大大增强。现在捷克国家的国徽图案就来自当时的王权徽记，即一块红色的盾牌，上面是一头头戴金色皇冠、身披金甲、跳跃的双尾雄狮。

13 世纪后，捷克王国再度成为中欧强国，原因有两点。一方面，边患不再，战乱减少，国际环境得以改善。1254—1273 年间，神圣罗马帝国出现了帝位空缺，干涉捷克事务的念头大大地减弱。相反，有了较强经济实力做依托的捷克国王们为了取得中欧大国地位，还试图干预神圣罗马帝国的内部事务。另一方面，君主常邀西邻的日耳曼人入境，或开垦山林银矿，或集聚城镇从事工商，经济取得进一步发展。不过，日耳曼人的激增与财富的集聚也引起了土著斯拉夫人的反感，这种反日耳曼的意识成为日后胡斯战争的历史渊源。日耳曼移民的集聚地区，除布拉格外，大多集中于西北面苏台德山区，这就是 1938 年《慕尼黑协定》中被希特勒兼并的苏台德地区。

三、融入欧洲：波希米亚盛世

普什米塞二世（Přemysl Otakar Ⅱ，1253—1278 年在位）当政时，捷克王国再次成为中欧地区强大的国家。为融入中世纪的欧洲，捷克王国选择了接近德意志文化，在 13—14 世纪时期成为神圣罗马帝国的重要一员，从而把捷克的国界向南推到了亚得里亚海岸。瓦茨拉夫二世（Václav II，1278—1305 年在位）利用波兰封建主内乱之际成功地把捷克、波兰和匈牙利三个王国都合并到捷克王朝手中。然而好景不长，1306 年，普什米塞王朝因前王被刺而终，王位虚悬。神圣罗马帝国皇帝亨利七世乘机选举其子约翰为新王，由此捷克进入卢森堡王朝，统治波希米亚 120 余年。

约翰之后继位的查理四世（Charles IV，1346—1378 年在位）建树颇多，把波希米亚带进黄金时代，不但成为神圣罗马帝国的皇帝，还将帝廷所在地迁到了布拉格，被尊为捷克的“国父”（Otec Vlast）。这一时期，得益于国家经济发展和社会进步，捷克民族文化呈现空前繁荣之盛景，与周边国家的文化交融也更加频繁，捷克文成为中欧地区被广泛应用的书面文字，捷克语被正式定为国语。1348 年，查理四世创立了中欧地区第一所高等学府——查理大学（Charles University［英］，Univerzita Karlova［捷］），成为东欧学院文化的重镇，周边许多国家派留学生到捷克来学习。他把布拉格市区扩建，改建拉德山尼堡，建查理桥跨易北河两岸，布拉格被定为帝国首都。同时，捷克的宗教地位也随之提高，布拉格主教区于 1344 年升格为大主教区，不再受日耳曼教区的管辖。所有这些都大大地促进了捷克民族文化的发展和国家地位的提高。

四、以剑捍卫正义的宗教革命运动——胡斯战争

历史上，神圣罗马帝国对捷克的影响最大，征服与依存、对抗与合作、联结与撕裂使得它们之间有着一言难尽的历史恩怨。德意志人在 12 世纪以后开始大批向捷克移民，占据了捷克将近三分之一的土地和矿山。此外，德意志人根据捷克与神圣罗马帝国的关系，在捷克享有很多特权，可以按自己的法律行事，在经济上和政治上形成特殊集团，压榨和掠夺捷克人。捷克反抗德意志人的干涉、侵略和压迫是从 14 世纪捷克王国后期开始的，集中反映在胡斯革命运动中。

扬·胡斯（John Hus［英］，Jan Hus［捷］，1369—1415）被后世认定是波希米亚宗教改革（Bohemian Reformation）的关键人物，也是新教的重要先驱，其思想奠定了 15 世纪反封建革命和捷克宗教改革的意识形态基础。他所在的布拉格伯利恒教堂成为欧洲最大的教会，拥有 3000 名成员，是当时欧洲宗教改革的源头。他具有强烈的爱国情结，带领捷克人民成为国家主人，捍卫了在公共生活中使用本国语言的权利，布道时不用拉丁语而改用捷克语。他意识到遵照圣经教导的重要性，维护圣经对教会活动的权威，并赋予国家监督教会的权利。胡斯深受英国牛津大学唯实论者（realista）约翰·威克里夫（John Wyclif［英］，Jan Viklef［捷］，1330—1384）的影响，反对教廷滥用权威、聚敛财富、买卖圣职的腐化行为，谴责德意志教士的贪婪、无耻和城市贵族的罪恶。他认为教会占有大量土地是一切罪恶的根源，主张将教会土地收归国有①。1412 年，胡斯发表

① 弗兰兹·卡夫卡. 捷克斯洛伐克史纲卷［M］. 叶林，译. 上海：上海三联书店，1973：47.

演讲，抗议教皇发动战争，反对兜售赎罪券，否认教皇的最高权威，从而触怒了德意志贵族和罗马教廷。1414 年，旨在恢复教皇权威的宗教会议在君士坦丁（Constantin）举行，胡斯被谴责为违反天主教会教义的异教徒。在受神圣西吉斯蒙德皇帝的虚假邀请与安全承诺后，他前往演讲，随即被捕，并于次年 7 月 6 日被烧死在火刑柱上。胡斯之死在整个捷克引起了震动，激起捷克人民深藏的民族主义力量，从而爆发了反抗天主教统治的农民起义，在 1420 年至 1431 年间连续五次击败了教皇十字军东征，史称“胡斯战争”（Hussite Wars［英］，Husitských válek［捷］）。长达 15 年的胡斯宗教革命运动已经不再是一个单纯的宗教分歧，而是包含了民族主义、政治因素、思想启蒙和宗教改革的重大事件，也是欧洲历史上时间较长、影响深远的一次农民战争。恩格斯指出，胡斯革命运动“是捷克民族为反对德国贵族和德意志皇帝的最高权力而进行的带有宗教色彩的农民战争”。虽然以失败告终，但胡斯战争给德国在捷克的势力以沉重打击，保证了捷克在一定时期内脱离神圣罗马帝国而获得独立的政治地位，如皇帝承认胡斯教会的独立，外人不得干涉捷克的宗教事务，维护捷克民族文化的完整性。同时，这次战争的影响远远超出了捷克一国的范围，传播到邻国乃至整个欧洲，促进了欧洲各国反封建斗争的高涨，还对一个多世纪后的马丁·路德产生了深远影响，推进了欧洲 16 世纪的宗教改革运动。

五、新教崛起与三十年战争爆发

随着斗争的发展，胡斯信众分裂为温和的圣杯派（Calixtines，源出拉丁文 calix，意为“圣杯”）和激进的塔博尔派（Taborites）。圣杯派代表中小封建主和城市中等阶层的利益，包括市民阶级、部分贵族和有产知识分子。他们主张捷克独立，没收德意志天主教教会在捷克的财产，用捷克语做礼拜和自由传教，禁止外国人担任官职和拥有土地，建立捷克的民族教会等。塔博尔派由农民、城市贫民、小手工业者、下层僧侣、小贵族和部分中等贵族组成。他们在一座小山上建造了城市塔博尔（Tabor），他们要求铲除封建制度，宣布城里不再有奴隶或仆人，所有的土地和财产都是公有的，不再有任何税收。这里很快成为胡斯派的神学和政治中心。经济和政治上较稳固的圣杯派在其基本要求得到满足后公开背叛人民，开始与封建天主教阵营勾结，于 1434 年的利帕内会战

(Battle of Lipany)中打败塔博尔派。至此，胡斯运动被镇压下去。

之后不久，更为温和的乌特拉基派（Utraquists）回到天主教会，保留了一定的独立性。在政教合一的时代，如果罗马天主教会的绝对权威受到挑战，就会削弱其政治权威，失去对群众的控制，这意味着乌特拉基派对天主教当局构成威胁。乌特拉基派在经过多次和解尝试后，不得不寻求军事决定。首领波杰布拉迪的乔治（George of Poděbrady）在1448年率领乌特拉基派军队，几乎毫无抵抗地占领了首都布拉格，后成为波希米亚的摄政王，并于1458年被选为波希米亚的第16任国王（1458—1471年在位）。在国内，只有波希米亚和部分摩拉维亚是胡斯派，王室和贵族仍然是天主教徒，所以很容易发生宗教冲突。乔治对天主教信仰温和而宽容，在宗教分裂的波希米亚他为维护胡斯派和天主教徒之间的和平做出了巨大努力，因此被赋予"两个民族的国王"（King of two peoples［英］，král dvojího lidu［捷］）和"和平的朋友"（Friend of peace［英］，přítel míru［捷］）的美誉。对外，他奉行加强波希米亚国家及其独立的政策，并提议所有基督教国家之间签订条约，确立欧洲君主联盟，创设共同议会和其他共同的机构（如欧洲法院），承诺完全以和平手段解决所有分歧，以限制教皇利用宗教分化各国的阴谋，打击异教徒对欧洲大陆的威胁，保障欧洲的团结与和平。土耳其奥斯曼帝国当时是欧洲的主要威胁，刚刚征服了君士坦丁堡（今伊斯坦布尔），并拥有一支高度组织的军事力量，正在巴尔干半岛迅速推进，并威胁到中欧和地中海。除了法国王室之外，乔治的提议最初也受到波兰国王和一些德意志王子的欢迎。然而，提出欧洲新秩序的多边条约根本不适合中世纪晚期教皇控制下的欧洲社会。

他的构想被视为欧洲统一的第一个历史愿景，因此遭到天主教会的敌视。1466年，他被教皇谴责为异教徒。波希米亚天主教贵族得到了教皇保罗二世的支持，于1466年12月23日宣布废黜乔治。一场针对乔治的十字军东征被召集起来。匈牙利抓住这个机会，于1468年对乔治发动了一场军事行动，但被波希米亚人击败。在这一点上，乔治似乎只控制了捷克王国的核心土地。他在1471年去世后，匈牙利和波兰之间为争夺捷克王位而发生冲突。最终，波兰王朝占了上风，统治了捷克王国半个多世纪。

捷克王国政局混乱，王位数易，迅速衰败，1526年被纳入了神圣罗马帝国的版图，进入哈布斯堡王朝的统治时代。哈布斯堡的斐迪南一世（Fernando I，1380—1416 年在位）认为波希米亚是他最宝贵的财产，自 11 世纪以来一直由匈牙利统治的斯洛伐克土地也处于哈布斯堡王朝的统治之下。斐迪南一世将乌特拉基派（温和的胡斯派）与天主教徒平等对待，对来自德国和其他路德教中心的新教思想持开放态度。路德教在乌特拉基派以及波希米亚和摩拉维亚的德语居民中获得了大批追随者。随着路德教的发展，摩拉维亚教会（Moravian Church）的数量也在增加。1457 年，一个新的胡斯教会——兄弟团结会（Unity of Brethren［英］，Unitas Fratrum［德］，Jednota Bratrská［捷］）成立，倡导和平主义，并断绝了与罗马的关系。尽管享有较大的自治权限，但是捷克仍受哈布斯堡王朝的限制和奥地利官员的干预，这些异族压迫都萦绕在富有民族独立精神的捷克人心中，胡斯派成功地抵制了王朝的进攻。随着宗教紧张局势的持续，斐迪南努力淡化他对波希米亚权贵的加冕前承诺，并限制庄园的特权。波希米亚庄园对帝国的忠诚发生了很大动摇。贵族和骑士实际上失去了政治权力，并且更严格地服从于王室。

兄弟团结会对捷克的宗教生活产生了强烈影响，实现了所有非天主教徒的联合，来反对国王的绝对权力，并在 1575 年起草了一份共同的信仰告白，即"波希米亚信条"（Bohemian Confession）。1556 年，斐迪南将激进的耶稣会引入波希米亚，摩拉维亚教徒被赶到摩拉维亚和波兰。1564 年，斐迪南的长子马克西米利安二世成为神圣罗马帝国皇帝。虽然他同情新教，但不允许自由信仰路德教派。鲁道夫二世作为神圣罗马帝国皇帝统治的早期只是马克西米利安政权的延伸。1583 年，鲁道夫将宫廷从维也纳转移到布拉格，波希米亚首都再次成为帝国住所和活跃的政治和文化中心。

在 16 世纪末，85%的波希米亚人口成为新教徒。皇帝热衷于艺术和科学，因此很多新教徒在市议会中担任关键职位，布拉格大学出现了很多杰出学者，如天文学家和神学家约翰内斯开普勒。1602 年，鲁道夫二世颁布了一项针对摩拉维亚教会的严格法令，由此，和平共处的日子告一段落。同时，对鲁道夫政权的不满也在哈布斯堡王朝内部迅速增长。他的弟弟马蒂亚斯与奥匈反对派取得了联系。1608 年，弗雷德里克五世领导的新教叛军推进到波希米亚。天主教徒建立了以巴伐利亚的马克西米利安为首的神圣同盟。1609 年，鲁道夫二世不情愿地颁布了宗教自由宪章——《陛下信》（Majestätsbrief［德］），授予波希米亚地区人民的信仰自由。新教徒和天主教徒签订协议，达成未来冲突应通过谈判解决的共识。

1611 年，鲁道夫二世被废黜，马蒂亚斯（Matthias）被加冕为波希米亚国王。1617 年，他指定狂热的天主教徒斐迪南二世（Fernando Ⅱ）任波希米亚国王。波希米亚的罗马天主教官员关闭了新教教堂，违反了鲁道夫二世立下的宗教自由保障。于是，波希米亚新教徒在 1618 年 5 月 23 日发动起义，指控和审判了波希米亚的两位总督违反宪章，并将他们从布拉格城堡议会的窗户扔下，即"掷出窗外事件"（First Defenestrations of Prague）。这场冲突在历史上被称为"布拉格保卫战"（Defenestration of Prague［英］，Pražská defenestrace［捷］），不但引发了波希米亚反抗哈布斯堡王朝的起义，而且成为三年欧洲宗教战争（1618—1648）的导火索。这是一场新教与旧教势力、自治权反对中央集权的斗争，也是斯拉夫民族反抗日耳曼异族压迫的民族解放战争，极大地促进了捷克和斯洛伐克人民民族意识的觉醒，促进了这两大民族之间的联系。

六、重新天主教化和集权主义统治

30 年战争由不同国家出于宗教、王朝、领土、贸易等各方面原因而进行的一系列战争组成，经过了若干阶段。其中，在最初的五六年中，战争主要是在波希米亚新教同盟与斐迪南二世的天主教军队之间进行。波希米亚拒绝承认斐迪南二世的国王地位，同时与摩拉维亚新教达成协议，决定建立联邦制度，并推举英格兰国王詹姆斯一世的女婿腓特烈五世为新国王。他们的联军占有一定优势，在 1619 年一度攻到维也纳附近。然而，波希米亚人民对军事起义并不热心。而哈布斯堡王朝的盟友中不仅有天主教巴伐利亚，还有路德会的萨克森省。1620 年夏，德国天主教联盟的军队进入波希米亚，终于在 11 月白山战役（Battle of the White Mountain［英］，Bitva na Bílé hořeř［捷］）中大败新教同盟军队。为拯救新教徒，丹麦国王克里斯蒂安四世在 1624 年南下干预，数年后在蒂利和华伦斯坦战役中被击败。这样，天主教徒取得了彻底的胜利，哈布斯堡王朝也处于历史最强大的地位。波希米亚再次失去了民族独立和宗教自由。

接下来，斐迪南二世废除了鲁道夫的宗教自由宪章，重新把波希米亚和摩拉维亚进行天主教化。第一，波希米亚沦为哈布斯堡王朝的一个省，大多数波希米亚封建主的土地都被削夺并转入帝国军队中服役的德意志人之手。上层庄园和自治市镇被毁，不再作为经济和文化活动的中心发挥作用。第二，在文化上，国语改为德语，天主教成为唯一允许的基督教信仰。兄弟团结会的神职人员、贵族和中产阶级新教徒被迫皈依天主教或流亡。兄弟团结会的主教扬·阿姆斯·夸美纽斯（Jan Amos Komenský［捷］，Comenius［拉］）。这个以文学和教育工作而闻名于整个欧洲的人，逃往低地国家。在那里，他经常访问其他流亡社区，给予他们支持。第三，赋予新教领主、骑士和市民选择皈依或移民的权利。移民风潮席卷波希米亚和摩拉维亚，人口损失多达一半。波希米亚和摩拉维亚的贵族大约只有 1/4 留了下来，大多数人移民到卢萨蒂亚斯（Lusatia，1635 年被萨克森吞并）和西里西亚。有些人移民到波兰和乌克兰，那里的一些社区至今仍在讲捷克语。这里的政治、文化和民族结构面目全非。第四，重新天主教化需要大量的教育和传教努力。1654 年，天主教克莱门特学院（Klementinum）与查理大学合并。耶稣会士不仅控制着高等教育，还控制着文学创作，成为捷克政治文化生活中最突出的力量。

战后的哈布斯堡王朝统治在性质上变得更加专制，在行政上更加集中，并很快卷入针对土耳其和法国的长期且代价高昂的战争。波希米亚没有受到安全威胁，但人民不得不分担财政负担。不过，波希米亚、摩拉维亚和西里西亚保持着非常有限的自治权，如保留了省级行政管理，当地贵族成员被任命为高级职位。1741 年至 1763 年，玛丽亚·特蕾莎（MariaTeresa）引发奥地利王位继承战争，导致巴伐利亚和普鲁士入侵了波希米亚的大部分地区。哈布斯堡王朝与普鲁士的腓特烈二世进行了三次战争，战场主要在波希米亚和摩拉维亚境内，使当地付出更昂贵的代价，陷入困境。1749 年，特蕾莎发起了一项雄心勃勃的中央集权政策，把波希米亚王室土地与阿尔卑斯山脉省份更紧密地结合在一起。从特蕾莎和约瑟夫二世，设计了从庄园制度到农民完全拥有土地的逐步过渡，限制上层社会阶级的特权，改善了中下层阶级和农民的命运。在长期压迫之后，这些做法被誉为“光明灯塔”，尽管它们距离开明的思想还有一段差距。

18 世纪末，法国大革命和拿破仑战争卷入了欧洲大部分地区。奥地利和法国之间的一些军事行动发生在捷克和斯洛伐克的土地上。1800 年左右，捷克民族主义开始在波希米亚出现。部分原因是反对维也纳宫廷的中央集权主义倾向，部分是在法国大革命的理想的影响下。一些注定要在捷克民族复兴中发挥重要作用的机构，如皇家波希米亚科学学会和国家博物馆，由此产生。于是，德语的使用开始下降，斯拉夫语的使用增加，文化冲突日益明显。

七、捷克民族的觉醒和宪政兴起

第一次世界大战后，凡尔赛和圣日耳曼条约的签订导致奥匈帝国的崩溃，捷克斯洛伐克共和国诞生了。它由斯洛伐克和波希米亚王国的领土组成。同时，一场暴力的反天主教运动席卷这个国家，因为天主教会被认为在支持哈布斯堡王朝时背叛了捷克民族。一些神父决定建立自己的国家教会。1920 年，胡斯派教堂成立，教会礼仪介于天主教和新教教会之间。

捷克人虽然是一个天主教国家，但开始接受新教徒帕拉茨基对其民族历史的解释，将扬·胡斯确立为民族英雄人物。捷克共和国之父——托马斯·加里格·马萨里克（Tomáš Masaryk）认为胡斯运动（Hussite Movement［英］，Husitského hnutí［捷］）真正体现了捷克的民族认同，故选择了扬·胡斯的一句话作为国家的座右铭：“真理必胜”（Pravda Vítězí［捷］）。

1848 年，波希米亚和摩拉维亚的德语使用者约占人口的 1/3，几乎占到了这两个省上层阶级的全部，比捷克语具有明显的政治优势。表面上，中产阶级或农民出身的捷克人对社会进步没有任何障碍，但他们需要用德语交流。捷克裔的学者、作家、神职人员和校长们充满了民族解放的思想——取自法国大革命和德国知识分子的著作——开始在普通民众中激起民族意识。以奥地利总理冯·梅特涅亲王为象征的哈布斯堡集中制不容忍任何政治活动，但不妨碍民众的文化活动，包括捷克语非政治书籍的出版、戏剧表演和社交聚会。捷克人拥有他们的知识精英，虽然人数不多，但致力于民族解放事业，并受到捷克贵族的支持与保护。

1832 年，弗朗齐歇克·帕拉茨基（František Palacký）开始撰写捷克民族的历史，并把民族历史的本质呈现为“斯拉夫人与罗马帝国、德国人之间的纷扰”，并把胡斯派时期列为捷克历史的中心事件，集中体现捷克民族和宗教斗争的意义。帕拉茨基对捷克政治思想和史学的影响是巨大的，被视为 19 世纪捷克民族主义之父。托马斯·马萨里克的自由民族主义（liberal nationalism）思想在很大程度上来自帕拉茨基。作为政治家，他还担任布拉格斯拉夫人大会主席，支持奥地利联邦制的“奥地利斯拉夫主义”（Austro-Slavism），即一种基于哈布斯堡帝国的历史省份、由享有平等权利的民族组成的联邦制。

斯洛伐克也存在类似情况，不过规模要小得多，且缺乏贵族和中产阶级。但斯洛伐克知识精英的民族意识不断提高，推动斯洛伐克文学语言的发展，并出版了斯洛伐克报纸（1845）。这与匈牙利民族主义者倡导的语言策略（用匈牙利语取代拉丁语）相冲突。尽管如此，斯洛伐克文学语言在斯洛伐克作家中逐渐取代了捷克语。因此，斯洛伐克人和捷克人之间日益高涨的民族主义浪潮为最终建立两个密切相关但又截然不同的政治单位创造了文化条件。

为反对梅特涅的压迫性政权，捷克人寻求与德国自由主义者结盟。当 1848 年革命蔓延到波希米亚时，捷克人和德国人合作，试图通过宪法改革推翻专制主义。他们认为，波希米亚应该恢复其自治地位，成为再生的哈布斯堡君主制的组成部分，但无法解决未来须共同面对的具体政治问题。此时，德国人看到了在哈布斯堡王朝的其他土地上与亲戚合作的优势。同时，捷克领导人在德国制宪会议上的统一计划和辩论中也感受到了危险。捷克人追求截然不同的目标：自由主义的“自然权利”理想和波希米亚古代王国的连续性。1848 年春，布拉格召开历史上第一次斯拉夫代表大会，确立了波希米亚新议会，然而遭到境内德国人和匈牙利人的反对，最终被阿尔弗雷德（Alfred）亲王指挥的奥地利军队驱散。当议会在捷克城市克罗梅日什（Kremsier）重新召开时，再次被驱散。1851 年 12 月 31 日，奥地利新皇帝弗朗西斯·约瑟夫剔除了宪政主义的可能性，开始以绝对主人的身份统治捷克。由总理亚历山大·巴赫领导的专制主义政权不容忍任何反对派。然而，奥地利在 1859 年被法国帮助下的撒丁岛国击败，导致伦巴第大区沦陷，巴赫政府不得不辞职。1860 年，弗朗西斯·约瑟夫宣布新独裁主义的终结，并准备通过新宪法。

八、双重君主制下的民族动荡

奥地利帝国未能实施所有民族都能接受的制度，一直处于危机状态。1866 年，奥地利、意大利和普鲁士开战，结果在国王战役中惨败。为了稳定内政，约瑟夫向匈牙利人妥协，奥地利君主制转变为二元君主制（dual monarchy）——奥匈帝国。由此，占主导地位的匈牙利人通过马扎尔化政策（policy of Magyarization）系统地压制斯洛伐克的民族认同。这一制度经历危机，一直延续到1918年。

像其他民族一样，捷克人在1860年恢复了政治活动。帕拉茨基被认为是一个占主导地位的人物，但实际领导权却落入了里格（Rieger）的手中。帕拉茨基的理想方案是在未来联邦计划中调和捷克民族主义和历史连续性（即历史权利）的冲突原则。里格在强调历史权利的同时，保持对哈布斯堡君主制的忠诚。他们都反对二元君主制。在1871年与维也纳谈判后，捷克人颁布了与匈牙利同等地位的宪法纲领，但未得到实施。捷克政治领导层面临两难境地：要么抵制帝国议会；要么加入政府多数派，在教育和经济生活方面做出让步，由此分裂为年轻的进步派和老一代的保守派。1874年，进步派捷克人选择结束对议会的抵制，从而得到大多数城市中产阶级和富裕农民的支持。对他们来说，教育的进步、从宗教影响中解放出来和生活水平的提高比继续强调未被剥夺的历史权利更为重要。由此，保守派捷克人在19世纪80年代失去了阵地，并在1891年的议会选举中遭受了彻底失败。

其实，波希米亚计划最坚决的反对者是讲德语的波希米亚人和摩拉维亚人，后来被称为“苏台德日耳曼人”。1879年，奥匈帝国与新近成立的德意志帝国结成联盟，增强了他们对欧洲主导性文化的归属感。1880年，奥地利政府将德语作为波希米亚和摩拉维亚的官方语言。1897年，奥地利总理卡西米尔·费利克斯（Kasimir Felix）为赢得捷克的选票，同意将捷克语等同于德语，作为波希米亚和摩拉维亚的内部官方语言。这意味着从此以后，所有公务员都必须会说双语。

与此同时，斯洛伐克人继续经历着不断增加的马扎尔化，到19世纪末已经没有斯洛伐克中学。语言压迫也延伸为宗教压迫。1907年，大约15名斯洛伐克示威者遭到警察枪杀。于是，斯洛伐克知识分子在寻找政治盟友时，坚定地选择了亲捷克的斗争方向。同时，斯洛伐克人开始外迁，民族人口逐渐下降。到第一次世界大战时，大约有50万斯洛伐克人移民到国外，其中大部分移民到美国。

九、争取独立的民族斗争

第一次世界大战加深了境内德意志民族和捷克民族之间的对抗。德意志族人全力支持同盟国战争，但捷克人并不欢迎战争，因为德国的胜利将终结他们对政治自治的希望。然而，捷克人的观点并不统一，年轻进步派的领导人卡雷尔·克拉马日（Karel Kramář）属于新泛斯拉夫主义者，希望俄罗斯军队占领捷克土地，任命俄罗斯大公为未来的波希米亚国王。1916 年，捷克国民议会在巴黎成立，由托马斯·马萨里克担任主席。他更青睐亲西方的取向，设想建立捷克人和斯洛伐克人的政治联盟，并与居住在盟国和中立国，特别是美国的捷克和斯洛伐克移民建立联系。他反对德国称霸欧洲的计划，呼吁在中东欧建立基于民族和民主原则的小国，捷克人和斯洛伐克人应该组成民族国家，并成为西欧的盟友。

1916 年 11 月，查理一世继位后，在许多方面展开令人欣慰的改革（如大赦政治犯），但对捷克人的有限让步不足以解决战后重建的问题，斯洛伐克人的地位也因为匈牙利政府拒绝尊重国籍原则而没有得到改善。不过，1917 年发生的两件大事让捷克人看到了契机，分别是俄国革命（3 月）和美国对德国宣战（4 月）。随即，马萨里克前往俄罗斯，加快捷克斯洛伐克军队的组建，成为盟军的一部分。7 月，捷克斯洛伐克兵团参加了俄国的最后一次攻势，在乌克兰兹博罗夫（Zborov）战斗中表现出色。然而，布尔什维克在俄国夺取政权后，与德国单独达成了和平协议，随后授权捷克斯洛伐克军团离开俄国的自由，但在撤离期间发生的暴力事件导致布尔什维克下令解除军团的武装。军团成员一边抵抗，一边接管了西伯利亚大铁路，通过挑战布尔什维克的权力，引发俄国内战的爆发。因此，捷克斯洛伐克军团得到了西方政府和媒体的赞誉，使民族解放事业得到了广泛的宣传。

同时，美国也带来了物质帮助和道义上的鼓励。美国总统伍德罗·威尔逊（Woodrow Wilson）早期关于和平目标的声明相当模糊。1918 年 1 月，美国对奥匈帝国宣战，威尔逊总统颁布了著名的“十四点计划”，其中第十点呼吁给予奥匈帝国人民“自治发展的最自由的机会”。捷克人与盟军的交往进展极为成功，进一步增加了要求“在波希米亚土地和斯洛伐克的历史边界内”建立主权国家的活动。4月，在罗马举行的被压迫民族代表大会通过一项反奥地利派的决议，帮助解除了同盟国中反对重组多瑙河地区保守派的武装。最终，法国承认捷克斯洛伐克全国委员会是代表国家利益的最高机构，并得到其他盟国的效仿。5月，马萨里克离开俄罗斯，前往美国，获得了美国捷克和斯洛伐克民间组织的大力支持。5月31日，他在宾夕法尼亚州匹兹堡发布了一份支持捷克和斯洛伐克政治联盟的宣言，对斯洛伐克人拥有议会、立法和官方语言的权利做出保证。9月28日，法国同意在战后和平会议上支持捷克斯洛伐克的计划。随即，捷克斯洛伐克全国委员会于10月14日组建临时政府。四天后，马萨里克和贝奈斯在华盛顿和巴黎同时发表了独立宣言。此时，哈布斯堡王朝正迅速走向崩溃，维也纳别无选择，只能接受威尔逊的条件。1918年10月28日，新组建的布拉格全国委员会正式宣布成立共和国。两天后，斯洛伐克国家委员会加入了《布拉格宣言》。有趣的是，新国家宣布成立时，其领导人仍在流亡中。马萨里克于11月14日当选为总统，但当时他还在美国。捷克外交部部长贝奈斯（Edvard Beneš）正在巴黎参加即将举行的和平会议。捷克第一任总理卡雷尔·克拉马日也是如此。

第三节 反法西斯民族解放运动

两次世界大战期间的捷克斯洛伐克，在政治上是资产阶级民主共和国，在经济上是发达的资本主义国家，在外交上与罗马尼亚和南斯拉夫组成了小协约国集团，维持着中东欧地区的均势格局。新生的捷克斯洛伐克马上面临来自国内外的双重问题。在国内，捷克斯洛伐克共产党（Communist Party of Czechoslovakia［英］，Komunistickástrana Československa，KSČ［捷］）成立后，利用议会与右翼势力展开斗争。希特勒上台后，在苏台德问题上严重威胁到捷克斯洛伐克的主权。在国际上，慕尼黑会议后，捷克斯洛伐克就成为西方绥靖政策的牺牲品，被肢解瓜分。随后，在捷克斯洛伐克各种政治力量重新组合后，捷共领导了反法西斯民族抵抗运动，随着苏军的参战，取得了最终胜利。

一、共和国成立之初

捷克斯洛伐克于第一次世界大战结束后建立，14 万平方千米的领土完全来自解体的奥匈帝国，人口约有 1500 万。其中，大约 1000 万人属于捷克和斯洛伐克民族，其余属于少数民族，如 325 万德意志人、约 70 万匈牙利人，其余的是波兰人和乌克兰人①。领土来源、民族构成以及由此形成的与德国、匈牙利的特殊关系，是以后 30 年影响捷克斯洛伐克发展的重要因素。

两次世界大战期间的捷克斯洛伐克是资产阶级民主共和国。1920 年 2 月，国民议会通过了捷克斯洛伐克的第一部宪法，确立了三权分立的原则。作为最高权力机构的国民议会由众议院和参议院组成。议员根据普遍、直接、秘密和平等原则选举产生，总统则由议会选出。在行政区划方面，宪法废除了哈布斯堡王朝的旧疆界，把全国分成 26 个行政区。这部宪法“在许多方面堪称民主的典范”②，在以后的 10 多年间，多党的议会民主制度得以确立，各党派虽然政见各不相同，但都致力维护这一制度。在经济上，捷克斯洛伐克共和国有良好的工业基础，继承了奥匈帝国 80%的采煤业和 3/4 的工业区，其发达程度名列世界前 10 位。同欧洲其他国家一样，经济发展也受制于世界经济形势的不利影响。在此背景下，共和国社会内部的各种矛盾逐渐尖锐起来，其突出的表现有两方面：一是共产党领导工人的罢工斗争，二是法西斯主义政党的出现。

捷克斯洛伐克共产党成立之后，一直利用合法手段进行议会斗争。在 1925 年的议会大选中，共产党获得 93. 4 万张选票，仅次于农民党的 97 万张，成为议会第二大政党。大危机开始后，共和国政局向右转，右翼社会党重新参加政府。1932 年组建的新政府推行带有法西斯主义色彩的政策，限制议会的权力，限制出版自由，并没收共产党的报刊。为此，共产党组织工人进行了多次罢工斗争。为了防止法西斯党团支持的候选人聂梅茨（Bohumil Němec）当选，共产党坚决支持民主派候选人贝奈斯，并在工人和农民中做了大量工作，最终助力贝奈斯

---

① 弗兰兹·卡夫卡. 捷克斯洛伐克史纲卷［M］. 叶林，译. 上海：上海三联书店，1973：135.

② 艾伦·珀尔默. 夹缝中的六国——维也纳会议以来的中东欧历史［M］. 于亚伦，译. 北京：商务印书馆，1997：231.

成为共和国的第二任总统。

此刻，希特勒在德国上台执政，捷克斯洛伐克境内的各种法西斯主义势力也蠢蠢欲动。这些不安分的政治势力包括格林卡天主教党、苏台德德意志党以及少数独立的捷克法西斯主义团体。其中，前两个政党最主要的活动就是搞民族分裂主义，苏台德德意志党甚至与希特勒勾结在一起，由此直接导致捷克斯洛伐克在二战爆发之前就遭遇到悲惨命运。

二、维持中东欧均势外交

从第一次世界大战中获益的东欧国家力图维护凡尔赛条约确定的政治地图。由于势单力薄，捷克斯洛伐克、罗马尼亚和南斯拉夫三国先后签订防御性的军事同盟条约，组成了小协约国（Little Entente［英］，Malá Dohoda［捷］）集团。小协约在维持中东欧力量均衡和反对法西斯侵略方面起了一定的积极作用。小协约国在很大程度上是针对匈牙利的地区性政治军事同盟，由此三个国家各自分得匈牙利在《特里亚农条约》中失去的领土。

由于拥有4300万人口和70万平方千米领土，小协约国在两次世界大战之间的国际关系中是一支不可小看的政治力量。在错综复杂的欧洲大国关系中，小协约国以集体协商和联合行动维系着欧洲均势。在20世纪20年代，小协约国比较好地维持着中立态势，在处理同周边大国法国、意大利和苏联关系上持谨慎态度，避免同任何一方建立起亲密关系，也拒绝了任何一方干涉中东欧事务的企图。1933年2月，小协约国外长在日内瓦签署了《小协约国组织公约》。根据公约，三国设立了由外长组成的常设理事会、经济理事会和一个秘密处以便调整三国之间以及同其他国家之间的经济利益。

20世纪30年代中后期，随着德意志法西斯的崛起和凡尔赛体系的突破，小协约国联合行动的空间越来越小。1936年6月在布加勒斯特举行的小协约国会议上，贝奈斯总统建议三国缔结一项反对一切侵略的公约。但是，南斯拉夫保罗亲王借口这会导致与德国的对立而拒绝。1938年3月德国吞并了奥地利之后，捷克斯洛伐克再次要求召开小协约国紧急会议，但是罗马尼亚和南斯拉夫都反对讨论德国威胁捷克斯洛伐克的问题，认为苏台德问题属于捷克斯洛伐克的内政问题。8月下旬，小协约国在布莱德（Braddell）召开了最后一次理事会议。

这次会议达成小协约国与匈牙利放弃武力对峙的协议，承认匈牙利拥有军事平等的权利。以上表明小协约国存在的政治基础已经基本消失。造成小协约国瓦解的原因主要是外部大国关系的异常复杂、小协约国集团内部的政治经济发展状况以及对外战略目标的巨大分歧。这些限制了他们合作的紧密程度、对外政策的自主性以及在欧洲均势中所起的作用。

三、慕尼黑协定的签订

在巴黎和会之前，捷克斯洛伐的版图虽然已经成型，但是在 1400 万人口中，只有 900 万捷克人居住在波希米亚，匈牙利少数民族则居住在斯洛伐克。而且，真正的挑战来自纳粹德国的崛起，虽然马萨里克一直声称不想要境内的 350 万德意志族裔，但最终还是接受了。不幸的是，马萨里克于 1937 年去世，共和国在重要时刻失去了能左右政局的领袖人物。

苏台德（Sudety）位于捷克斯洛伐克西北部与德国接壤的地区，是波希米亚北部和摩拉维亚的一部分，原属于奥匈帝国，第一次世界大战结束时其作为特区并入捷克斯洛伐克，居民以德意志族裔为主，人数大约有 350 万人。他们大多居住在沿德国边境的地带。德意志族所占人口比例高的地区是凡尔赛条约后捷克和波兰争议的切欣地区（Tesın）以及捷德争议的上摩拉维亚—西里西亚地区。

1933 年，希特勒在德国上台执政后，居住在苏台德区的德意志族裔分裂分子甚嚣尘上，而斯洛伐克资产阶级也乘机要求自治。在德国的既定战略中，只有先占领了捷克斯洛伐克，才能向东进攻苏联，向西进攻英法。为此，希特勒利用苏台德问题，唆使康拉德·汉来因（Korad Henlein）在 1933 年 10 月建立苏台德德意志党，从事分裂活动。1935 年 5 月，捷克国民议会选举中，该党获得苏台德德意志族裔近 2/3 的选票，成为议会第二大党。之后，苏台德纳粹分子开始制造暴动和挑衅事件。希特勒也在德捷边境集结军队。

面对严峻局势，法国总理达拉第（Edouard Daladier）邀请英国首相张伯伦（Arthur Chamberlain）一起前往慕尼黑与希特勒会谈。经过讨价还价，张伯伦、达拉第与希特勒、墨索里尼于 1939 年 9 月 29 日在慕尼黑签署了《德国、联合王国、法国及意大利间的协定》，即《慕尼黑协定》（*Munich Agreement* [英]，

Mnichovská dohoda［捷］）。根据协定，捷克斯洛伐克须将苏台德与奥地利接壤的南部地区割让给德国，且须在10月1—10日从上述领土撤退完毕，将军事设施、厂矿企业、运输工具等无偿地交给德国；在不能确定日耳曼人是否占居民多数的地区，先由英、法、德、意四国代表组成的国际委员会占领，再举行公民投票，以确定其归属。10月1日，德军开入苏台德地区。同时，在德国和意大利的干涉下，捷克斯洛伐克被迫将切欣划给波兰，将斯洛伐克南部、外喀尔巴阡乌克兰地区划给匈牙利。因此，捷克斯洛伐克失去了1/3的领土和34%的人口。

四、政府的纳粹化

对于纳粹德国而言，捷克斯洛伐克的战略价值体现在两个方面：一是成为侵略波兰和南下巴尔干的跳板；二是用来作为军火生产基地。捷克斯洛伐克有强大的军工系统，仅斯柯达兵工厂的年产量，就和当时英国全部兵工厂的产量相等。

慕尼黑会议后，亲德势力掌控了捷克斯洛伐克的政局。这种局面对德国十分有利。1939年3月，希特勒宣布斯洛伐克为德国保护之下的“独立国家”。德军于15日开进布拉格。在这个过程中，英法等西方国家的态度暧昧①，苏联则提出外交抗议，认为德国出兵属侵略行为，违反了国际法和民族自决权②。

肢解了捷克斯洛伐克之后，德国对捷克和斯洛伐克两个地区分别采取了不同的统治模式。在捷克，德国解除军队武装，解散国民议会，禁止一切政党、组织和民间活动。在经济方面，德国将捷克经济纳入战争轨道，夺取全部军事储备，控制工厂生产。他们掌握了捷克的财政金融，强行以极低的汇率差榨取捷克的国民财富③。在文化教育和社会生活方面，德国强行封闭了捷克的大学，把教育和学校当作推行德意志化的工具，把德语作为捷克官方语言。在未被占领但已法西斯化的斯洛伐克，德国利用斯洛伐克人的民族主义，制造出支持斯

① 王绳祖．国际关系史（第五卷）［M］．北京：世界知识出版社，1995：479.

② 安·安·葛罗米柯，等．苏联对外政策史上卷［M］韩正文，等译．北京：中国人民大学出版社，1988：409.

③ 文暖根．欧洲反法西斯抵抗运动史［M］．西安：陕西人民出版社，1985：110.

洛伐克人实现民族独立和自由的假象，通过政治和文化控制来促使斯洛伐克的德意志化，使这个所谓的“独立国家”成为执行纳粹政策的助手。对此，作家卡夫卡写道：“通过没收捷克人和犹太人财产而富裕起来的斯洛伐克经济，经历了一度表面繁荣的时期。1939 年 9 月，斯洛伐克政府和希特勒德国肩并肩地对波兰进行战争。”①

五、捷共领导抵抗运动

随着国家被分解，捷克斯洛伐克国内政治力量重新进行了组合。捷克资产阶级中的亲法西斯势力叛国投敌，充当了法西斯德国统治捷克地区的傀儡；捷克资产阶级中的反法西斯力量组成了以贝奈斯总统为首的民主政府，流亡到了英国伦敦。捷克斯洛伐克共产党以克莱门特·哥特瓦尔德为首前往莫斯科，成为捷克反法西斯抵抗力量的第二个中心。捷克斯洛伐克的学者肯定了共产党的地位和作用，认为“工人阶级和中小农民是反纳粹统治的主要力量，他们在共产党的领导下在民族解放运动中起着主导作用”。“人民要推翻德国法西斯，解放祖国，只能在共产党的领导下开展广泛的斗争。”② 德军入侵当天，捷共中央就发表宣言，号召全国人民奋起抵抗，并根据形势改变党的组织结构和领导方式。在战争初期，德军对有反抗倾向的捷克民族进行残酷镇压。捷共地下中央委员会的处境艰难，但仍然坚持斗争，如秘密出版捷共中央机关刊物《红色权利报》和斯洛伐克共产党中央机关刊《人民之声》；推动建立反占领者的斗争小组，在工矿企业中组织怠工、罢工运动。

随着战局的变化，捷克斯洛伐克的两股抵抗力量开始合作。1941 年 7 月，苏联正式承认伦敦临时政府，全面援助捷克斯洛伐克的反法西斯斗争。1941 年秋天，德国法西斯加强了镇压，大肆逮捕、屠杀共产党人和爱国者。捷共地下中央委员会成员尤·伏契克（Julius Fučik）的《绞刑架下的报告》（*Report under the gallows*［英］，*Reportáž psaná na oprátce*［捷］）真实地反映了这一时期捷克斯洛伐克共产党人英勇斗争的事迹。1943 年 12 月，贝奈斯访问了莫斯科，同苏

---

① 弗兰兹·卡夫卡. 捷克斯洛伐克史纲卷［M］. 叶林，译. 上海：上海三联书店，1973：169.

② 文暖根. 欧洲反法西斯抵抗运动史［M］. 西安：陕西人民出版社，1985：112.

联签订了《苏维埃社会主义共和国联盟及捷克斯洛伐克共和国友好互助和战后合作条约》，以同盟方式共同抵御法西斯侵略。在此期间，贝奈斯总统和捷共领导人就解放祖国和战后共和国政治生活的重大问题达成协议，为战后建立民族阵线联合政府打下政治基础。

在战场上，1944 年 4 月，苏联军队推进到捷克斯洛伐克边界地区。共产党人领导的游击队在捷克斯洛伐克各地活跃起来，抵抗运动的范围不断扩大。影响较大的有 1944 年 8 月斯洛伐克民族大起义和 1945 年 5 月布拉格民族大起义。在斯洛伐克，德军投入了 8 个师的精锐部队，直到 10 月 28 日才占领了起义中心比斯特里察。起义队伍被迫撤退到山区，进行游击战争。1945 年 1 月，捷共临时中央决定用自己的力量提前实现解放①，起义从 5 月 5 日清晨开始。9 日凌晨，苏军从东南和西北方向攻入布拉格，彻底粉碎了德军的顽抗，解放了布拉格。捷克斯洛伐克反法西斯抵抗运动取得了最终胜利，标志着捷克斯洛伐克民族民主革命的完成。

第四节　人民民主主义道路的曲折

第二次世界大战结束后，捷克斯洛伐克共产党用了三年时间控制了捷克斯洛伐克全境，在一个曾被视为中东欧最亲西方的国家建立了社会主义政权。1944—1948 年，中东欧国家普遍经历了一个短暂的人民民主制度时期，即“一种既不同于资本主义，也不同于苏联社会主义的制度”，这种“人民民主主义道路”（People’s Democratic Road）是一个在政治、经济和社会秩序全方位从西方转向东方、从资本主义转向社会主义的过渡阶段。这一阶段中，资本主义和社会主义的力量、因素和特征并存，社会主义将寻求通过渐进的方式战胜资本主义。②

---

① 文暖根. 欧洲反法西斯抵抗运动史［M］. 西安：陕西人民出版社，1985：126.

② GATI C. *Hungary and the Soviet Bloc*［M］. Durhsam：Duke University Press，1986：35.

一、短暂的人民民主主义道路

1945年4月初，捷克斯洛伐克第一届民族阵线政府在斯洛伐克第二大城市科息斯（Kosice）成立，无党派人士贝奈斯任总统，社会民主党人费林格（Fierlinger Z.）任总理，共产党人克莱门特·哥特瓦尔德（Klement Gottwald）等任副总理。民族阵线政府宣布了《科息斯纲领》（*Kosice manifesto*）：第一，首要任务是同苏联和其他反法西斯同盟国一起把反法西斯斗争进行到底，夺取最后的胜利；第二，在广泛民主的基础上组织社会政治生活，年满18岁的公民不分男女都享有选举权和其他民主自由，实行民族平等，在统一的国家内实行斯洛伐克自治并在此基础之上建立国家联盟；第三，没收德国、匈牙利和通敌的捷克斯洛伐克地主的土地和财产分给农民和农业工人，采取措施反对垄断资本；第四，迅速恢复国民经济，改善人民生活，提高工资，限制工时，实行社会保险，提高人民健康和文化水平。从性质上看，这是一个民族民主革命的纲领，为新的人民民主国家奠定基础。

捷克斯洛伐克在1945年后收复了二战前的大部分领土，该国的种族和社会构成也发生了重大变化。随着贝奈斯总统授权有组织地驱逐居住境内的300万德国人以及匈牙利人、乌克兰人、犹太人和罗姆人。捷克人和斯洛伐克人已经占到全国人口的90%，成为稳定国家的主体民族，也导致了捷克民族主义情绪的高涨。

从结果上看，第二次世界大战也是共产主义的催化剂，为捷克斯洛伐克共产党掌握国家政权创造了先决条件。① 经历过世界大战的人相信共产主义是战胜纳粹主义的正义力量，将恢复人的尊严和所有人的团结。共产党在1946年5月的选举中赢得了300个席位中的114个，以及38%的普选票，加上社会主义盟友的支持，使其获得了51%的微弱政治多数。

然而在1946年至1948年间，捷共不断受到苏联的政治压力，要求走符合斯大林模式的社会主义道路。1947年7月，斯大林对捷政府接受美国马歇尔援助

① ABRAMS B F. *The Struggle for the Soul of the Nation: Czech Culture and the Rise of Communism* [M]. The Harvard Cold War Studies Book Series. Lanham: Rowman & Littlefield Publishers, Inc., 2004: 371.

表示不满，迫使他们改变决定。贝奈斯总统和外交部部长马萨里克最初希望与捷共合作，自由独立地发展“通往社会主义的国道”，而不是落入苏联控制之下。因此，捷国内资产阶级政党、社会民主党和共产党之间争夺国家政权的斗争激烈起来。11 月，社会民主党代表大会开始向右转，资产阶级政党与社会民主党结盟来共同对付捷共产党，捷克斯洛伐克政府出现危机。

1948 年 1 月，共产党控制的内政部长解雇了一些非共产党员的警察官员，导致联盟伙伴呼吁进行全面的内阁调查。2 月 20 日，来自国家社会党、人民党和斯洛伐克民主党的政府部长选择辞职，企图迫使新的选举减少共产党在政府中的影响力。为了度过这场危机并且将资产阶级政党赶出政府，捷共做了多方面的努力：首先，哥特瓦尔德拒绝了贝奈斯提出的与三个资产阶级政党谈判的建议；其次，捷共劝说社会民主党和无党派的部长不要辞职，以便确保余下的 14 个部长都能留任。社会民主党部长们选择站在共产党一边，拒绝辞职，这意味着两党在议会中总共保留了一半以上的席位；再次，捷共号召国民处于戒备状态，随时准备把反动派的颠覆阴谋消灭在萌芽之中①，这一点得到了广泛响应；最后，哥特瓦尔德命令国家公安军团和人民军队随时准备战斗，封锁边界，武装了 1.5 万多名工人民兵。通过上述强有力的措施之后，力量对比的天平开始倾向共产党一边。布拉格民众组织了大规模支持捷共执政的宣传活动，哥特瓦尔德的地位得到加强。在捷共领导的反复催促下，2 月 25 日，贝奈斯被迫批准了 12 个资产阶级部长的辞呈，同意组建一个由哥特瓦尔德为总理及其社会主义盟友主导的共产党新政府。

5 月 9 日，捷克斯洛伐克制宪会议通过了新宪法，史称“五九宪法”（Constitutional Act of 9 May）。五九宪法使捷克斯洛伐克共和国实行人民民主和建设社会主义道路、捷克人和斯洛伐克人均享有平等权利，得以用法律形式固定下来。② 14 日，国民议会选举哥特瓦尔德为总统。第二天，哥特瓦尔德任命捷共领导人安托宁·萨波托夫斯基（Antonin Zapotock［英］，Antonín Zápotocký［捷］）组建新政府。27 日，捷共与清除了右派领导人的社会民主党合并，在

---

① 沈志华. 冷战时期苏联与东欧的关系［M］. 北京：北京大学出版社，2006：36.

② 弗兰兹·卡夫卡. 捷克斯洛伐克史纲卷［M］. 叶林，译. 上海：上海三联书店，1973：193.

全国扩充党员队伍，到 11 月党员人数达 250 万人，占全国人口的 18%，并在选举中获得了超过 75%的席位，在国家政治生活中占据了绝对的领导地位。这次事件在捷克斯洛伐克的现代史上又被称为“二月革命”或“二月胜利”。

二、苏联模式的确立

第二次世界大战后，东欧摆脱了以往受制于不同大国的局面，却被整体纳入苏联的势力范围，几乎割裂了同西方的联系，进入一个与苏联的内政外交紧紧捆绑长达 40 年之久的社会主义阵营时代。对于这段历史，米兰·昆德拉讲的一段话表达了东欧国家内心的感受，“从大西洋到乌拉尔山脉的欧洲很久以前就被分成两个各自独立发展的部分，一部分与古罗马和天主教在一起，另一部分与拜占庭和东正教联系在一起。二战后，这个边界却向西移动了几百公里，一些认为自己属于西方的国家发现此时已处于东方了”①。冷战开始后，在苏联的支持下，东欧各国实行了共产党一党执政的政治制度，进行了苏联模式的经济体制改造，对外事务完全倒向了苏联。

政治上，莫斯科加强对捷克共产党的监督。1947 年 9 月，由苏联领导的国际性核心机构——欧洲九国共产党和工人党情报局在波兰成立。情报局的活动受制于莫斯科，按照苏联的意图部署各国党的行动计划，处理各国党的内部事务及相互关系，事实上远远超出了作为情报机构拥有的权限，而类似于已经解散的共产国际，成为苏联推行大国主义和大党主义、压制东西欧各党异端的工具。作为成员，捷克自成立之日就处于被领导地位。因此，捷共在许多方面不得不仰苏联鼻息。

经济上，捷克斯洛伐克建立国有化经济，加入经互会。根据《科息斯纲领》，政府对银行、保险公司、矿山和钢铁等大工业实行了国有化，将 50%以上的工业收归国有。1947 年 7 月，立宪会议通过了修改土地法的法令，进一步打击了大地主经济。1949 年 1 月，苏东六国莫斯科会议召开，成立社会主义阵营内部的经济互助委员会。经互会的成立加强了苏联与捷克的经济联系，也限制了捷克斯洛伐克同西方国家的经济往来，使其日益游离于欧洲市场之外。

---

① BIDELEUX R，JEFFRIES I. *A History of Eastern Europe*：*Crisis and Change* [M]. New York：Routledge，1998：8.

军事上，捷克斯洛伐克与苏联结盟。1949年4月4日，北大西洋公约组织成立。之后，以美国为首的西方集团重新武装西德，并把它接纳到北约之中，触发了苏东各国的紧张和不安。1955年5月，苏联、东德、波兰、捷克等国签订《华沙条约》，对抗西方军事同盟的社会主义国家军事组织得以出现。华约组织有助于抵制西方国家对社会主义国家的军事侵略和威胁，也扩大了苏联军事力量在中东欧的存在，成为困扰中东欧各国的一个主权难题。为1968年8月华约五国出兵占领捷克斯洛伐克埋下阴霾。

苏联模式是复杂的社会发展系统，包括政治体制、经济体制、文化教育体制、外交体制，但是核心是政党体制。在苏联模式化的过程中，中东欧各国共产党精英内部对全盘照搬苏联模式和受苏联控制持不同看法，主张走本国特色的社会主义道路、保持党派和民族的独立性。为了扫除离心倾向，在苏联领导人和安全部门的布局下，中东欧各国在1949—1953年进行内部大规模的清洗和公开审判，上到党和国家的高层领导人，下到基层干部和党员。1951年，在中东欧国家某些领导人中间形成了一种认知，认为捷克斯洛伐克是中东欧社会主义国家中最薄弱的一环，因此这个国家必然成为"广泛的国际阴谋中心"。从1951年起，捷共逐步在党内开展大规模的清洗，主要对象是党和政府中流亡过伦敦、斯洛伐克族、参加过西班牙内战、犹太裔的高级干部，斯洛伐克共产党的主要领导人几乎全都被捕。这些因素使捷共逐渐背离了多年来形成的党内民主制度和走群众路线的优良传统。中央集权制的加强损害了党内民主生活，减少了参与政策制定的党员和党组织的数目。主席团及其更小的机构——政治书记处逐渐掌握了所有权力。在此背景下，捷共所犯的最大错误就是肃反扩大化。据统计，从1948年至1967年，各种冤假错案以及其他形式遭受打击和迫害的人数近10万人。其中最大一起是以捷共中央前总书记鲁·斯兰斯基（Rudolf Slansky［英］，Rudolf Slánsky［捷］）为首的所谓"反国家中心案"。该案判处以斯兰斯基为首的11名副部长以上的捷共高级领导干部死刑，另外3人被判处无期徒刑。20世纪50年代初，捷克斯洛伐克的肃反扩大化给捷克斯洛伐克共产党和人民心中留下了难以治愈的创伤，在后来发生的许多政治事件中都带有它的深刻烙印。

第五节 改革严寒："布拉格之春"

"布拉格之春"（Prague Spring［英］，Pražské jaro［捷］）是西方学者首先使用的政治概念，用来形容捷克斯洛伐克1967—1968年出现的政治体制和经济体制改革的高潮。在布拉格，1968年的春天具有一种清新的政治自由感。捷克斯洛伐克人试图重写历史，主宰民族的命运。

一、1967—1968年的改革高潮：建设"具有人的面貌的社会主义"

就改革前的党内外斗争形势而言，1958年6月，捷克斯洛伐克共产党的十一大宣布已基本建成社会主义。但是在僵硬的计划经济体制下，捷克国家的经济形势不断恶化，生产处于停滞状态，财政赤字高达50多亿克朗，社会各阶层对现状不满日益增加，党内外的矛头直接指向苏联模式。

1968年1月，亚历山大·杜布切克（Alexander Dubcek［英］，Alexander Dubček［捷］）上台。在杜布切克领导下，捷共中央全会做出三项重大决定：一是提名参加了两次世界大战的将军卢德维克·斯沃博达（Ludvik Svoboda［英］，Ludvík Svoboda［捷］）为共和国总统。他是捷克人和斯洛伐克人都可以接受的候选人，而且作为战争英雄和斯大林主义清洗的受害者，在民众中享有很高的尊重；二是通过了《捷克斯洛伐克共产党行动纲领》①（以下简称《行动纲领》），比较系统地提出了进行政治、经济改革的设想，宣布走捷克斯洛伐克自己的社会主义道路；三是改组了捷共中央领导机构，一批支持改革的人进入了中央委员会主席团。《行动纲领》公布后，全面的政治体制和经济体制改革也轰轰烈烈地在全国各地展开了，"布拉格之春"在5、6月份达到了高潮，以杜布切克为首的捷共改革主张得到了广大党员、知识分子和人民群众的广泛认同，他们以空前高涨的热情投身于这场期盼已久的改革运动。

---

① 中国社会科学院苏联东欧研究所. 捷克斯洛伐克关于政治与经济体制的重要文献选编［M］. 北京：中国社会科学院苏联东欧研究所，1986：178-246.

从当时国际共产主义运动状况来看，捷共的胆子和步子都很大，带有鲜明的政治突破性，打破了苏联模式的条条框框。正因为如此，才招致日后苏联蛮横的武力干涉。

二、“严寒来自克里姆林宫”

当然，捷克斯洛伐克的大规模改革并非一帆风顺，“布拉格之春”有强烈的民族意识与反苏情结，远远超出了苏联所能容忍的底线。随着改革运动的发展和深入，苏联也从场外关注转向靠近施压，继而直接干预，出兵镇压。在克里姆林宫鹰派的促进下，苏共中央政治局会议做出出兵捷克斯洛伐克的决定①，投入华约部队所属的20万人的兵力，其中苏联6个师，波兰3个师，东德和匈牙利各2个师，保加利亚1个师。华约五国的军事行动进行得十分顺利，几乎没有遇到任何抵抗就占领了捷克斯洛伐克。

任何时代、任何国家进行任何重大的社会变革，都必然会遇到各方面的阻力。以卡佩克等人为代表的捷共内部保守派知道仅靠自己的力量难以抵挡住改革浪潮，想借助于对捷克斯洛伐克改革同样也不满的苏联力量来扼杀“布拉格之春”。

捷共中央主席团的声明播发后，杜布切克、斯姆尔科夫斯基、什帕切克、西蒙等人决定留下，进行政治斗争。凌晨四点，荷枪实弹的苏联伞兵乘坦克和装甲车将捷共中央大楼团团围住。这样，积极主张和推行改革的捷克斯洛伐克党和国家领导人在本国领土上成为苏联的俘虏。贝利康（Jiří Pelikán）后来写道：“这种政治上的强盗行径在战后欧洲是否有过先例？国家首脑和一个执政党的领导人受到友好国家军队的军事包围，并作为人质绑架到国外。”②

三、捷克斯洛伐局势的“正常化”

布拉格被以苏联为首的华约五国军队占领后，捷克斯洛伐克人民进行了坚强不屈的斗争，竭尽所能地与占领者进行抗争，开始实行非常有效的消极抵抗

① 辛灿. 风云变幻的东欧四国［M］. 北京：新华出版社，1990：53.

② 伊里·贝利康. 永无尽头的春天——一个布拉格共产党人的回忆［M］. 北京：北京出版社，1983：250.

运动。一夜之间，他们拆除了街道标志、房屋牌号和牌匾，占领军陷入不知方向的迷途之中，墙壁上和人行道上盖满了乱写乱涂的字画，电台、电视、报纸在地下继续活动，所有的群众组织起来，共同谴责华约国集团的入侵行为。捷共中央通过广播方式向各地大会代表发出通知，要求他们在8月22日到指定的地方集合，然后再去会场。许多代表和捷共领导人为了不被占领者发现，就乔装打扮，有的甚至乘救护车来到预定地点。22日，也就是在苏联出兵不到24小时，捷共十四次非常代表大会在切卡德工厂的大礼堂开幕。这次大会除选出了一个由27人组成的中央主席团和由144人组成的中央委员会之外，还通过了两份重要文件。一个是致杜布切克的信，另一个是《告全国人民书》。前一封信告诉杜布切克："今天这里开的第十四次非常代表大会向你致以热烈的、同志般的问候。我们对你为我们党和我们祖国所做的一切工作表示感谢。青年人手持国旗在布拉格游行时，反复高呼'杜布切克'，充分证明你的名字已经变成了国家主权的象征。我们对非法囚禁你及其他几位同志表示抗议。"①《告全国人民书》则向全体捷克斯洛伐克人民，也向苏联表明了捷共的立场和态度。这次大会以后，由于中央委员会大楼还被苏军占领着，切卡德工厂自然就成了实际的领导中心。这种局面一直持续到27日被劫持至莫斯科的捷共领导人返回布拉格时为止。

在劫持了杜布切克等捷共领导人的同时，苏联又"邀请"捷克斯洛伐克总统斯沃博达前往莫斯科进行高级会谈。苏联方面拿出了一份明显不平等的会谈公报草案要捷方签字。捷共代表进行了反驳，并提出五国首先必须撤军。在此基础之上，捷克斯洛伐克的改革可以考虑各国的共同利益，但要以《行动纲领》作为制定路线的基础。苏联人为了迫使捷方代表签字，一方面加紧在捷克斯洛伐克的军事行动，制造了许多流血事件；另一方面又对参加会谈的捷党代表和政府领导人斯沃博达软硬兼施，试图说服和瓦解捷方代表。斯沃博达要求确保释放被入侵部队绑架的杜布切克和其他改革领导人，但最终无法阻止勃列日涅夫强迫捷克斯洛伐克代表签署臭名昭著的莫斯科议定书。议定书要求捷克领导层促进政治、文化和其他变革，以阻止改革进程。最终，斯沃博达要求国防部长马丁·祖尔，命令捷克斯洛伐克军队不要表现出任何抵抗。这意味着事实上

---

① 曹宏. 严寒扼杀"布拉格之春"［M］北京：世界知识出版社，1997：157-158.

的投降。

至此，历史被颠倒了，改革的“布拉格之春”被否定，北约出兵的强盗行径成为正义之举。“布拉格之春”被镇压以后，捷克斯洛伐克开始“正常化”（Normalization）进程，即在社会发展的各个领域重新回到苏联模式的轨道之中。①

表面看，捷克斯洛伐克被强制扳回到苏联设计的老路上，可真正失败的是苏联。从结果看，苏联以政治威吓和军事暴力压制了捷克小国的政治个性与道路选择，在整个社会主义阵营的软实力大打折扣，“‘社会主义’一词在中东欧各国人民心目中失去了吸引力，共产主义信仰不再是中东欧社会的主流价值观。他们把它与苏联霸权和国家专制联系在一起，种下了东欧剧变的种子”②。在“布拉格之春”之后，斯沃博达在改良主义共产党人被赶下台后幸存下来，在1969年4月帮助胡萨克取代了杜布切克的位置。直到去世的那一天，斯沃博达仍然坚持认为，当年在勃列日涅夫之前的妥协行为帮助挽救了数千人的生命。捷克人不会轻易流血，他们在等待有利的时机，来改变自己的命运。

第六节　全面转轨：“天鹅绒革命”

革命常常伴随着暴力，这在历史上几乎成为一条定律。然而与苏联或保加利亚相比，1989年剧变不是由政治精英煽动的，而是由民众（由学生、演员和其他知识分子）的公开反抗引起，这种捷克模式的民主化转型没有引发大规模流血冲突，也没有发生严重的社会动荡，政权的更迭在现有政体和法律框架内得以解决，如天鹅绒般平和柔滑，平稳地实现了过渡，被称为“天鹅绒革命”（Velvet Revolution［英］，Sametová Revoluce［捷］）。

① “正常化”一词首次出现于1968年8月27日，在《莫斯科议定书》中签署，特点是恢复了“布拉格之春”改革尝试之前存在的条件。狭义上，正常化时期主要指1968年8月—1971年8月，广义而言则延伸到20世纪80年代末。

② 本·福凯斯. 东欧共产主义的兴衰［M］. 北京：中央编译出版社，1998：206.

一、剧变前夕的历史背景

20 世纪 80 年代末，反共反社会主义狂潮席卷东欧。导致捷克斯洛伐克剧变的因素，除了国内危机之外，还有国际形势的变化，特别是来自东方大国苏联的“新思维”和西方世界“和平演变”的双重政治力量的助推及波匈易帜的多米诺骨牌效应。

如同历史的钟摆，苏联给中东欧的政治影响从一个极端走到另一个极端。戈尔巴乔夫 1985 年接任苏共中央总书记后，对其卫星的政策发生了戏剧性的逆转，鼓励和支持东欧各国摆脱苏联模式，指责米洛什 · 雅克什对反对派采取的强硬立场，认为在捷进行的改革缓慢且缺乏民主。国际形势的变化还表现在西方国家利用资金、媒体的优势加强对东欧的政治影响和观念的渗透，推动东欧朝西方自由民主制度和市场经济进行改革，扶持东欧的亲西方力量，煽动反对共产党、反对社会主义的浪潮。1989 年初，以美国为首的西方联合谴责捷克当局逮捕“七七宪章”（Charter 77）领袖哈维尔，迫使捷克政局提前释放。在东欧国家剧变期间，欧共体宣布筹集 110 亿美元作为东欧的“欧洲发展基金”，包括向捷克斯洛伐克的公民论坛（Citizen Forum［英］，Občanské Fórum［捷］）提供经费。① 在文化方面，设立“自由欧洲电台”进行心理战，向苏东传播资本主义的意识形态、价值观念以及反对派的政治主张。在东欧，“波兰六月”在整个共产主义阵营引发了多米诺骨牌效应，随后出现了匈牙利卡达尔政权的倒台、柏林墙的倒塌和东德霍内克的退缩让步。

捷克斯洛伐克的剧变是从谴责苏联侵捷开始的。1986 年，共产党内出现严重的分歧。持“布拉格之春是反社会主义”观点的胡萨克在 12 月召开的中央全会上被迫辞职，继任者是米洛什 · 雅克什（Miloš Jakeš）。全会通过了综合改革机制的决议。10 月，卢博米尔 · 什特劳加尔（Lubomír Štrougal）被解除了政府总理职务，拉吉斯拉夫 · 阿达麦茨（Ladislav Adamech）组建了新政府。这些重大的人事变化表明，捷克斯洛伐克党和国家最高领导层中强硬保守派一统天下的局势开始被打破，温和派的力量在增大。

---

① 孔寒冰. 东欧史［M］. 上海：上海人民出版社，2010：449.

1986年3月捷共十七大后，捷共中央和联邦政府在苏联民主化和公开性运动的压力下，逐渐放宽了对持不同政见者的限制，以打着"人权"和"自由"旗号的"七七宪章"组织为代表的反对派力量随即活跃起来。1987年3月，"七七宪章"的15名骨干首次公开举行集会并向报界发表声明。从此，反对派活动由地下转到地上，成为逼迫捷共放弃领导作用的关键力量。后来成为总统的哈维尔即为该组织的发言人之一。尽管古斯塔夫·胡萨克（Gustav Husak［英］，Gustáv Husák［捷］）辞去捷克斯洛伐克共产党第一书记职务，戈尔巴乔夫于1987年访问捷克斯洛伐克，但该国没有达到波兰那样的经济恶化水平，捷克斯洛伐克的共产主义似乎没有动摇。尽管如此，在邻国事态发展的影响下，人们开始质疑孤立僵硬的布拉格政权。

二、捷克政治转轨的历史过程

从剧变的方式上，捷克斯洛伐克采用的是上下结合，原执政党的迅速下台也披上了和平过渡的色彩。捷克斯洛伐克执政党是在反对派步步紧逼下，开始实行多元化和多党制的，从步步退让到完全失去主导地位，但反对派并不强大，其执政党也不是在完全不敌反对派的情况下，才转而打出民主社会主义的大旗，因此可以说，捷克斯洛伐克的剧变是反对派进攻和执政党变化的共同结果。

第一阶段表现为游行示威逐渐频繁，但捷共保持强硬的立场。当时，国内出现了许多非政府组织，随后越来越多地参与未经授权的示威和抗议活动。1988年反对派利用"布拉格之春"和苏联侵捷20周年（8月）、捷克独立70周年（10月）和联合国人权宣言40周年（12月）的机会，在布拉格和其他大城市举行大规模示威集会和抗议活动。1989年年初，"七七宪章"公开进入领导角色，要求为"布拉格之春"平反并不断掀起抗议浪潮，哈维尔等7人被捕入狱，引起了波匈等邻国和西方国家的声援。捷当局坚持采取强硬立场，中央总书记雅克什表示要给予最坚决的反击，决不允许为1968年事件翻案。

第二阶段是政治风暴的高潮来临。事态的发展不断扩大已经不再局限于学生群体了，当工人加入这场政治运动的队伍当中，当反对派组织开始政党化，事件的性质和后果就产生了质的飞跃。11月17日，近四万名大学生集会和游行示威，示威矛头直指捷共当局，要求捷共领导人下台、放弃宪法中规定的捷共在社会上的领导作用、实行自由选举和政治多元化等。为了支持大学生，布拉格工人进行总罢工，并迅速蔓延到捷各大城市，几十万人参加游行示威，剧院罢工，学生罢课，全国性的反政府运动日益高涨。19 日，“七七宪章”等 12 个反对派组织联合成立了“公民论坛”。哈维尔成为公民论坛的领军人物。在“公民论坛”的直接参与和指挥下，反对捷共和联邦政府的示威活动规模进一步扩大。同时，斯洛伐克地区的反对派也成立了“公众反暴力”组织（Public against Violence［英］，Verejnosť proti násiliu，VPN［捷］）。① 捷当局对此听之任之，显露出妥协的迹象，捷共中央总书记雅克什及中央主席团和书记处同时辞职。

在第三阶段中，捷共步步退让。规模不断扩大的示威游行和即将爆发的总罢工的威胁使捷共中央不得不与“公民论坛”对话。经过两轮协商，双方就在 12 月 3 日前组成多党联合政府，修改宪法中关于捷共领导地位的条款，进行自由选举和实行多党议会民主制，重新评价“布拉格之春”和在谴责苏联侵捷等问题上达成一致。“公民论坛”等反对派要求阿达麦茨彻底改组政府。捷共进一步后退，经过与其他党派协商，同意组建新政府，从 12 月 31 日起中止捷共在一切国家部门的活动。12 月底，“布拉格之春”时期的捷共中央第一书记亚历山大・杜布切克和反对派领袖哈维尔分别被选为联邦议会主席和共和国总统，捷共的阵地进一步丧失。

第四阶段可以说是执政党的彻底性妥协与根本性转变。在失去政权的过程中，捷共也改变了自己的奋斗目标和性质。1989 年 12 月 20 至 21 日，捷共召开非常代表大会。捷共否定的是苏联模式，再一次选定了带有社会民主党色彩的民主社会主义，并把政治多元化看作是“民主社会主义不可分割的一个特点”②。1990 年始，捷共放弃了在联邦议会中的多数地位，开除前捷共中央总书记胡萨克出党，并取消了军队、政府部门和学校中的捷共组织及州一级党的领导机构。3 月初，两个民族共和国去掉了原国名中的“社会主义”字样。3 月 29 日，联邦议会决定将“捷克斯洛伐克社会主义共和国”改为“捷克斯洛伐克联

---

① 陈广嗣. 捷克［M］. 北京：社会科学文献出版社，2005：109-110.

② WANDYCZ P S. *The Price of Freedom: A History of East Central Europe from the Middle Ages to the Present*［M］. New York: Routledge, 2001: 266.

邦共和国"。4月20日，联邦议会再次讨论修改国名问题，通过宪法性法律，将国名确定为"捷克和斯洛伐克联邦共和国"，并修改了国徽。6月，"公民论坛"和"公众反暴力组织"取得联邦议会300个席位中的170个议席，而捷共只获得47个议席。反对党胜利后，建立了"民族牺牲政府"。1990年7月，哈维尔正式当选总统，成为该国自1948年以来的第一位非共产党领导人。由"公众反暴力组织"成员马里安·恰尔法（Marián Čalfa）任政府总理，组成了42年来第一个完全排除了共产党人的政府。至此，捷共完全丧失了政权，沦为在野党。不过，在波希米亚—摩拉维亚，捷共仍然在议会中赢得第二大席位，尽管被边缘化在联盟之外，但一直存在于捷克的下议院。

三、国家的解体

捷克与斯洛伐克人同属于西斯拉夫人。就信仰而言，两者都属于新教—天主教的过渡地带，都接受信仰自由，除了无神论者，捷克人的宗教信仰主要是天主教和新教，斯洛伐克人主要是天主教和东正教。就语言而言，捷克语以两种形式存在：文学和口语。斯洛伐克语是斯拉夫语族的一部分，比捷克语要古老得多，类似于捷克语的文学版本。

捷克与斯洛伐克人在历史上聚少离多。他们的共同历史包括萨莫帝国，更重要的是大摩拉维亚帝国。大摩拉维亚王国鼎盛时期基本相当于今天的捷克、斯洛伐克和匈牙利。捷克在西，山岚环抱；斯洛伐克在东，北面临山，南部是平原。最早的分离是在公元9世纪匈牙利人的先人马札尔人入侵时。捷克人凭山据守，后归入神圣罗马，成为新教国家。斯洛伐克则被游牧民族扫荡，接受了天主教信仰，匈牙利大公的加冕典礼就在今天斯洛伐克首都布拉迪斯拉发举办。新千年意味着这两个民族的分道扬镳。而波希米亚和摩拉维亚的土地形成一个自治行政单位——奥地利和匈牙利哈布斯堡家族（Hapsburg Family）的控制下。14—15世纪的欧洲出现了第一次大分流。西欧的城市经济开始蓬勃发展，东欧的统治者开始收紧对农民的控制，被束缚在土地上。受到德意志人统治的捷克城市高度发达。作为帝国的工业心脏，工商经济极为繁荣。到了20世纪初，捷克的工业产量占帝国总产量的80%。经济强大，捷克人就有话语权，从王室争取到了信仰、出版和教育自由，让首都布拉格又成了中欧文化与学术中心。捷克人在奥地利帝国的统治下享有的政治自治程度远远高于匈牙利统治下的斯洛伐克人。而斯洛伐克没有自己的工业系统，成为农奴庄园国家，失去了民族自治的权利。斯洛伐克孩子只能学匈牙利语，成年人不能组织合法社团，在经济和文化上都全面落后。19 世纪中期斯洛伐克民族运动以失败告终。1866 年奥地利在普奥战争中失败后，国内民族危机加深。奥地利统治集团为维护统治被迫对匈牙利妥协，将奥地利帝国改组为二元制的“奥地利—匈牙利君主国”，只授予匈牙利人自治权。这为两国后来的分歧埋下了伏笔。

捷克斯洛伐克于 1918 年随着奥匈帝国的灭亡和第一次世界大战的结束而成立。这个相对较小的新国家位于欧洲的地理中心，德国、波兰、罗马尼亚、匈牙利和奥地利都被迫放弃领土给新独立的捷克和斯洛伐克国家。双方都决心利用伴随凡尔赛和平解决方案结束第一次世界大战而来的民族自决精神。两个民族运动都意识到，除非他们联合起来，促进共同的文化和历史，并以有争议的历史先例捍卫建构国家的合法性，否则他们将在国家中成为微弱多数，而不是位于第一次世界大战战后新边界内的德意志族和匈牙利族。因此从一开始，捷克人和斯洛伐克人的联盟就是一种权宜之计的联姻。

植根于第一共和国时期传播的捷克斯洛伐克主义意识形态。它源于一种信念，即只有捷克人和斯洛伐克人在一起才能构成一个整体。斯洛伐克人的特点与捷克人的特点形成对照，最终相互抵消。因此，捷克人的理性与斯洛伐克人的感性互为补充。从这个意义上说，哥哥更理性、更有经验，更关心喜怒无常、经验不足的弟弟，因为他们被血缘联系在一起，就像一棵树上的“两枝”。

捷克和斯洛伐克独立国家的支持者最初将其视为平等伙伴关系的婚姻。然而，斯洛伐克人渴望在联邦国家内获得很大程度的自治权，但很快就成为捷克更强大的经济和政治遗产的牺牲品。在政治上，捷克人填充了过去由匈牙利人担任的各种公职，从法官、大中小学教师到基层公务员，以弥补斯洛伐克缺乏知识分子的弱点；在文化上，捷克推进去宗教的现代世俗化教育，这些政策同斯洛伐克的传统宗教团体产生了一定的间隙；在经济上，斯洛伐克的工业落后、农业人口过剩、整体社会冲突增加，所以斯洛伐克自治运动存在一定的土壤。

斯洛伐克民族自 20 世纪 30 年代末以来多次试图自治和与捷克民族平等化。第二次世界大战导致第一个共和国的分裂。1939 年德国入侵苏台德后，西方列强的背叛从不来救援而牺牲捷克斯洛伐克安抚希特勒——“慕尼黑背叛”。同时，斯洛伐克宣布独立，成为第三帝国的傀儡国家。尽管战后的捷克斯洛伐克共和国是在慕尼黑之前的边界上建立的，复兴后的共和国仍然失去了最东端的部分土地——外喀尔巴阡山脉鲁塞尼亚（Subcarpathian Ruthenia）。

战后的两国合二为一，建立了社会主义联邦国家。而苏联的复杂民族状况所带出的经验就成为兄弟国家的模本，在各方面努力缩小民族间的差距。苏式民族制度的思路有三：政治上，建立“族群联邦制”或“民族自治区制”。族群得到政府的正式认可，先按照族群建立各民族的政党，然后将政治和经济权力在各民族党之间重新分配。1968 年捷克斯洛伐克联邦宪法规定，最高立法机关由两院制构成——人民院和民族院。人民院有 150 人，以等额人口为选举基础。民族院有 150 人，75 名代表来自捷克，75 名代表来自斯洛伐克。斯洛伐克人杜布切克和胡萨克先后成为捷克斯洛伐克党和国家的领导。相当多的斯洛伐克人进入联邦政府，成为政府高级官员，分享联邦的权力；经济上，联邦政府照顾落后的斯洛伐克，大力投资基础建设，让斯洛伐克经济发展速度大大超过了捷克。1970—1985 年，捷克斯洛伐克国民收入只增长了 80%，工业生产增长了 95%，而同时期斯洛伐克地区国民收入增长了 3 倍多，工业生产增长了 1.5 倍。到 20 世纪 80 年代末期，斯洛伐克的人均收入大概相当于同期捷克人的 90%。将斯洛伐克的工业总产值增长率与捷克的增长率进行比较，斯洛伐克的增长率在 20 世纪 70 年代是捷克土地的 1.71 倍，在 20 世纪 80 年代仍然是 1.32 倍；文化上，联邦政府控制宗教活动，断绝与梵蒂冈的外交关系，宗教组织只对内效忠于国家，减少外来因素带来的意识形态分歧。

斯洛伐克人却并不满意。在政治上，他们抱怨国家虽然具有联邦的形式，但执政党是最高领导，政治中心在布拉格，实际上还是捷克人做主；在经济上，由于斯洛伐克主要负责在钢铁、石油等重工业和军火工业生产，环境污染严重；对于宗教管制政策，斯洛伐克人笃信天主教，1970 年仍有 70%以上的斯洛伐克人是天主教信徒，由此加深了对联邦政府的敌意。这种关系长期以来一直酝酿在他们共同历史的表面之下。在 20 世纪 90 年代，超过一半的斯洛伐克人认为捷克斯洛伐克共和国的时代标志着捷克人民族压迫的时代。

相比快速解体的南斯拉夫和苏联，外界一直认为捷克斯洛伐克有可能保持国家统一。捷克与斯洛伐克在文化相近，既没有历史积怨，也没有边界争端。“天鹅绒革命”是捷克人和斯洛伐克人合作一致，以和平手段推翻仰苏俄鼻息的捷克政府。外患一除，内忧显现。在价值观上，捷克人迫不及待地拥抱西方的自由化，斯洛伐克人则留恋和坚持共产主义体制。宪章运动启动后，斯洛伐克前改革派共产主义者参与持不同政见者运动的程度不如捷克人。宪章签字人只有马丁·库西（Martin Kusý）、多米尼克·塔塔卡（Dominik Tatarka）、扬·姆利纳里克（Ján Mlynárik）等。其他没有签署宪章但赞同宪章概念的知识分子有米兰·西梅克（Milan Simečka）、约瑟夫·阿普伦特（Jozef Jablonický）等。他们活动的中心涉及公民社会、民主和人权的发展问题。杜布切克与宪章派只是保持着零星的接触，但他既没有参与宪章的起草，也没有签署宪章。捷克和斯洛伐克持不同政见者之间的沟通也存在一定困难。斯洛伐克独立倡议的提出者可分为宗教团体、环境组织和替代文化团体。然而，当宪章发布时，它并不广为人知。没有任何团体加入宪章。

双方既没有对维系国家的方向达成共识，也未能就国家名称商讨一致。在后冷战后时代，两国开始为建立共同联邦的形式而争吵，典型的例子是所谓的“连字符战争”，即捷克斯洛伐克社会主义共和国的继承国的正确名称。斯洛伐克人要求在新共和国的名称中反映承认其为一个国家，建议在名称中加上连字符，从而使捷克斯洛伐克共和国成为捷克—斯洛伐克联邦共和国，但这个解决办法被证明是难以令人满意的，因为在斯洛伐克语中，标题中唯一的大写字母只会是第一个字母，因此再次表明，两国在语法层面上不平等。

随之而来的是在联邦内部经济关系的恶化。相比其他中东欧国家，捷克斯洛伐克的外债与东部国家相比并不庞大，在天鹅绒革命之前就已经开始退出僵化的中央计划。与波兰类似，公民民主党领袖瓦茨拉夫·克劳斯（Vaclav Klaus）敦促政府实行休克疗法，迅速放开物价，迈向市场经济。克劳斯认为，与斯洛伐克的密切关系阻碍了捷克的经济。同时在自由经济的驱使下，捷克对斯洛伐克的财政补贴（转移支付）大幅削减，在 1991 年 1 月最终停止了这项政策。

这样，斯洛伐克的经济状况迅速下滑，失业率跃升到12%。① 而捷克急于实现加入欧盟的标准，哈维尔一到斯洛伐克的布拉蒂斯拉瓦立刻语出惊人，决定立刻关闭斯洛伐克污染严重的重工业企业。而这些企业正是斯洛伐克的经济命脉所系，斯洛伐克民众的愤怒将这位众望所归的总统搞得灰头土脸。在斯洛伐克人看来，捷克和斯洛伐克都是独立的民族，联邦国家是政治联盟而非同文同种的民族联盟。弗拉基米尔·麦恰尔（Vladimír Mečiar）领导下的“争取民主斯洛伐克运动”——人民党力图挣脱联邦束缚的呼声高涨。

1992年7月17日，斯洛伐克议会宣告主权地位。11月25日，联邦政府议会通过了立法，根据宪法解散联邦体制。1993年1月1日，捷克和斯洛伐克最终分道扬镳。而这次斯洛伐克的和平独立与联邦体制的和平瓦解，也被称为“天鹅绒离婚”（Velvet Divorce）。天鹅绒离婚也为中欧带来了稳定，在一个动荡不安的时期，捷克人和斯洛伐克人避开了本来是激烈的法律和政治争吵以及文化紧张的时期，转而专注于国家建设，很少有人呼吁恢复联邦制。目前看来，两国关系不能更好。回顾过去，大多数人已经接受了这种分裂。

---

① LEFF C. *The Czech and Slovak Republics: National Versus State* [M]. Boulder, Col.: Westview Press, 1997: 183.

第二章

捷克民族国家的政治

本章从捷克的政治哲学、政治话语、政治学到政治实践，逐一展开分析。首先，捷克哲学在中东欧民族交汇的多元文化和民族斗争的语境下，与多学科相互交织，发生了泛政治化的功能转向，围绕民族认同、政治取向、文化意识、伦理反思、历史认知、国家命运等话语概念延展生长，为不同历史时期的社会政治现象提供了理论解释，成就了捷克政治思想的繁花似锦。第二，在既定的国家政治文本当中，马萨里克的“捷克问题”代表了在其哲学框架内构建上述“话语中心”的最早尝试；反地缘政治占据着捷克政治思想的传统，为其摆脱了安全议题和身份认同的历史性纠葛。第三，本章还对捷克现代政治学的发展史做了总体性回顾，介绍了捷克政治学的核心理论和方法、聚焦领域、研究机构和学术期刊，考察了冷战后捷克政党体制变迁和政党政治的嬗变，并介绍了在国家的政治生活中发挥重要作用的捷克智库群体。

第一节　捷克哲学的政治转向

广义上讲，哲学是人类在寻求了解关于自身、世界以及人类与世界关系之时得到的本体论、认识论与方法论。哲学各个领域的许多问题和议题重叠，几乎出现在每个学科中，涉及法律哲学、宗教哲学、政治哲学、科学哲学、心灵哲学、文学哲学、艺术哲学、历史哲学、语言哲学等。哲学研究与社会、政治具有密切联系，列宁认为“哲学史是人类认识发展的历史”，日丹诺夫把哲学史定义为“唯物主义和唯心主义的斗争史”。他们主张在研究哲学思想时，既要进行“理论分析”，也要进行“阶级分析”。在国家存在的条件下，其他一切哲学形式都受制于政治哲学，在现象上表现为社会现实的泛审美化和泛政治化，所以政治哲学（Political Philosophy）是第一哲学。可以说，捷克思想文化里最精致、最核心的东西都体现在其哲学思想体系之中。在中东欧民族交汇的多元文化语境中，捷克成为各种哲学思想诞生的天然温床。捷克民族在历史上长期处于异族统治和压迫之下，民族意识中的觉醒、独立、自由、平等和尊严等要素成为捷克哲学关注的重要主题。因此，问题意识导向下的捷克哲学往往选择突破“阳春白雪”式的学术叙事，回避纯粹的思辨哲学，摆脱价值中立，转而与政治实践生活密切相连，蕴含着理性思考与对真理、自由的追求，充满了人文气息，塑造出民族特有的精神气质。在捷克民族复兴运动中，哲学与历史学、语言学、文学等学科相互渗透，构成捷克民族的思维方式、世界观、价值观念和审美情趣，它们共同为捷克民族的斗争、民族意识的传播、国家身份的建构和文化的繁荣做出了贡献，也为全世界提供了丰盛的思想盛宴。

一、捷克早期的哲学发展

西方哲学大致沿着 13 世纪经院哲学、14 世纪唯名主义、15 世纪人文主义（文艺复兴）、16 世纪宗教改革和 17 世纪启蒙运动，不断进行革命性演变，促成欧洲文明结构的突破。中世纪早期经院哲学延续了柏拉图与亚里士多德的争论、唯名论（Nominalism）与唯实论（实在论）关于个别与共相的争论。总体来讲，唯实论是与基督教教义利益相符的，而唯名论则与基督教义冲突，被教会视为异端。但是，唯名论的基本要素是哲学二元论和社会个人主义，重视通过具体事物来获取知识，鼓舞思想探索，成为西方科学发展的哲学基础，最终促成了主观信仰和客观知识领域的分离。

带有教派偏见的哲学显然削弱了其在波西米亚的地位。在这种氛围下，捷克的哲学发展除了具备上述特征，还与民族国家的历史相关联。它有时不得不停止探讨学术问题和兴趣，加入某一时代的社会斗争当中作为国家意识形态发挥重要作用。它常常超越自身，在精神生活的其他领域拓展空间，从文学和历史，再到自然科学。其中，胡斯派运动对国家命运、民族意识与逻辑思维产生了决定性的影响，其使哲学发展演绎出民族主义的价值取向，经院哲学和天主教思想的地位被认为是次要的。①

波希米亚经院哲学的起源可以追溯到 13 世纪的布拉格神学院，由此与其他欧洲哲学中心建立联系。1348 年布拉格大学成立后，西欧的托马斯主义（Thomism）②、司各脱主义（Scotism）③ 和卢尔主义（Lullism）④ 先后传入，使波希米亚成为中欧哲学思想的中心。在皇帝鲁道夫二世统治期间，卢尔主义在布拉格首次传播，一直持续到 17 世纪。众所周知，鲁道夫的宫廷拥有大量知识分子，其中包括乔尔丹诺·布鲁诺（Giordano Bruno）和约翰尼斯·开普勒（Johannes Kepler）。当地知识分子约翰·诺斯蒂茨（Johann von Nostitz）保存了布鲁诺的一些著作。因此，波希米亚也成为意大利文艺复兴的重要源头。然而，托马斯主义在波西米亚影响非常有限，且从未盛行。而司各脱主义（Scotism）得到了 17 世纪中叶定居布拉格的爱尔兰方济各会（Franciscans）修士的支持。但是，方济各会也因德国和捷克之间所产生的民族紧张关系而陷入分裂。

认识论的范式之争引发了波希米亚的宗教改革（Bohemian Reformation，1380—1436）。这是天主教神职人员为改革中世纪教会的滥用和腐败而做出的第一次共同努力。当时，英国宗教改革家约翰·威克里夫（John Wycliffe）的思想在英格兰本土影响巨大，而且远播到中东欧国家。他对教皇权力的抨击贯穿神学、政治与经济领域，得到了英国王室的支持，也契合民众核心诉求，成为颠覆教权专制的思想原点。14 世纪 80 年代，索邦大学校长沃伊特赫·拉库夫（Vojtěch Raňkuv）将威克里夫的著作引入布拉格大学的课堂，受到了人们的热

---

① BLUM P R. Philosophie der Frihen Neuzeit in den Bohmischen Ländern [J]. *Intellectual History Review*, 2010, 20 (4): 531-533.

② “托马斯主义”又译作“托姆主义”，指圣托马斯·阿奎那（Saint Thomas Aquinas）对亚里士多德哲学改造与吸收后的神学哲学体系，主张宗教与科学结合，被视为在中世纪和文艺复兴时期的经院哲学中发展起来的温和现实主义，保持一切以教会权威为重的宗旨，成为基督教会的官方思想。

③ “司各脱主义”又译作“苏格兰主义”，是中世纪基督教神学家邓斯·司各脱（Duns Scotus）创立的神学学说。与托马斯主义相对，司各脱主义主张哲学不从属于神学。

④ 卢尔主义认为，科学的进步会让人们对宇宙世界有更广阔的认知，对造物主上帝有更丰富的了解，继而产生更大的慈悲，而慈悲是一切美德的源泉。

烈追捧，让捷克成为除英国之外保存威氏著述文本最多的国家。此时，布拉格大学正处于捷克传统思想与德意志思想的激烈交锋之中。一方面是主张唯名主义、被视为教会改革敌人的德意志学者；另一方面是持现实主义哲学、民族主义倾向强烈的捷克学者。该大学的主要哲学家和神学家纷纷从威克里夫的立场、观点出发，抨击教会的腐败。

然而，最有影响力的当属波希米亚宗教改革先驱——扬·米利奇·洛克曼（Jan Milíč Lochman）。他是世俗和教会权力的严厉批评者，并强调《圣经》是终身遵守之规则，并用捷克语和德语而不是传统的拉丁语讲道。他认为，教会的黑暗和社会的堕落状态预示着“即将到来的世界末日”和“正义时代”，他试图解决教会内部的道德危机，从而极大地影响了后来的胡斯派思想家。

马捷伊·雷杰克（Matěj Rejsek）谴责教会的制度，并要求建立一个以第一批基督徒为蓝本的信徒社区。他用拉丁语写成的 *Regulae Veteris et Novi Testamenti* 是捷克宗教改革运动的基本著作，在捷克神学文献史上具有特别重要的意义。胡斯革命运动的基本纲领被称为“布拉格四条”，就是根据该文献中表达的哲学原则制定出来。作为布拉格大学的第一批学生，托马斯·冯·斯蒂特内（Thomas von Stítné）是第一位用捷克语撰写哲学问题的学者，也是捷克哲学术语的创始人。他通过将理性确立为最高权威，与对理性的狂热仇恨保持距离，反对过度崇拜圣徒，要求贵族进行公正统治和基督徒的道德自我完善，然后去引领人民大众，为胡斯运动奠定了哲学基础。

这场运动在15世纪初以扬·胡斯（Jan Hus）的出现达到高潮。他的哲学建立在威克里夫的成就之上，得出了人文主义和理性的批判结论。胡斯认为，每个基督徒都有权用他们的理性来判断世俗世界的律法和教会的权力。如果发现这些律法与上帝的律法（被理解为柏拉图式的思想）之间存在任何差异，他们有权拒绝服从。胡斯试图在康斯坦茨的教会委员会面前捍卫他的想法，但以失败告终。他的思想成为胡斯革命和随后宗教改革的意识形态起点，影响广泛。

扬·泽利夫斯基（Jan Želivský）受到瓦尔登湖人教义的强烈影响，认为捷克民族是被选中的民族，以“锡利亚主义”（千禧年主义，Chiliasmus）作为发动民族主义的革命哲学，提出了一个必须为之奋斗的新公正社会的清晰愿景，唤醒并团结布拉格的穷人。胡斯的继任者雅库贝克（Jakoubek ze Stříbra）反对扬·泽利夫斯基的极端主义，为胡斯派教义和政治纲领“布拉格四条”的创建做出了贡献，但他无法控制胡斯运动在意识形态上的分化。作为塔波里派（Taborites）最重要的理论家，米库拉斯·比斯库佩克（Mikuláš Biskupec）代表了激进派，他无法接受世俗力量对精神力量的支配，宣扬基于人类精神和社会解放的自由法则，并拒绝炼狱的教条，认为历史是人类通往救赎的道路，因此几乎与所有布拉格哲学大师们都发生了争论。马丁·胡斯卡（Martin Húska）是一位极左翼的胡斯派思想家，他拒绝接受任何超越的概念，否认有神论的教义——对他来说，上帝生活在人类中，人人平等。社会改革家彼得·切尔契茨基（Petr Chelčický）是文艺复兴时期的第一位和平主义作家，比伊拉斯谟和门诺·西蒙斯早了近100年。作为最初意义上的社群主义者，他宣扬无阶级的社会，批判教会的不道德和国家暴力（战争与死刑），认为社会不平等是国家的产物，社会分裂是不公正的，要放弃一切形式的权力和世俗权威，要求人人享有平等的权利，但不应参与政治权力斗争，主张“心灵斗争”和消极抵抗，相信战争是最严重的罪恶。矛盾的是，胡斯派运动拒绝了他的非暴力教义，最终导致许多暴力事件。他提出的“人类社会的不抵抗”以及乌托邦主义、无政府主义思想深深地影响了后世的人道主义者列夫·托尔斯泰、甘地和马丁·路德金。胡斯派对捷克国家转型的贡献及其对宪政发展的影响是巨大的。捷克人在巴塞尔会议上的艰苦谈判最终取得了成功。会议以契约形式通过的“布拉格四条”，强调了胡斯派神学纲领所激发的社会改革，在1436年成为捷克法律的一部分，这可谓欧洲从封建主义向资产阶级社会过渡的法哲学典范。

极端革命的理论家持有自然的世界观，反对超越，打破了教会对意识形态垄断的权力，并在接下来的两个世纪里对捷克社会的发展产生了积极的影响。胡斯革命激发了捷克宗教改革，这是欧洲第一次胜利的宗教改革，并于1457年在波希米亚建立了一个基于切尔契茨基教义的新教会——“兄弟团结合一”（Jednota Bratrská），成为捷克社会精神和文化生活的重要中心。17世纪，团结会的多数成员在暴力反宗教改革爆发之前移民。其一个分支至今仍然生活在美国，被称为“摩拉维亚兄弟会”。他们宣扬宗教宽容的思想，并与其他宗教改革思想相结合，促成了“捷克忏悔”教派的形成（1575）。该教派要求所有人（包括农奴）信仰自由，可以违背封建统治者的仰原则。团结会的代表包括扬·

布拉霍斯拉夫（Jan Blahoslav）。作为改良派人文主义者，他认定教育和知识是进一步发展团结的必要先决条件，由此有可能走上参与国家活动和社会事务的道路。

胡斯派波希米亚国王波杰布拉迪·乔治（George of Poděbrady，1458—1471年在位）推动了欧洲的信仰和宗教改革运动。他是胡斯战争后的第一位波希米亚国王，也是最后一位非哈布斯堡家族的波希米亚国王。乔治实行了一系列改革，努力避免宗教冲突，允许不同宗教信仰的人在捷克境内和平共处，为捷克的政治、经济和文化发展奠定了基础，他在位期间被认为是捷克历史上的一个黄金时期。1464年，他提议建立一个普遍的和平组织，以取代教皇和皇帝之间的权力竞争，旨在欧洲基督教国家之间建立一套集体安全与和平解决冲突的体系。这项雄心勃勃的计划被称为《基督教世界和平条约》（*Treaty on the Establishment of Peace throughout Christendom*）。乔治试图将匈牙利、波兰、波希米亚、巴伐利亚、勃兰登堡、萨克森、法国、勃艮第和意大利纳入其中，其愿景是建立一个由独立国家组成的联盟，拥有共同的议会和机构。这一提议出现在欧洲面临奥斯曼帝国的威胁和内部冲突（包括胡斯派和天主教徒之间的宗教紧张局势）的背景下。失败的一个重要因素是将罗马教廷排除在外，虽然经历了1993—1998年相对疏离的时期，但总体上维系着“永恒的兄弟情谊”。从而疏远了那些原本可能全力支持该项目的人。尽管该设想最终未能实现，但其在形式上与中世纪传统的国际文书不同，是第一个在设计上与现代条约最接近的多边条约，在内容上最早提出“欧洲团结”的历史愿景，为后来“欧盟”的形成提供了重要的思想雏形，因此在西方国际关系史上具有重要的历史意义与启示。①

宗教改革之后是文艺复兴时期人文主义的激增，两者既同时存在又相互影响。相对宽容的社会氛围使文艺复兴思想和捷克宗教改革理性主义和人文主义交相辉映，相互丰富。事实上，双方代表都旨在将两个运动聚集在一起。维克托林·科内尔（Viktorin Kornel）是捷克第一所法学院的创始人，他致力于自然法哲学，这反映了新公民阶层的自我意识。他还是捷克历史哲学的创造者，但过分强调了胡斯时期的重要性。胡斯战争后，教会法几乎从国家意识中消失了，但

① BOUBÍN J，et al. *Searching for a New Europe*：*King George's Project*［M］. Prague：Historical Institute，2015：292.

罗马法的一些元素渗透到国内实践中。他相信传统法律习俗是自由的保障，具有不可替代性，也是防止蓄意滥用外国法律的有力障碍。波希米亚的法律秩序是基于旧的习俗和先例，其价值并不低于罗马法。热霍日·赫鲁比（Řehoř Hrubý）是西塞罗、彼特拉克和伊拉斯谟的翻译者，受到斯多葛主义（stoicism）[①] 的影响并将他的爱国主义与普遍善良的思想结合到一个普遍理解的世界观中。扬·耶塞纽斯（Jan Jessenius）是布拉格查理大学校长、政治家和自然哲学家，他在所著《查拉图斯特拉》（Zoroaster）中，提出试图恢复古人失落的东方哲学智慧。方法论成为文艺复兴时期哲学中最常被研究的主题之一，体现在他所著的《哲学与医学》。他没有采用帕多瓦的方法论，而是采用了亚里士多德的传统，划分了四个问题，并将人类的不同能力与具体问题联系起来。他把自然哲学和医学的理念应用在其政治生涯当中，发表政治演讲，多次为波希米亚国王腓特烈五世执行外交任务。受天主教和新教的影响，耶塞纽斯在一篇叙述暴政的专著中介绍了关于政治权力的辩论，该文对波希米亚宪法的出现产生了直接影响。[②] 卡尔·格罗本东克（Karl Grobendoncq）继承了耶塞纽斯的思想，质疑马基雅维利主义（Machiavellianism）的政治合法性，并倡导“人民”在国家政权中的重要性。[③]

当时的布拉格也是犹太文化的重要中心。其最重要的人物是犹太神秘主义学者拉比·勒夫（Rabbi Löw）。他的众多哲学著作成为犹太思想的基石。在哲学文献《世界之路》（*Netivot Olam*）和《流放之井》（*Beer Hagola*）中，他捍卫传统的塔木德伦理学，建立了对自由人的哲学理解——善行获得永生，期望所有道德义务都被视为同等重要。在他看来，伦理学源于对律法的研究。勒夫的世界观认为，现实由单一原因及多种多样的因果现象组成，用“自然秩序”“自然实相”等术语，贯穿宇宙的常规物理秩序，各种现象在因果逻辑联系中彼此

---

① “斯多葛学派”又译作“斯多亚学派”，是古希腊哲学的一支流派，其核心理念在于认知自我与宇宙的和谐，强调道德自律、智慧生活以及对自然秩序的理解，认为德性是唯一的善。

② NEJESCHLEBA T. *Jessenius in the context of Renaissance philosophy* [M]. Prague: Vyšehrad, 2008: 68-75.

③ NEJESCHLEBA T. *Jessenius in the context of Renaissance philosophy* [M]. Prague: Vyšehrad, 2008: 206-213.

相连，可以合理地解释。现实的统一因果性也表明了世界上存在道德秩序。

捷克宗教改革思想受文艺复兴时期丰富元素的影响，最终在团结派的最后一位主教夸美纽斯的创作中达到顶峰。他创造了一个以和谐理念改善人际关系为主导的哲学体系，其基础是理性启蒙和通识教育。他相信人性是一种能够不断改进的积极力量，且教育将作为实现这一目标的工具。在这个概念的背后是基于新柏拉图主义方案的本体论，其最高程度是使全人类和谐地发展成一个新的人类现实。瓦莱瑞安·马格尼（Valerian Magni）是一位受柏拉图主义和奥古斯丁主义影响的外交官和哲学家。马格尼在思想上崇拜伽利略和笛卡尔，在17世纪因其反新教的辩论性著作和反亚里士多德主义的哲学著作而声名鹊起。他与多位教皇外交官合作，深受神圣罗马帝国皇帝斐迪南二世等数位执政者的尊敬。

捷克哲学思想运动在1620年白山战役后被打断。捷克国家不复存在后，被迫重新天主教化。包括夸美纽斯在内的新教知识分子精英不得不离开这个国家，取而代之的是外来的天主教神父，他们维护了天主教的形而上学传统，也带来了其他哲学理念，主宰了17世纪波希米亚的巴洛克哲学，如罗德里戈·阿里亚加（Roderigo Arriaga）、扬·卡拉缪尔（Jan Caramuel）、扬·马库斯·马西（Jan Marcus Marci）和希罗尼姆斯·希尔恩海姆（Hieronymus Hirnheim）。由于哈布斯堡帝国和西班牙君主制的关系，他们也过着流动的生活。阿里亚加呼吁在哲学上实现更大的自由，在形而上学和自然哲学方面非常具有创新性。在《哲学学卷》（*Cursus Philosophicus*）第一版的序言中，他不但否定了本体论的论点，还否认了先验证明上帝存在的可能性，试图以温和的现实主义精神在托马斯·阿奎那（Thomas Aquinas）和唯名论先驱奥卡姆的威廉（William of Ockham）的教导之间找到折中方案。他的权威和名气之大，以至于当时流传这样一句话：“但凡去布拉格的人，都不要错过阿里亚加的演讲。”卡拉缪尔在他的形式逻辑中预测了现代数理逻辑的一些特征元素，展示了逻辑方法在哲学和神学主题中的广泛应用，因此被认为是“现代逻辑关系之父”。卡拉缪尔反对新经院主义，他的观点接近笛卡尔的理性主义，坚信人文主义理想，不盲从任何大师的话语，拒绝加入某个特定的思想流派，而是从所有权威思想中挑选出合理的成分来重新建构和革新基督教哲学。[①] 1648 年，瑞典人攻打布拉格时，卡拉缪尔武装并率领一支由教士组成的军事师，协助保卫城市，积极参与当时的政治斗争。扬·马库斯·马西是一位植根于柏拉图主义和新柏拉图主义的自然科学家。他宣扬微观世界和宏观世界的类比建构，通过研究神经的活动，得出了预期后联想心理学的想法。希罗尼穆斯·希尔纳海姆（Hieronymus Hirnheim）在司各脱主义的影响下，他强调了原始基督教的伦理观念以及主观信仰的重要性，认为生活实践优先于思辨性学院主义，他的哲学取向接近约翰逊主义。

总之，波西米亚曾一度是神圣罗马帝国的中心，并且大部分时间都是天主教宗教改革的重镇，与早期现代的所有思想和政治运动有着千丝万缕的内在联系。

二、从民族复兴到 1918 年的捷克哲学发展

天主教、路德教和改革宗教哲学家之间既相互对立又相互影响的动态作用是欧洲早期现代哲学发展的驱动力之一。与此同时，19 世纪的民族主义意识也推动了哲学在波希米亚的兴盛。经过长期的精神压制，捷克知识分子的生活在 18 世纪的最后 1/3 得以慢慢复兴。他们首先受到欧洲启蒙运动的带动，后来得到新人类主义和浪漫主义的引导，同时也受到宗教改革的古老民族传统的影响，形成学术思想丰富的维也纳学派。因此，其语言学、历史和自然科学研究很快就达到了欧洲的学术高度。

捷克理性主义启蒙运动代表人物约瑟夫·多布罗夫斯基（Josef Dobrovský）最早运用现代批判理性主义研究方法，倡导思想自由、科学论断和不妥协的批判。他还作为斯拉夫主义先驱和捷克民族复兴领袖，帮助建立了捷克皇家科学学会（1784）和国家博物馆（1818）。作为波希米亚天主教启蒙运动的倡导者，伯纳德·博尔扎诺（Bernard Bolzano）讲授的宗教和道德哲学，带有强烈的和平主义和乌托邦式的社会主义色彩。他试图证明所有人的基本平等，攻击不劳而获的私有财产，劝告民众在争取人权的斗争中牺牲一切。博尔扎诺拒绝了康德哲学和后康德哲学，如绝对命令（kategorisches imperative）和预设思想，他更喜

① GABBAY D，WOODS J，Handbook of the History of Logic：Mediaeval and Renaissance Logic [J]. *Amsterdam*：*North-Holland*，2008：645.

欢人性化和功利主义伦理。

19 世纪著名的捷克解剖学家和实验生理学家扬·伊万杰利斯塔·普尔基涅（Jan Evangelista Purkyně）是一位捷克民族主义者，在 19 世纪中叶对捷克文化生活产生了重大影响，在 1841 年出版了弗里德里希·席勒诗歌的捷克语译本，并将莎士比亚和意大利诗人托夸托·塔索的作品翻译成捷克语。作为生物体细胞构造理论的创始人，他也受到德国传统的影响，为自然动态概念增加了历史维度，并持有泛神论本体论。

现代捷克史学的创始人帕拉茨基在年轻时就追求哲学，接触到民族感情的复苏，受到新人文主义特别是席勒思想的影响，他的早期著作都与美学有关，如《美学简史》（1823）和《美的研究》（1827）。帕拉茨基帮助重修了捷克国家博物馆，使其成为捷克科学和文化生活的重要中心。他写了大量关于波希米亚历史的著作，特别是《波希米亚和摩拉维亚的捷克民族史》集中体现了他的捷克历史人文主义哲学，并在捷克文化和民族解放运动的发展中发挥了重要作用。帕拉茨基对捷克历史的看法是基于两种主要政治力量之间的冲突，反映了两种相互矛盾的人生哲学：基于历史上原始民主经验，和平、平等的斯拉夫精神与以侵略性的威权主义和贵族主义为特征的日耳曼精神进行了无情的竞争。这种对立的最强烈表现是 15 世纪的胡斯革命运动，这不仅是对罗马精神教条主义的斗争，也是对德国封建主义的反叛。① 对捷克历史的摩尼教式解读基于德国和捷克元素之间永恒斗争的理念，对后来捷克社会的发展是一种双刃剑。这个概念的危险在于其潜在的沙文主义，通过将捷克传统置于德国之上，为过激的民族主义行为提供了正当理由，比如二战后将德国人从他们在捷克斯洛伐克的家园驱逐出去。但他还是回归了自由主义。在《致法兰克福议会的一封信》（*Manifesto of the first Slav Congress*）的声明中，帕拉茨基旗帜鲜明地表达了其反对任何特殊的民族主义的态度：“尽管我热爱我的国家，但我始终认为人类和学术的利益比国家的利益更重要。”此外，帕拉茨基反对哈布斯堡帝国保守中央集权主义倾向、支持联邦安排的论点进一步强调了他对西方基本自由价值观的承诺。在他对多民族联邦制国家的设想中，所有社群都受到平等对待，和平共处，这些观点可以与当今的“多元文化社会”和“承认的政治”的概念相提并论。

---

① AUER S. *Liberal Nationalism in Central Europe* [M]. London: Routledge. 2004: 52-53.

值得注意的是，帕拉茨基的出发点是尊重公民的个人权利。他坚信国家的平等直接来源于自然权利，“自由宪政国家的法律必须平等地适用于所有公民。换句话说，宪法必须是所有合法性和正义的众所周知的永恒原则的实现：‘己所不欲，勿施于人’（Do not do to others what you dislike yourself）。”①

虽然马萨里克赞同普世人类价值，但他反对帕拉茨基“经常强调民族对抗——特别是斯拉夫人和德国人之间——超过了国家间合作与和谐的需要”，反对他所谓“斯拉夫人有一种特殊的民主倾向”的观点。历史学家约瑟夫·佩卡、扬·帕托契卡对帕拉茨基的批评更甚。波希米亚哲学家和数学家伯纳德·博尔扎诺敦促他的学生超越宗派民族主义情绪，以“公民爱国主义”（civic patriotism，Občanský vlastenectví）与由约瑟夫·荣格曼、沙法里克和帕拉茨基支持的“语言民族主义”（linguistic nationalism，jazyková nacionalismus）相抗衡。波尔扎诺并不认为语言是一个重要的民族属性，而是将民族概念化为一个政治共同体，它可能由不同的民族部落（národní kmeny）组成，但受共同道德义务的约束。按照这种观点，国家只是一个工具，从属于促进人类普遍价值的目标。两次世界大战将帕拉茨基关于德国人和斯拉夫人之间持续斗争的论点变成了预言。大国军事统治的经历不仅给直接受战争影响的捷克人民带来了悲惨的后果，还决定性地削弱了捷克民族认同发展中的自由主义倾向。

1848 年革命哲学反映在捷克民族独立运动民主派代表奥古斯丁·斯美塔那（Augustin Smetana）的著作中，其根源在于左翼黑格尔主义。在他的人类灵性哲学中，他基于知识（Wissen）和存在（Sein）的相对身份，在身份哲学上创造了一个独立的变体，解释了黑格尔关于“世界精神”（Weltgeist）发展的历史，设想在未来时代为斯拉夫人带来社会正义。然而，黑格尔哲学的影响在波希米亚相对有限。

在 19 世纪下半叶，德国哲学家约翰·弗里德里希·赫尔巴特（Johann Friedrich Herbart）的哲学（Herbartianism）进入布拉格哲学流的堡垒，成为 19 世纪下半叶波希米亚的官方主流哲学。事实上，赫尔巴特哲学在整个中欧都非常有影响力，在某种程度上发挥了实证主义在捷克知识分子生活中的作用。这就是为什么古典实证主义出现相对较晚，但一直持续到 20 世纪。赫尔巴特哲学

---

① AUER S. *Liberal Nationalism in Central Europe* [M]. London: Routledge. 2004: 104.

试图对来自当代科学（例如经验心理学和达尔文主义）的冲动做出积极反应，并为哲学、心理学和教育学领域的发展提供了先行引导，如维也纳的新实证主义以及弗洛伊德的意识和潜意识的关系。

赫尔巴特的哲学思想是由弗朗茨·埃克斯纳（Franz Exner）带到布拉格大学的。他反对黑格尔的理想主义以及其唯心主义的主观性概念，认为自然的基本定律是不确定的，确定性定律是在很多随机事件的极限下获得的，单一事件充其量只能确定微弱的规律性。由此，埃克斯纳从功能依赖性的角度重新定义因果关系，得到“文化非决定论”（Indeterminist Theory of Culture）。这切断了康德式的因果关系和经验现实主义之间的刚性联系，并使得根据单一理论的需要调整本体成为可能。该理论又称“文化独立论”，挑战了传统的文化决定论和经济决定论，强调文化的自主性、动态性，能够主动影响甚至塑造社会和经济结构，而不是仅仅作为这些结构变化的被动结果。这可能意味着文化转变并不总是经济或技术变化等决定论因素的结果，而可能源于随机或混乱的事件，具有不可预测性和偶然性。①

布拉格大学哲学系主任罗伯特·齐默尔曼（Robert Zimmermann）的《形式科学》源于赫尔巴特和博尔扎诺的思想，他成功地影响了一些追随者。他在宗教哲学、哲学史、社会学、心理学和逻辑学中得以提出新思想。比如，齐默尔曼对美学学科做出了开创性贡献，其所著的《美学》（*Aesthetik*）分两卷出版。前者被认为是从柏拉图到 19 世纪中叶的第一部美学史；后者是基于赫巴德道德原则对美的系统性研究。奥塔卡尔·霍斯廷斯基（Otakar Hostinský）是赫尔巴特哲学的反对者，尤其是心理学部分。他创造了具体形式主义和艺术哲学的美学概念，他的一些思想被布拉格结构主义学派采用。

在叔本华那里，整个伦理学概念变成了反激进主义的寂静无为（quietism）。而近代捷克体操的中心人物米罗斯拉夫·泰尔什（Miroslav Tyrš）则站在这一趋势之外。他强调实用伦理，映射出盎格鲁—撒克逊哲学、法国哲学的人文追求，尤其是 18 世纪德国哲学家约翰·戈特弗里德·赫尔德（被认为是民族主义的创始人）的影响。受达尔文“为生存而战”的影响，泰尔什将叔本华“悲观的形

---

① STOELTZNER M. Franz Serafin Exner's Indeterminist Theory of Culture [J]. *Physics in Perspective*, 2002, 4 (3): 267-319.

而上学”理解转化为生命活动的原则、哲学，与古希腊卡斯托尔（Castor）式的理想一起，确立了民族主义的身体美学——索科尔（Sokol）原则，即力量、毅力和男子气概，对自由和国家的热爱，志愿工作和纪律。索科尔根据古希腊竞技文化设计出“索科尔体操”（Sokols Gymnastics），并在捷克民众当中进行推广。索科尔体操思想强调将集体利益放之首位。泰尔什指出：“在一个健康的民族里，胆小、冷漠和背叛是没有余地的，整体价值永远高于局部，民族利益高于个人利益，在这样的民族中，背叛者没有市场。”索科尔出自斯拉夫神话中的英雄名，同时也指代迅捷的鹰隼。鹰隼勇猛无畏，在高空飞翔比喻捷克民众对自由的追求，有寓意斯拉夫青年英勇的保护祖国之意。19 世纪 90 年代后随着索科尔体操节和体操联盟的成立，索科尔体操逐渐呈现全民化趋势，其“捷克人皆雄鹰”的口号已深入人心。① 索科尔体操是捷克民族主义的产物，也成为捷克民众表达情绪、向强权示威的民族运动的部分。

受赫尔德和黑格尔的历史哲学原则的影响，科拉尔创造了一个全新且完整的“斯拉夫历史哲学”的概念，积极倡导“斯拉夫互惠主义”，并制定了一项“泛斯拉夫主义”的政治计划，将从塔特拉到黑山，从克尔科诺谢山到乌拉尔山的斯拉夫人统一起来。因此，他被视为“斯拉夫统一和团结思想之父”，得到很多同时代人的追随。

在寻找泛斯夫合作的过程中，捷克试图建立一种“自我实现”的民族认同，不再受俄罗斯或波兰等大斯拉夫文化的影响。1846 年，资产阶级自由派新闻记者哈夫利切克在其创办的《布拉格报》上发表的《斯拉夫与捷克》（*Slované a Česko*）等文章，并发起了一项政治倡议——“奥地利斯拉夫主义”，作为替代方案，即主张维护和巩固奥地利帝国的完整与统一，进而改造其成为各民族平等的联邦制国家。各斯拉夫民族结成同盟，在奥地利君主制的保护下，实现捷克人和其他斯拉夫民族的紧密合作与民族自治。1848 年 4 月 11 日，帕拉茨基在致法兰克福国民议会的信中进行充分阐述，认为奥地利帝国是保护中欧地区斯拉夫人避免德意志人和俄罗斯人奴役的最好保障。这一纲领对捷克 1848 年革命和

---

① 王恒，姜维，薛婧．近代东欧捷克体操的历史演进、流布与影响［J］．体育科学，2020，40（5）：85-97.

19 世纪 60 年代以后的民族运动产生了极大的消极作用。①

捷克共和国之父托马斯·马萨里克（Tomáš Masaryk）是著名的自由主义哲学家和历史学家。其座右铭是“无所畏惧，无所偷盗”（捷克语：Nebát se a nekrást）。马萨里克出生并成长于天主教家庭，后来皈依新教。1879 年，马萨里克在维也纳大学担任哲学讲师，信奉柏拉图主义。1881—1885 年，他作为查理大学哲学教授先后发表了《具体逻辑基础》（*Základové konkretné logiky*，1885）等著作，创办《雅典文艺》《我们的时代》等刊物，在政治、文学以及哲学等各方面复兴民族文化。马萨里克通过反对赫尔巴特哲学和德国后康德哲学开启了其哲学生涯，并成功地削弱了他们的主导地位。他的《具体逻辑基础》对科学分类进行研究，本着奥古斯特·孔德的精神构思，从而为心理学提供了确定性来源。② 他的哲学根源是法国和英国的实证主义，将这些作为研究方法来调查价值观危机并试图利用人类的概念来解决这一危机。马萨里克强调的理性和道德原则，影响了捷克民族在政治和社会生活中的行为准则，使捷克人在面对民族问题和社会变革时，更倾向于追求正义和平等。而这些人文主义世界观是基于捷克宗教改革产生的价值观和民主思想。

由此，马萨里克开始从事广泛的社会活动，以奥地利帝国议会议员的身份，游历欧美及巴尔干国家，发表政治演讲，宣传捷克民族的文化和历史。1889 年，马萨里克得到“青年捷克人党”的拥护，后创建了“捷克人民党”（1905 年改名为“捷克进步党”，Czech Progressive Party），正式开始了其建国生涯。

1918 年后，马萨里克成为捷克共和国的第一任总统。他突破传统，将自由主义价值观注入民族构建，主张以公民认同而非种族、血缘定义民族，形成“自由民族主义”（Liberal Nationalism）范式，并将其上升为国家哲学的核心思想。具体理念如下：第一是西方民主制度，建国后确立议会制，保障公民的选举权与言论自由，构建宪政秩序；第二是文化包容，允许少数民族使用母语、保留文化传统，避免强制同化；第三是个体权利优先，民族利益不得凌驾于公民自由之上，反对集体主义压迫；第四是拒绝族裔民族主义（Ethnic Nationalism），强调

① 王觉非．欧洲历史大辞典：下［M］．上海：上海辞书出版社，2007：1182.

② ŠEBESTÍK J. How Philosophers in the Czech Lands Broke Ground for the Vienna Circle［M］//SCHUSTER R. *The Vienna Circle in Czechoslovakia*. London：Springer，2020：3-32.

捷克斯洛伐克民族包含捷克人、斯洛伐克人及其他少数民族，通过共享公民身份超越族群差异。

马萨里克模式被学界视为公民民族主义（Civic Nationalism）的典型实践。其进步性在于通过宪法与制度实现“政治民族”（Political Nation）构建，规避种族排他性风险；其争议性在于对文化差异的弱化可能演变为“温和同化”。捷克的自由民族主义和公民民族主义同源生于对抗哈布斯堡压迫的 19 世纪复兴运动，却在发展中走向对立：自由民族主义因缺乏本土权力基础（资产阶级弱小、外部干预频发）始终停留于知识精英的理想层面；若脱离现实权力结构，则沦为脆弱的价值宣言。公民民族主义依托文化防御逻辑，最终演变为多数群体的霸权工具；当公民民族主义脱离自由主义的约束，便会滑向排他性认同；依赖中产阶级共识，在多元社会中具有脆弱性，难以应对阶级或族群冲突。

须指出，马萨里克作为资产阶级改良者，批判德国唯心主义和马克思主义，排斥社会主义学说。在其 1898 年著作《社会问题》（*Otázka sociální*）当中主张通过改良手段而不是社会革命去解决资本主义内部的深刻冲突；他抨击奥匈帝国的专制和民族压迫，但主张捷克国家在帝国范围内的自治；他支持工人八小时工作制和普选权，但对工人运动持否定态度。从政早期，马萨里克就曾力图用社会改良思想去影响一些社会民主党领袖，希望他们放弃马克思主义学说，写了一系列以所谓“现代马克思主义在科学和哲学方面的危机”为总题目的文章。在革命共产主义与西方社会民主主义相对抗的历史语境中，他提出要建立一种对立于列宁主义的“西方马克思主义”。① 其实质就是丧失了革命性和“去政治化”，发生了“形式的转移”和“主题的创新”，即从经典马克思主义的阶级政治话语和实践转向个人政治、日常生活政治乃至身体政治的话语和实践，陷入历史虚无主义的谬误当中。②

在第一次世界大战之后，其他政治家和学者也提出了捷克斯洛伐克统一国家的想法。其中，赫尔德的一篇关于欧洲不同民族的历史起源和典型特征的文献成为捷克国家认同建构的基础。在《关于历史哲学的思想》（*Ideen zur Philoso-*

---

① MASARYK T G. Otázka Sociální, Praha 1896, German 1898 Otázka Sociální: Základy Marxismu Filosofické a Socialologické I. a II [M]. Praha: MÚ AVČR, 2000.

② 夏凡．“西方马克思主义”论域的历史构形与逻辑边界［J］．现代哲学，2010（3）：22.

phie der geschhte）一书中，赫尔德描述了不同民族的特点，包括斯拉夫人和德意志族裔，这不仅对“觉醒”的作家产生了至关重要的影响，而且其影响一直延伸到20世纪。根据赫尔德的说法，“德意志族裔有好战的天性，凭着刚毅和英勇，统治了很多民族，但缺乏农业、科学和艺术方面的技能”。而斯拉夫人的民族性格是“仁慈，顺从，热情好客，追求自由的乡村生活”，热爱农业、家庭艺术、商业和音乐，“从来不像德国勇士或冒险家那样有进取心，也不喜欢抢劫”。因此，赫尔德预见了斯拉夫人的伟大未来，并声称“斯拉夫人会从漫长的沉睡中醒来，从枷锁中解放出来，将拥有和使用美丽的土地，自由地庆祝古老的工业和贸易节日”。这种描述和预测影响了捷克和斯洛伐克民族复兴的倡导者。

三、共和国成立后的哲学发展

新生国家的文化和政治气候有利于捷克哲学的发展与传播。于是，哲学作为教学内容被列入大学课程，实证主义成为一种民族哲学。一般来说，实证主义可以被定义为一个哲学立场的术语，承认科学知识是唯一的知识形式。实证主义不仅在自然主义者，特别是在物理学家中引起共鸣，在广泛受教育的阶层中也引起了共鸣。

捷克实证主义最重要的知识分子代表约瑟夫·特维尔迪（Josef Tvrdý）试图发展一种科学哲学，将塞缪尔·亚历山大的涌现主义（Emergentism）引入对进化过程的定性理解。他强调了哲学的科学性，认为哲学的任务是创造世界和生活的统一形象；科学性并不意味着哲学主题的减少，而是要超越实证主义的认识局限，为科学本体论的可能性辩护。在20世纪30年代初，他接受“涌现进化”（emergent evolution）理论，结合宗教哲学、历史和价值理论，进而创造出“新型社会”概念，这个社会将允许个人为了社会利益而发展创造性力量。没有本体论，就不可能建立对世界和生活的统一看法。然而，他看到了世界统一问题的解决方案，即所谓的单一主义（每个事件都有一个双重方面，将其与其他事件区分开来并连接起来）。至于物质和意识之间的关系，他称自己的哲学立场是批判现实主义，希望与唯物主义、理想主义区分开来。可以说，他在一定程度上理解了德国古典哲学的重要性，在评价马克思主义时取代了马萨里克的判断。

然而，约瑟夫·克拉尔（Josef Král）是波希米亚哲学运动代表弗朗季谢克·克雷伊奇（František Krejčí）的追随者。克拉尔宣称是实证主义，但其受到马萨里克的观点和折中主义的强烈影响，认为哲学是一般科学，是“在个别科学的基础上对世界和生命的统一解释”。由此，克拉尔将社会学定义为“关于社会构成和发展的科学，以及作为人类活动创造的系统的文化的科学”。特别是在20世纪30年代，他倾向于客观主义和经验主义的社会学概念。他的社会学思想与他的哲学思想体系密不可分。作为马萨里克的非正统门徒，克拉尔以传统精神解释了捷克思想史。

马萨里克社会学学会的联合创始人伊曼纽尔·查卢普尼（Emanuel Chalupný）作为马萨里克的学生，继续研究社会学、哲学和法律之间的关系，并创建了自己的社会学体系。他的写作成果丰厚，竟然占到捷克两次世界大战之间社会学作品的1/4，集中收录在9卷《系统社会学》。这是捷克社会哲学领域涉猎最广泛的作品。他在理论上是有原则的，而且因为一种法律方法与布尔诺规范学派代表展开哲学辩论。

马萨里克基于宗教的人文主义哲学主要被新教思想家所采用，包括伊曼纽尔·拉德尔（“直觉现实主义”的支持者和实证主义科学主义的批评者）、约瑟夫·赫罗玛德卡（所谓的“辩证法神学的独立追随者”）和扬·科扎克（受现象学的影响，试图解决科学与信仰之间关系中固有的问题和客观道德价值观的问题）。马萨里克的影响力扩展到许多不同的领域，在广泛的学科中都能找到其追随者。

在第一次世界大战和第二次世界大战之间，结构主义、现象学和非正统马克思主义这三大基本流派构成了捷克的主流哲学，对捷克社会的影响深远。大约在1930年，结构主义成为一些人文和社会科学的方法论基础，并采取了具有表现力的特定历史动态形式。它的本体论和社会学原则是由约瑟夫·路德维克·菲舍尔（Josef Ludvík Fischer）确立的，他还创造了一个“结构性民主”的模式，即为了个人和整个社会的利益，解放所有社会力量。菲舍尔阐述了对马萨里克关于“捷克问题”的立场，认为“证明其非历史性并不难，这是一个小国自我保护反应的表现，它寻求成圣，而不仅仅是其存在的主张”。进而，他谨慎而明确地赞同“具有人道面貌的社会主义”的理想，回到了最初的左翼方向。

马萨里克效仿帕拉茨基，完成了民族复兴主义的导向，将国家叙事的进程转化为他的人道主义理想，然而没有继承其思想遗产的人。

捷克社会哲学的理论基础是由布拉哈（Inocenc Arnošt Bláha）确立的。1930年，他创办了第一本捷克社会学杂志《社会学评论》。布拉哈的社会学按主要主题领域分为城市社会学、道德理论、家庭社会学和社会类型社会学，形成了方法论观点和一般社会学理论的概念。他致力于道德生活的问题，所捍卫的个人道德行动主义反映在《道德哲学》（1922）和《科学道德与道德教育》（1940）中，发展了主观主义方法论，并完善了经验主义的概念，区分了主观经验方法和客观经验方法。这与狄尔泰对内部和外部经验的划分非常相似，但他明显背离了孔德的实证主义，以原始的方式融入了狄尔泰生活哲学的论证程序，着重强调个人的活动。

20世纪20年代末至40年代初，布拉格学派（Prague School）发展了符号学文学批评的方法，在语言学和符号学中产生了重大而持久的影响，对20世纪西方美学史上产生了相当大的影响。“布拉格学派”又称“捷克结构主义”。该学派超越单纯的形式主义研究路径，转而重视对系统、结构和功能的研究。布拉格学派把语言学、符号学思想广泛用于文学、艺术、美学等问题的结合探讨，提出了诸多文学符号学、符号美学、艺术符号学思想，比如包加梯列夫、洪采尔等人提出了戏剧符号学，穆卡洛夫斯基提出了艺术与文学符号学，雅各布森提出了一般符号学理论。他们走在了世界符号学研究的前列，对20世纪60年代发源于法国的结构主义思潮也产生了直接影响。主要代表人物是穆卡洛夫斯基（J. Mukařovský）、罗曼·雅克布森（Roman Jakobson）和费利克斯·沃迪卡（Felix Vodička）。穆卡洛夫斯基放弃了俄国形式主义的美学孤立主义，认为文学符号与人类生活的情境密切相关，提出语言符号还有第四种功能——美学功能。1936年，穆卡洛夫斯基在《作为社会功能的审美功能、规范与价值》一文中提出了“审美规范”的概念。按照他的说法，审美规范是人们在一个时代进行审美感知和对文学价值做出评判的尺度，推进审美目标的完善化，并与人的精神结构的普遍发展有关。审美规范的基本前提不是它的稳定性，而是社会共同体成员基于共同生活而形成的普遍同意与暂时一致。作为俄国形式主义的代表人物，雅各布布森继承了索绪尔以来的传统，发展了结构主义语言学，使布拉格大学成为当时欧洲普通语言学的重要阵地。

1934年布拉格第八届哲学家大会期间，经过埃米尔·乌蒂茨（Emil Utitz）和扬·布拉霍斯拉夫·科扎克（J. B. Kozák）的联合倡议，捷克—德国布拉格哲学中心（Cercle philosophique de Prague）在捷克成立，后来该中心演变成现象学运动的意识形态中心。乌蒂茨是艺术自主性思想的支持者，著有两卷本《通用美学基础》（*Grundlegung der allgemeinen Kunstwissenschaft*）。受马克斯·德索尔（Max Dessoir）和埃德蒙·胡塞尔（Edmund Husserl）的影响，他定义了美学与艺术之间的关系，声称美学价值不仅限于艺术领域，艺术也不仅限于审美价值。相反，艺术的内容是通过审美感知而来。他的《泰雷津集中营生活心理学》（*Psychologie života v terezínském koncentračním táboře*，1947）分析了集中营条件对被关押在那里的囚犯的性格和性格的影响，具有特别的史料价值。

扬·帕托契卡（Jan Patočka）在胡塞尔和海德格尔的影响下，既研究了现象学，又研究了希腊哲学，成为波希米亚现象学最重要的代表。在20世纪30年代，他发展了一种新的主观性概念，致力于解决原始、预定的自然世界、其结构和人类活动的问题。他批判了纯粹和超验的“自我”概念，倾向于一种非主观现象学。那个时代的一些结构主义者也对现象学感兴趣，并在人类存在的背景下适当地修改了他们对艺术的功能和任务的概念。帕托契卡在论文《自然世界作为哲学问题》（*Přirozený svět jako filosofický problém*）中专注于对生活世界的哲学问题的讨论，并对胡塞尔生活世界现象学做出诠释和发展。① 他的“生活世界现象学”融合了现象学与存在论，在方法论上实现了创新：以胡塞尔的现象学还原为基础，悬置科学预设以回归自然世界。吸收海德格尔的历史存在论，将生活世界视为人类生存实践的历史展开形式。二者结合形成“结构—历史”双轨分析法并在《自然世界作为哲学问题》中系统呈现。帕托契卡从胡塞尔后期思想出发，关注生活世界（Lebenswelt）的问题及结构，以及人在其中的地位，借以揭示人与世界的自然经验。这种自然经验的缺失，导致人们不再将世界当作一个整体，只从科学的角度来解释世界，并将世界分割来开，成为不同学科的研究对象。这种世界观最终导致人们放弃追问人在世生存的意义，进

① 倪梁康．胡塞尔与帕托契卡的生活世界：作为实践哲学家的现象学家［J］．江苏社会科学，2020（4）：149-160.

而导致一种被动的宿命论。帕托契卡原本被视作实践哲学家，后来又成为一个政治哲学家或社会哲学家。他在思考胡塞尔的“敌人”与“超越一切的现象学”的关系问题时，一方面强调捷克精神史与德国精神史的联结，另一方面突出捷克思想的自立性，坚信捷克精神的欧洲使命在于为东西欧提供中介，捷克属于西欧而非东欧。① 帕托契卡作为“七七宪章”的首位发言人，将“生活世界”理论转化为政治实践。他主张“无权者的权力”源于个体在“真实中生活”的勇气，即拒绝谎言、回归本真存在，形成对极权统治的道德抵抗。该理念成为宪章运动的哲学纲领，号召公民通过日常实践（如地下出版、文化沙龙）重构独立于官方意识形态的“平行生活世界”。他的这些思考在当时引起许多批评。西方对他的热捧更是因为其作为持不同政见者参与了“七七宪章”，被理解是斯大林主义政权的反对者，进而被视为马克思主义的反对者。他在《否定的柏拉图主义》（*Negative Platonism*）中发展了现代性理论，打造了“超文明的激进主义”（super-civilizational radicalism）这个术语，对来自苏联的意识形态做了了断。他向 20 世纪 20 年代和 30 年代出生的马克思主义知识分子介绍了埃德蒙·胡塞尔的现象学和马丁·海德格尔的思想，极大地影响了这一代人的政治倾向。虽然他对马克思主义知识分子表示同情，同时也对他们的立场进行了建设性批评。在帕托契卡的影响下，一些捷克马克思主义知识分子放弃马克思主义，成为纯粹的现象学家，另一些人则创造出现象学的马克思主义。帕托契卡的“真实生活”（Život v pravdě）概念被哈维尔继承并发展，成为捷克“公民论坛”运动的核心思想，推动天鹅绒革命后从“道德重建”转向制度变革。② 其理论促使捷克和摩拉维亚共产党（KSČM）等左翼政党重新审视“生活异化”问题，在 21 世纪调整纲领，尝试融合现象学批判与社会主义实践。可以说，帕托契卡在捷克现当代政治哲学发展中起到了决定性的作用，其理论通过将现象学转化为政治行动工具，在捷克现代史上成为连接哲学批判与社会变革的关键

---

① PATOKA J. *Schriften Zurtschechischen Kultur und Geschichte* [M]. Stuttgart: Klett-Cotta, 1992.

② 倪梁康. 胡塞尔与帕托契卡的生活世界：作为实践哲学家的现象学家 [J]. 江苏社会科学, 2020 (4): 149-160.

纽带，其遗产至今仍应用在东欧转型国家的民主实践中。①

四、20 世纪的新马克思主义

20 世纪上半叶，马克思主义哲学在欧洲左翼政治运动中具有强大的社会基础。其中，捷克马克思主义中最有影响力的一支力量是两次世界大战之间的先锋派。无疑，先锋派在 20 世纪二三十年代捷克马克思主义思想的形成发挥着无可争议的重要作用。第一次世界大战后，一批有坚定社会主义倾向的艺术家和思想家在捷克斯洛伐克创造出一种勃勃生机的思想环境，共产主义运动在捷克政坛很活跃，马克思主义得到极大地传播。先锋理论家卡莱尔·泰格（Karel Teige）认为马克思主义是现代艺术的支柱，艺术活动是实现自由人的理想并在当代社会条件下运用其创造力的手段。这种观点强烈地影响了捷克的超现实主义群体。其他鼓舞人心的思想家还有精神分析师博胡斯拉夫·布鲁克（Bohuslav Brouk）、历史哲学家扎维施·卡兰德拉（Závi Kalandra）。20 世纪 30 年代，超现实主义与社会主义现实主义的支持者之间发生辩论。如贝德里希·瓦茨拉维克（Bed ich Václavek）、库尔特·康拉德（Kurt Konrád）和爱德华·乌尔克斯（Eduard Urx）对于艺术在社会中产生作用的思考。20 世纪 30 年代后半期，超现实主义者代表了一个相对隔绝的知识分子孤岛，阐述了对于斯大林主义文化政策毫不妥协的批判。② 斯大林化以及保守的后斯大林主义者对于“布拉格之春”运动的镇压，在捷克马克思主义发展的历史过程中发挥了极为消极的作用。前者意味着先锋运动的终结，后者意味着马克思主义人道主义、各种马克思主义批判理论的终结。

这一时期，其他学派的哲学家也涌现出来。如激进的主观主义者拉迪斯拉夫·克利马（Ladislav Klíma）。他在荒谬世界中自由存在，期待后来的存在主义；自然科学家弗兰季谢克·马雷什（František Mareš）和卡雷尔·沃罗夫卡（Karel Vorovka）从理想主义的出发点反对实证主义、科学主义；弗拉基米尔·

① 陈凤．回应民粹主义兴起的挑战：捷克和摩拉维亚共产党 21 世纪以来的社会主义探索［J］．社会主义研究，2024（4）：124-131.

② 罗伯逊，管小其．论捷克马克思主义：伊万·兰达和扬·梅尔瓦尔特专访［J］．学术交流，2017（5）：17.

霍普（Vladimír Hoppe）强调直觉主义和神秘主义；卡雷尔·恩格利什（Karel Engliš）创造了一个基于对社会关系目的论来理解的哲学体系。聚集在《哲学评论》（*Filosofická Revue*）杂志周围的哲学家和神学家群体是新托姆主义导向的，而那些聚集在《布伦塔诺研究》（*Brentano-Gesellschaft*）杂志周围的德国哲学家，由布伦塔诺的第二代学生组成，也非常活跃。

在纳粹占领期间和第二次世界大战的6年中，捷克哲学的研究被打断了。大学被关闭并实行严厉的审查制度。一些哲学家被处决，一些人被关进集中营，另一些人被迫流亡。战争的结束并不意味着回到战前的状态，而是转向社会主义，并创造了一个新的局面。在1945—1948年相对自由的政治形势下，马克思主义思想的影响越来越大。这一过程得到了从苏联回来的阿尔诺什特·科尔曼（Arnošt Kolman）的支持，也得到了许多马克思主义哲学家的支持。这种情况在1948年2月捷克共产党上台时发生了变化。苏式社会主义成为官方意识形态，所有其他哲学和意识形态思想流派都被禁止。一些年轻的哲学家离开了这个国家。捷克马克思主义者也受到迫害。

中东欧新马克思主义（Neo-Marxism）从20世纪50年代前半期开始，随苏联局势变化对现行模式产生怀疑，成为捷克的自由化思潮和政治力量，重新探索适合捷克实际的社会主义发展道路。新马克思主义注重论证马克思前后思想的统一性，以“人道主义马克思主义”自我标榜，并对现实社会主义持批判和否定态度，以人为出发点，以实践为核心范畴，把马克思主义哲学解释成一种人本主义的实践哲学，具有更浓厚的思辨色彩，与海德格尔的存在主义以及葛兰西主义关系密切。① 代表人物有卡莱尔·科西克（Karel Kosík）、罗伯特·卡利沃达（Robert Kalivoda）、维捷斯拉夫·加尔达夫斯基（Vítězslav Gardavsk）、马赫维茨、普鲁哈、李希特等。这些有理想的马克思主义知识分子生于20世纪二三十年代，参与了第二次世界大战期间的抵抗法西斯民族解放运动，他们成为共产主义者并在战后参与建设社会主义国家。1956年以后，由于苏共二十大对斯大林个人崇拜的批判以及南斯拉夫的影响，特别是由于本国经济的停滞不前，捷克理论家和政界人士开始对现行模式产生怀疑，并重新探索适合捷克实际

① 新马克思主义（Neo-Marixism），也被称为当代马克思主义，是指尝试重新检讨或修正马克思古典理念，但仍相信及坚持马克思主义的某些原则。

的社会主义发展道路。所有这些经验使他们意识到哲学应该承担革命性的使命，试图用存在主义的观点，修正和解释马克思主义，阐述异化理论，思考哲学人类学，被西方学者称为“存在人类学派”（Existentialist Anthropology School）。其主要哲学成果包括人本主义的实践观、关于具体总体的辩证法、在哲学上对现存社会主义和资本主义的批判。

（一）思想领域的“非斯大林化”

自从捷克斯洛伐克全盘仿效苏联高度集权的体制后，“斯大林主义”就成为国家占统治地位的指导思想，任何有悖于这一意识形态的思想都会遭到谴责。因此，“新马克思主义者”首先集中在破除“斯大林主义”的教条主义和恢复马克思主义的批判向度上。“存在人类学学派”竭力主张恢复哲学的独立性，反对哲学对政治的屈从。斯维塔克声称：“哲学家不是政治家的仆人，不是既定法律的看护人。”① 他认为，应当改变哲学界的现状，应当“复兴马克思主义哲学”，而不是以“一种教条主义代替另一种教条主义”。科西克把苏共二十大比作“意识形态在马克思主义中统治”的结束，并由此形成可以容纳“科学理论的空间”。

在反对教条主义的同时，捷克新马克思主义者展开了对苏式社会主义的批判，把“斯大林主义”和“社会主义”相剥离。新马克思主义家竭力证明，苏式社会主义并不具有普遍适用性，只适用于落后国家，而不适合像捷克斯洛伐克这样具有悠久民主和文化传统的国家。在他们看来，捷克应当实行一种性质不同的模式——民主社会主义。② 科西克于1963年发表了《具体的辩证法》（*Dialectics of the Concrete*），他系统地表达了通向民主社会主义的政治改革思想。他的出发点是“人在世界中的存在，人与宇宙的关系”。根据马克思的《1844年经济学哲学手稿》，他把现实理解为一种“具体的总体”。他认为，现实既是“自然的总体”，又是“历史的总体”，人总是同时存在于“自然的总体”和“历史的总体”之中，并且通过实践不断地再现人与世界的统一。科西克所理解的“实践”，是人存在的整个领域，是把精神和物质、文化和自然、人和宇宙、理论和行动、本质和现象、认识论和本体论结合在一起的“现实活动中心”的

① 黄继锋．东欧新马克思主义［M］．北京：中央编译出版社，2002：129.
② 黄继锋．东欧新马克思主义［M］．北京：中央编译出版社，2002：131.

基础。

（二）经济改革的理论：社会主义条件下的计划和市场

在经济学方面，奥塔·希克（Ota Sik）的《社会主义条件下的计划和市场》为1968年的很多改革提供了理论基础。他强调了社会主义条件下市场关系的重要性，同时也强调了赋予工人集体以首创精神的重要性。他不否认需要计划，但他认为经济活动的反馈是必要的，在生产者中间必然存在着一种经济联系，不断地迫使他们在制定生产计划时考虑消费者利益。任何在损害消费者利益的情况下做出单方面决定的生产者，他本人作为消费者都能感到消极影响。一些存在着持续对抗性的经济问题和作为生产者和消费者的人民利益内部相互平衡，促进了社会必要劳动的支出。这就等于承认在社会主义条件下价值规律继续存在。1967年6月召开的捷克斯洛伐克作家协会第四次代表大会，捷克斯洛伐克反对“斯大林主义”进入了新的阶段。大会对当时的社会问题进行了广泛讨论，对于斯大林模式的领导体制、管理方法及对待文化的态度提出了尖锐的批评。作家们明确指出：许许多多的思想潜力和创造潜力都被这样一种制度压制了。①

（三）“直接民主”问题的辩论

在这个时期，理论界对“直接民主”问题的讨论空前活跃。新马克思主义理论家们在进一步揭示斯大林主义、官僚主义不能通过全体公民的讨论和参与来处理社会生活基本问题的同时，把自治制度看作体现民主、自由和能动性的更高阶段社会形式。由于舆论领域被认为在斯大林主义时期最受限制，多数理论家都把注意力转移到这个问题上，并希望在政治多元主义中寻找解决问题的答案。在他们看来，无论在过去还是当下，政治多元主义都是最适合捷克斯洛伐克的。一些人主张实行两党制来解决新闻自由和舆论自由，另一些人则主张扩大政治多元主义。这些讨论与苏东社会主义阵营的理论和实践相违背，在苏联的干涉下很快便以失败而告终，而“新马克思主义者”也受到了严厉的批判和处理。

（四）对资本主义本质的批判

东欧新马克思主义继承了马克思主义对资本主义的批判精神，强调要摆脱

① 黄继锋．东欧新马克思主义［M］．北京：中央编译出版社，2002：134.

资本主义的危机，向马克思回归，彻底否定资本主义，为人的人道化和人道主义的社会主义创造条件。在他们看来，资本主义社会中的“物”被赋予了意志与意识，而人变成了物的运动的代理人和执行者，“物的运动把人的意志和意识作为它自身的媒介来使用”。资本主义“充斥着拜物教化的、异化的和物化了的实践”，利己主义只强调经济规律，使得人类世界成为一个功利的世界，造成现代人的异化和道德的危机。建立在对雇佣劳动的剥削、阶级和资本对立基础上的资本主义社会中存在着种种矛盾，缺乏理性的文明，从而造成资本主义深刻的文化危机。

20 世纪 60 年代是捷克马克思主义最富有创造性的时期，“存在人类学派”积极参与社会政治活动，在 1968 年的“布拉格之春”中达到了高潮，随后在 1977 年抛出“七七宪章”，在知识界掀起了要求人权和自由的运动，乃至对 1989 年捷克剧变都产生了深远的思想影响。1989 年年底，捷克政权改旗易帜后，一些被官方禁止的哲学家在流亡后重返学术界。除此之外，还有天主教思想家、现象学家、后现代主义者，捷克回到多元哲学生活的轨道上。在后共产主义早期，马克思主义被等同于“现实的社会主义”的官方马克思列宁主义意识形态，因此捷克思想传统的这一部分完全被西方公共知识分子取代。资本主义复兴后，右翼保守派的海德格尔主义重返历史舞台，遵循捷克马克思主义传统的科西克、埃贡·邦迪处于捷克学术生活的边缘。这在所有中东欧国家都是一个明显的趋势。

作为东欧新马克思主义的一个分支，捷克新马克思主义在本质上是一种非正统的马克思主义。20 世纪 80 年代以后，捷克新马克思主义的影响有所减弱。东欧剧变以后，捷克新马克思主义与西方马克思主义逐渐合流，作为一种独立思潮的东欧新马克思主义已经不复存在，但它的历史影响仍然存在。21 世纪以来，随着西方资本主义世界肆意发动战争、制造金融危机，年轻一代知识分子越来越多地愿意接触对资本主义批判的思想。马克思主义不再是一种诅咒，正在成为一种不可抑制的思想冲动，历史并没有终结。

第二节 “捷克问题”的百年思考

一般来说，捷克政治文化围绕着一些话语概念延展，如民族认同、政治取向、文化自我意识、道德自我反思、历史自我认知等，在不同历史时期对具体的社会政治现象提供了理论解释。马萨里克的“捷克问题”（Czech Question [英]，Česká Otázka [捷]）代表了在其哲学框架内构建上述“话语中心”的最早尝试。本文通过把马萨里克的“捷克问题”概念与具体的社会历史事件相联系来进行分析，如关于古斯拉夫手稿真实性的争论、20世纪末的所谓文明危机、政治和社会紧张局势、奥匈帝国资本主义之间的不对称等，证明马萨里克的宗教人文主义概念（Religious-humanistic Conception）必然会受到经济自由主义的批判。马萨里克对捷克历史的解释可以理解为寻找政治自由主义的替代品。而捷克政治家、奥匈帝国财政部部长约瑟夫·凯兹尔（Josef Kaizl）则拒绝接受马萨里克的观点和高度补偿性政治概念。马萨里克称之为“政治中立”（Apolitical Politics）。这里，马萨里克和凯兹尔之间的争论可以被描述为语用学与政治原则之间的关系。

一、“捷克问题”的概念提出

“如果哲学复兴了一个民族，一个为思想自由而流血的民族，才是好的哲学。”这是马萨里克在1879年3月24日写给莱恩·德雷赫（Leandr Èech）的信中所言。在欧洲，除了捷克之外，很难找到第二个国家将如此多的智力投入到哲学和历史的自我反省中。事实上，150多年之后，捷克为寻求更深刻的理由，试图将其存在建立在一种超国家（Supranational）概念的基础之上。在19世纪，现代捷克民族身份从“创世”中复兴并不被世人接受。然而，努力寻找民族精神存在的内在基础不仅是尝试将其锚定在哲学神学和一般人文主义概念中，而且无论是从形式上还是内容上都得到不断更新和提升的自我反思。捷克人的自我反思，无论是来自批判性的更新还是神话起源的自然性，都体现出当代生活的高度，其中的一些插曲总是具有类似的紧迫性和内在的意识形态背景。与此相伴的是一些刻板印象，如“追赶西方”（Catching Up With the West）、“打开欧洲之门”（Opening the Doors to Europe）和“回归历史”（Return to History）。如果把巴洛克风格和早期复兴主义语言“防御”的具体目标和论点放在一边，我们就能以不同的形式、背景和维度来思考这类问题。比如，对“捷克土地的使命……斯拉夫和日耳曼血统的居民进行反思”，或者从“一个小国”面对的问题，有时还表现为捷克人的思想、民族心理和性格问题。有的问题涉及捷克语言和捷克文化的意义，有的涉及捷克民族与强大欧洲保持文化共存的意义，以及整个民族复兴的意义。通过对捷克与邻国关系的反思，如将捷克和奥地利的历史哲学联系起来，寻找捷克政治和文化取向的根源。这些对于理解中欧文化个性的主题化同样重要。在马萨里克之后，还有科恩·金德日奇（Jindřich Kohn）和克雷耶伊（F. V. Krejěí）在1894年提出的“捷克和欧洲道德问题”、弗朗季谢克·格茨（František Götz）在1936年提出的“从捷克问题到犹太人问题”（Otázka idovsk ve svìtle eskéotzky）。从更广泛的意义上讲，“捷克问题”即捷克民族的情节、身份和前景，以及对长期找寻安全感的思考。实际上，每个中欧国家的政治存在、民族存在和文化存在都可以用来解释后来出现的历史、政治和道德思想以及经常与之相关的论战。比较有代表性地体现在瓦茨拉夫·哈维尔（Vaclav Havel）、米兰·昆德拉、雅罗斯拉夫·斯特克（Jaroslav Strítecký）和卢博米尔·诺夫（Lubomír Nový）于1968年底到1969年初在捷克《文学日报》（*Literární Noviny*）上对“捷克国家命运”的讨论当中。这些讨论还散落在作品《屋子里面的客人》（*Host do domu*）、萨米兹达特文学（Samizdat Literature）中的辩论和为《第77号宪章》流亡印刷的文本《历史的权利》（*A Right to History*）、波迪文（Podiven）的《新时代历史中的捷克人》（*Czechs in the History of a New Age*）和雅罗斯拉夫·克雷斯（Jaroslav Krejěí）的《论捷克民族情绪和欧洲主义》（*On Czech National Sentiment and Europeanism*）。讨论也涉及1993年的作品，分别是帕托耶卡（Jan Patočka）的《什么是捷克人?》（*What are the Czechs?*［英］，Co jsou Češi?［捷］）、卡雷尔·科西克的《我们当前的危机》（*Our Present Crisis*）。如果说在过去一个时代被最广泛接受的话，扬·科恩（Jan Koen）的《捷克民族情绪的历史变化》（*Historical Changes of Czech National*

Sentiment）无疑是最全面的论述，在回答“捷克问题”的观点中占有特殊的地位。

自1895年春，马萨里克发表演讲以来，捷克历史观的形成一直是围绕世界历史背景下的“捷克问题”及其内部元素的组合。在政治合法化的意图得以保留的情况下，马萨里克发现自己已经超越了早期的地缘政治和文化政治的模式。1888年，“捷克问题”对他来说是“斯拉夫—西方问题”（Slav—West Question），同时还有一个“德国问题”（German Question）。就地缘而言，捷克被德国元素包围，这是其命运；而捷克宛如斯拉夫文明打入德国体内的楔形，从捷克到德国首都的距离比德国偏远领土到中心的距离要短得多。五年后，马萨里克提出了一系列根本性问题：捷克的国际地位、在其他欧洲国家眼里的国家特性以及捷克在人类历史发展中的地位……我们的个性，如何定义我们，我们拥有什么，能给予别人什么；我们必须知道如何继续发展，必须朝着什么方向前进。这些设问上升为哲学就必然强调“捷克问题”的内部统一，即形成连续性理论。没有激烈的学术辩论，“捷克问题”的意义就不会得到公认。因此，在近半个世纪关于捷克历史意义的争论中，经过各界精英的反复参与，捷克涌现出极为丰富的论述文献。除了马萨里克和约瑟夫·佩卡（Josef Pekař），参与的知识分子来自捷克各文化领域。其中，历史学家群体有卡米尔·克罗夫塔（Kamil Krofta）、金多伊奇·瓦努拉（Jindrich Vanèura）、兹登克·内杰德勒（Zdenìk Nejedlý）、扬·斯拉维克（Jan Slavík）、雅罗斯拉夫·维尔施塔特（Jaroslav Werstadt）、卡雷尔·斯特鲁卡尔（Karel Stloukal）。哲学家群体有伊曼纽尔·拉德（Emanuel Rádl）、巴托什（F. M. Bartoš）、约瑟夫·费舍尔、卡雷尔·库普卡（Karel Kupka）。其他还有神学家康斯坦丁·米克里克（Konštantín Miklík），以及文学家和公共事务专家，如谢尔达（F. X. Šalda）、阿佩克（J. B. Èapek）、伊里·吉耶雷（Jirí Jareš）、雅罗斯拉夫·普罗克（Jaroslav Prokeš）等等。在这一背景下，20世纪30年代哲学方法论的讨论使关于捷克历史意义的辩论回到了以历史知识构成的韦伯问题，即价值关联与价值自由。关于1895—1938年捷克历史意义争论的基本文本由米洛什哈维尔卡（Miloš Havelka）于1995年春完成。

“捷克问题”是一个包罗万象的文化术语，通常被分类或一起出现。它不仅要从解释主题的角度，而且要从内部发展的角度进行分层。而当代捷克民族、文化和文明身份的正当性建立比精英就此问题取得共识的时间更早，总体而言，也没有那么清晰。从这个角度来看，“捷克问题”与马萨里克在其著作《捷克问题》中对它的解决方案并非一一对应，也不应与其定义等同。

二、“捷克问题”的实证分析

分析捷克历史元素的构成不仅有利于理解对现代生活的文化关照，也对捷克的未来提供参照。对历史的反思，不但承担了解释社会本质的功能，成为明确国家身份的理论基础，而且也是政治辩论的合法基础。在某种程度上，这是对捷克国家心理的文化创造。“捷克问题”的思考者们明确地提出了理解问题要和捷克当代生活规划，使不确定性与确定性对立，使问题的产生与预言推理对立，使活动与沉思对立，使主观政治意识与客观现实对立。因此，重新表述“捷克问题”必然要把马萨里克概念放到历史中去看，既从捷克历史的宗教概念中看到其解决方案的过时性，也要认识到时代和个人的偶然性对其形成的作用。

（一）关于古斯拉夫手稿真实性的争论

在18世纪和19世纪，维也纳帝国的环境对于现代捷克语的形成具有相当大的影响。因此，捷克民族复兴主义者（National revivalist）认为有必要证明捷克语在历史上独立于德语，不仅在语言领域，而且在整个文化领域。

1816年至1819年，文化领域出现了所谓的古文字石碑。其中，克拉洛韦手稿（Králoνédvorský Manuscript）和泽列诺霍斯基手稿（Zelenohorský Manuscript）代表了中世纪浪漫主义时期捷克文学的高度，成为捷克民族文化的象征，甚至在19世纪末启发了国家剧院一代的艺术家。自发现以来，手稿的真实性实际上一直存在争议。约瑟夫·多布罗夫斯基掌握了当时已知的所有斯拉夫语言。继胡斯和夸美纽斯之后，他被认为是“世界第三位捷克人”。[①] 马萨里克称他为“新时代的第一个捷克人”。他公开将泽列诺霍斯基手稿界定为伪造品。斯洛文尼亚语言学家杰内杰·科皮塔尔（Jernej Kopitar）也指出手稿具有夸张的爱国主义和斯拉夫主义。因此，奥地利教育部下令将手稿从旧捷克文学重新分类为波

---

① Josef Dobrovský. *Fundator studiorum slavicorum*：*příspěvky z mezinárodní vědecké konference v Praze* [M]. Praha：Slovanský ústav AV ČR，2004：10-13.

希米亚文学，此时争议达到了高潮。包括卡尔·马克思在内的多数德语知识分子接受手稿伪造的观点。而多数捷克知识分子认为，将手稿视为伪造品破坏新兴的捷克民族意识和语言的平等性。因此，维护手稿的历史地位决定了国家能否赢得自尊。这些手稿对捷克文化的发展和传播产生了重大影响。手稿中的人物和故事经常成为捷克艺术家的灵感来源，19 世纪下半叶围绕他们的争议使这些主题更加流行。

（二）19 世纪末欧洲文明的“普遍危机”

从文明的角度来看，“捷克问题”也是欧洲在 20 世纪末不同领域危机的一个体现。危机源自古典自由主义，并与经济、政治、行政、社会和文化进程以类似方式引发的文化现代化，有助于形成社会和国民生活不断趋向理性，并显示出一定的去神话化和世俗化的力量。个人既从教会的禁锢中解放出来，也从对国家的依赖中解放出来。

这些过程在文化和道德价值观的混乱中被揭示出来，在思想之间出现了相对主义思潮，传统社会的解体、政治和权力利益的转移、国家的帝国野心、新团体和阶级的崛起以及社会和政治冲突的加剧。随之而来的是与传统保守主义相联系的反犹太主义和反启蒙运动的与日俱增。造成危机的原因除了受到现代化和保守主义进程之外的膨胀，也可以说是某些社群和国家对利益需求的激增，以及与之相关的“观念的意识形态化”。对此，马萨里克希望在“捷克问题”中直面危机，做出理论反应。他拒绝将民族历史浪漫主义化，于是在 1890 年制定现实主义计划，要求通过现实具体的工作将捷克人融入现代国家生活当中。然而，他的努力只是为了完成一个更加博爱的概念。正如瓦西里·克拉奇指出，克服这场危机的先决条件是对宗教和社会问题进行更广泛、相互补充的分析。这似乎符合马萨里克对普遍危机的基本保守观点：他不希望将危机与进步相联系，即黑格尔认为危机是自我推动的历史变革的“能量”。或者从马克思主义的观点来看，危机是革命的前夜，作为人类及其文化不断繁殖的持续性。相反，马萨里克将危机主要理解为“挑战”。也就是说，作为一种可以通过智力和道德努力解决和消除的更新。这也是为什么他把改革、立法反对和小任务放在革命的对立面，把暴力革命与精神革命相对立，把头脑和心灵的革命与武装革命相对立。在 1935 年的一封信中，胡塞尔称马萨里克为他的“第一位老师”。胡塞尔的哲学最后关注的是欧洲“危机”，这一思想与马萨里克社会哲学对西方文明的看法是一致的，只是胡塞尔的这一思考十分抽象，而马萨里克则更贴近现实。

（三）捷克历史意义与未来方向

马萨里克希望解决他那个时代捷克民族社会的问题，以及他们的总体政治和文化取向。由于实际经济地位和不完整的政治前景，捷克精英在文化、教育和民主化的辩论中产生了重新制定政治利益和方向的需要。

19 世纪，捷克民族社会兴起的标志性历史事件主要包括：布拉格大学分为捷克和德国两个分支机构（1882）；创办了第一本科学评论期刊（*Athenaeum*，1883）；捷克议会获得多数席位（1883）；捷克语与德语内部官方领域的地位平等；在政党和自治机构方面公布所谓的斯特雷迈尔条款（Stremayer，1880）；商会改变选举程序（1884）。然而，最具转折性的事件无疑是老捷克党在 1881 年选举中的失败。这可以被理解为一种政治象征，即捷克告别了传统的旧国家生活，已经发展成为一个自力更生的民族国家，其民主和自由主义“领先于其他中欧国家”。

只有对在此之前发生的事情持怀疑态度，对过时的事情持批评态度，才能引入新的文化视角。作为马萨里克的学生，休伯特·戈登·肖尔（Hubert Gordon Schauer）属于捷克现实主义运动的创始人之一，是“年轻波希米亚”（Mladočeši）的反对者，一个怀疑论者和一个保守主义者。他谈到了捷克民族是否有助于丰富世界文化的问题。如果否认这一点，就必须审视捷克是否应该加入强大的德国文化。他在论战文章《我们的两个问题》（*Naše Dvě Otázky*）中提出：“我们国家的任务是什么？我们在人类历史上的任务是什么呢？”“捷克民族要像一朵孤独的牡丹一样开花，枯萎，还是成为罗马—日耳曼西部和斯拉夫东部之间的过渡？”“无论是希望俄罗斯化，还是德国化，所谓兄弟情谊的枷锁同样令人讨厌。”“难道我们在整个历史中没有与西方保持密切的、不可分割的联系……让我们想象一下捷克与德国的不平等斗争，刀子上的战斗！要保持一个纯粹的国籍，就需要付出巨大的努力。”“结论是国家是否能够为极端情况下的战士提供足够的道德强化，激励他们用自己的语言保护人民，保护自己的思想世界，保留在人类万神殿中占据牢固地位。”“我们确信人民和国家将有一条完全适合自己的道路，同时完全符合理想的世界秩序。”①

这篇文章引发了一场巨大的风暴和批评，并变成了对捷克历史意义的争论，一直持续到1937年。从文化和文明的角度来看，大多数同时代的人认为国家复兴的结果、现状和前景都是有问题的。有些人认为这些问题是“国家哲学的自杀”，有些人继续肖尔的批判性立场，不是像反对者所认为的那样摧毁这个国家，而是要以现实主义的精神清醒地了解它，并打破过度自信。在肖尔看来，“两个问题”最重要的是反映了捷克民族社会的文化现实情况，同时也是一个关于其政治和文化精英发挥作用的问题。针对日耳曼化和苏俄化的文化现象，肖尔要求捷克知识分子在政治生活中发挥主导作用。然而，在后来关于捷克历史意义的讨论中，肖尔强调的“捷克问题”被忽视了。马萨里克和肖尔的相似之处，尤其是普遍强调超国家理想，“道德使命意识”是国家存在的意义和目标。同时，马萨里克与肖尔又保持了相当大的距离，不是出于理论上的原因，而是由于肖尔过于激进（即革命）。

（四）奥匈帝国资本主义之间的不对称

马萨里克的“现实主义”是试图在极端情感主义和极端知识分子主义之间找到一种综合体，即“非政治的政治”或“政治中立”。他认为，议会中的席位并不能构成真正的民主，但捷克人应该参加政府，不仅是为了改革宪法，而且是为了将捷克精神（一种宗教和道德精神）注入行政实践，并坚持公共性质的道德和教育。他反对那些倾向于支持捷克沙文主义的伪造的民族主义传说，也强烈反对“斯拉夫弥赛亚”（Slavic Messiah）理论，就像“泛日耳曼主义”一样站不住脚。作为天主教徒，捷克人对俄罗斯的“亲斯拉夫主义者”并不感兴趣，他们的民族主义理论是基于东正教的。他深入研究俄罗斯思想，发现“泛斯拉夫主义”在俄罗斯被翻译成“俄罗斯斯拉夫帝国主义”，解放捷克斯洛伐克是沙皇王朝建立帝国计划的一部分。大多数捷克政治家认为这是一个伟大的异端邪说。因此，当肖尔提出“捷克问题”的概念后，马萨里克针对性地提出地缘政治意义上的“西斯拉夫问题”（Západní Slovanská Otázka）。1888年，在塔夫内阁倒台和阿尔弗雷德·温迪施格尔茨领导的政府成立后，政治局势进

① MILOŠ H. A Hundred Years of the “Czech Question” [J]. *Czech Sociological Review* 1995, 3 (1): 7-19.

一步演变。1893 年 11 月，温迪施格尔茨宣布布拉格进入紧急状态。激进的“年轻捷克党”（Mladočeské Strany）领导人约瑟夫·赫罗德在议会提出如何解决“捷克问题”，表达了对宪法、政治和国籍问题现有解决方案的不满，遭到温迪施格拉茨的拒绝。正如奥托·厄本（Otto Urban）所指出的，“捷克问题”的内容扩大到社会、文化、经济、女权主义、犹太人同化等领域，成为所有问题的综合体，这些问题的共同点是以改革方式实现构想的民主化，因此得不到奥匈帝国政府的支持。

此时，马萨里克开始在对奥地利的忠诚和对抗之间摇摆不定。哈布斯堡王朝表面上看起来如此强大，其实在道德上和机体上已经腐朽了。奥地利对他来说既是一个道德问题，也是一个政治问题。因此，马萨里克和约瑟夫·凯兹尔在 1891 年选举中加入“年轻捷克的代理俱乐部”（Young Czech Deputy Club）。他们在思想上和道德上都雄心勃勃，主张独立性。1893 年 10 月，马萨里克于将他对十年捷克政治的批评立场加以理论化，并在 1895—1896 年，陆续撰写了三本影响到捷克国家命运的书籍，分别是《捷克问题》《我们当前的危机》和《扬·胡斯》。其中，第一本是最重要的。对他来说，历史感是有形可触的，不能以怀疑论为基础，永无止境地提问。马萨里克确信有机会从个别戏剧性的场景中发现“捷克问题”的具体本质。世界和国家的存在有其最终意义，某种启发性的目标奠定了世界发展及其内在规律的基石。因此，各个国家的历史不可能是巧合，而是一个明确的“天意计划”（Plan of Providence）。历史学家和哲学家的任务就是在这一计划中相应行动，确定国家的位置。

马萨里克的历史哲学是柏拉图意义上的现实主义。思想的现实性及其形而上学的亲和力为捷克改革和民族复兴之间提供了直接的联系。正如马萨里克所强调的那样，对捷克民族历史斗争意识的澄清可能成为揭露捷克政治生活匮乏的合理基础。由此，捷克就有了创建的先决条件，即超越受限制的党性、肤浅的民族主义以及国家文化和文明独立的限制。他在“捷克国家哲学”（Czech national philosophy）中重建了这一天意计划。从哲学的角度看，复兴主义者依附于胡尔德（Herder）的历史哲学，支持捷克改革、胡斯主义（Hussitism）、切尔克（Chelèický）、捷克兄弟会及其人道主义理想。捷克的民族复兴仍然与宗教改革有着逻辑联系。人道主义理想是捷克的国家责任，是对天意计划的理解与直接体现。胡斯因这些理想而殉道。捷克人道主义理想，捷克兄弟会的理念，这些都是“为了全人类”的理念。马萨里克在对捷克历史的哲学建构中，保持了一种理性的立场，即捷克历史的延续性不是在巴洛克爱国历史主义的基础上更新的，而是在启蒙运动的启发下对其进行的否定，超越了经验史学的边界。

三、“捷克问题”本质意义的揭示

尽管“捷克问题”不是在政治实践的意义上构想，而是在社会哲学的广泛背景下对历史的反思。马萨里克的出版物获得了社会的广泛赞誉，其思想被视为具备捷克政党政治的性质。因此，自由主义经济学家和政治家约瑟夫·凯兹尔强调《我们当前的危机》其中的观点。凯兹尔与马萨里克的长期争论被称为“捷克思维”（Eské Mylénky）。凭借其史学论据，马萨里克批评“戈尔学派”（Goll School）后来所倡导的对捷克复兴和捷克历史的超历史解释。根据凯兹尔的说法，“兄弟会的人性”（Fraternal Humanity［英］，Lidského Bratrství［捷］）作为中心历史甚至政治传统的概念显然与捷克启蒙运动有直接联系，但最终不是哲学的，而是宗教的。它包含了一种先入为主的观念，即基督教兄弟会试图将“兄弟般的人性”置于“开明人性”的概念之前。与此相关的是马萨里克对“自由主义冷漠”、自由主义“非真理”的批评等均取自柏拉图的现实主义。根据马萨里克的说法，自由主义以其“缺陷和弱点”“哲学否定以及道德和社会修补”挫败了复兴主义者的努力。相反，复兴主义者“用他们的改革主义理想复兴了国家”。然而，对凯兹尔来说，这不仅否认了马萨里克对民族复兴的狭隘、有神论和反启蒙的解释，也否认了马萨里克对捷克哲学的反自由主义理解。特别是，他否认了马萨里克的“社会化”“国家和政治生活的劣势有利于精神生活，国家独立有利于精神独立”。① 这是马萨里克采取片面态度的根源，因为他秉持“价值中立”。马萨里克解读“捷克问题”的文化批判力与自由主义一起，也使国家社会的现代化进程、个人的世俗化和现代解放成为一个关键问题。两次大战期间，他多次重申对超历史的追求，往往以道德化的现实主义结束。

总之，“捷克问题”旨在寻找捷克民族特殊本质的原因和意义，寻求历史的

① MILOŠ H. A Hundred Years of the “Czech Question”［J］. *Czech Sociological Review*, 1995, 3（1）：7-19.

连续性和民族的历史地位、国家政治存在的可能性，捷克民族的文化身份和政治取向。解决“捷克问题”固然离不开道德责任的维度和知识分子充满实证主义的批判，但这不是形而上学的，而是务实的。为此，他将其解释为“捷克民族历史哲学”，摆脱了“小国”情结的桎梏，为捷克民族复兴建构了话语体系，完成了捷克民族主义的元叙事。

第三节 捷克共和国的地缘政治思想

地缘政治（Geopolitics［英］，Geopolitika［捷］）在20世纪90年代后的欧洲开始复兴而在捷克却只是“弱势复出”。对于捷克地缘政治的“弱势”是基于对以下三个重要因素的判断：第一，在既定的国家政治文本当中，反地缘政治占据着捷克政治思想的传统；第二，无论是捷克斯洛伐克人还是捷克人都把自己定位于小型国家并满足于其领土现状；第三，捷克的国家身份认同在初始化阶段就被赋予民主、自由、独立的政治道德标签。这也从一个侧面展示出捷克国家与民族政治思想的内核。它所要传递的信息是捷克已经借反地缘政治之力摆脱了安全议题和身份认同的历史性纠葛，跳出了地缘政治的历史“怪圈”，把民族命运牢牢掌握在了自己手里。

一、冷战后捷克地缘政治的“弱势复出”

地缘政治学家麦金德提出过著名的三段论：谁控制了东欧（Východní Evropě），谁就可能控制世界的心脏地带；谁控制了世界的心脏地带，谁就可能控制世界岛（Světového Ostrova，即欧亚大陆）；谁控制了世界岛，谁就可能控制整个世界。[①]而捷克身处欧洲腹地，西依德国，东靠俄罗斯，南抵奥地利，北界波兰，既是欧洲大陆最敏感的地方，也是欧洲东西方历史、文化、交通的十字路口，历来是兵家必争之地，“无论怎么划界都会被纳入泛欧洲扩张的任何一种方案当中”。

① 普雷斯顿·詹姆斯，杰弗雷·马丁. 地理学思想史［M］. 北京：商务印书馆，1989：249.

在地缘政治逻辑盛行的历史上，弱小的捷克民族国家多次受到来自东西方大国的攻势和压迫。1937 年，英国人以和平的名义用一纸《慕尼黑协定》出卖了捷克斯洛伐克，推动战后的捷克斯洛伐克转向东方寻求精神家园。1955 年，捷克斯洛伐克以和平的名义加入了华约组织，而这个东方国家集团却在“布拉格之春”中又一次无情地摧残了捷克的民族尊严。2002 年，哈维尔回忆在他的一生中，“捷克人民曾经经历过两次巨大的历史悲剧。第一次悲剧发生在西方民主国家阵营在德国慕尼黑对希特勒的野蛮要求让步，但是，我们还有另一种经验，就是 1968 年被华沙公约集团的国家占领，苏联宣称入侵乃是为了执行‘来自兄弟的协助’，是为了高于主权的社会主义理想。这是苏联为了对东欧的霸权以及经济上的继续剥削，而不是为了其他冠冕堂皇的理由，它促使我们必须采取异常谨慎的态度……我们必须一次又一次地衡量，在药剂师精密的天平上衡量我们所面临的事情”。①

随着冷战结束，中东欧重新回到了欧洲的政治中心，再次成为权力的“真空地带”。这一时代背景又一次符合了传统地缘政治学的基本要素，引发了传统地缘政治思维的回归。这一预期功能在欧盟北约双东扩、影响中东欧各国大选进程等事件中显露无遗。虽然地缘政治在欧洲开始复兴，而捷克却努力消除自身存在的地缘政治的负面因素，以免重蹈历史覆辙。一方面，它利用自身的地缘政治价值，加入北约，在美国部署反导计划中主动配合，以确保自身的安全和稳定；另一方面自我定位为西方一员，主动融入欧盟，选择与斯洛伐克和平分手，甘愿以版图缩小的代价斩断与东方联系的“神经元”。此外，寻求与德国和解，跳出纠结于历史的恩恩怨怨，这使得地缘政治在捷克的“复出”呈现出“弱势”的表象。这一特定现象背后的思想根源是什么？

事实上，尽管捷克在历史上受到了地缘政治因素的“诅咒”，然而在其语境当中，地缘政治不过是“理想主义、意识形态和人类意志”的陪衬，而应运而生的反地缘政治思想则获得高度的认可。② 反地缘政治强调理念、人性动机和后

① HAVEL V, Opening speech by President of the Czech Republic at the conference “The Transformation of NATO” [EB/OL]. Prague, Sovovy mlyny, 2002-11-20.

② GEAROID T, SIMON D, ROUTLEDGE P. *The Geopolitics Readerl* [M]. New York: Routledge, 2003: 78-91.

天改变的可能性，揭示了高度意识形态化的地缘政治背后非正义的政治逻辑，因此，它成为捷克民族抗争大国政治、摆脱民族困境的思想武器。如何看待地缘政治与反地缘政治之间的区别，已经内嵌到国际关系争论的语境之中。第一，在第一轮争论中，地缘政治奉行的是现实主义逻辑，将争权夺利的特定指向领土概念化，而反地缘政治则站在了理想主义的一边；第二，对地缘政治决定论和地缘政治物质主义的否定有一个共同的目标就是要对新现实主义和新自由主义中的地缘政治观点进行反思性批判。

就此而言，即使那些持反现实主义或反地缘政治观点的人士也不得不时而借助地缘政治之力去赢得更多的追随者。称得上是“教科书”般的反地缘政治家哈维尔就声称：“我们的‘地缘政治立场’内置于我们对政治道德尺度的感知和对整个世界的责任，不能以牺牲其他国家的利益为代价来追求特定国家的狭隘利益。”① 当然，对地缘政治语言的“实践性引用”并不等同于他认同地缘政治的观点，只不过是用地缘政治的语言修辞把反地缘政治的观点展现出来。正是由于这种概念不够规范化、逻辑不够严谨的阐述，才反向诠释了反地缘政治中人文精神维度的深刻性。至于基何种因素在某些场合中流露出地缘政治的言语陈述，须联系其基本政治信条进一步书面化、语境化。

二、关系国家命运的反地缘政治学说

捷克学界普遍认为，占据捷克国际关系思想主导地位的是反地缘政治思想流派。这一观点可以通过考察以下四位捷克民族精英的思想历程来证明：帕拉茨基、托马斯·马萨里克、兹德内科·聂耶德里（Zdeněk Nejedly）以及瓦茨拉夫·哈维尔。他们对真理和自由的追求赢得了整个民族的尊重，其思想要旨均指向反地缘政治，成为不见面的“精神共同体”（Duchovní Komunikaci）。

作为捷克自由保守主义政党的领导人，史学大家帕拉茨基被奉为捷克的国父。被誉为捷克开国三元勋之一的马萨里克在第一次世界大战中与协约国的“流亡协商”推动了奥匈帝国的衰落和捷克斯洛伐克国家的崛起，成为捷民族史

① VACLAV H. Letní *přemítání. Spisy VI* [M]. Praha: Torst, 1999: 487.

上第一位总统，其政治精神主导了捷克斯洛伐克的外交哲学①。作为马萨里克的学生，聂耶德里致力于在政治文化上维护马列主义的观点，多年流亡莫斯科的经历更使他成为捷克共产党执政时期首位总理。剧作家哈维尔则以不同政见者的政治身份走到民主选举总统这一位置，在“真理、民主和道德的名义下与极权统治相斗争”。

传统反地缘政治思想是捷克民族精英基于对国家历史的自我解读，即把 15 世纪早期胡斯时代认同为捷克最辉煌的历史成就和民族事业的终极基准。胡斯时代并非捷克历史上疆土扩张的时代，在这方面，既比不上大摩拉维亚时期，也无法与奥塔卡二世时期相提并论，更难以望捷克国力的巅峰时代——查理四世时期之项背。相比较而言，胡斯时代呈献给大家的历史面目却是内战硝烟不断、国土满目狼藉、外来武力干涉的不堪记忆，其之所以被称颂的原因是捷克民族主体思想的创立而非单纯物质利益的获取，持民主政治与神权统治的对立观点是其精神内核。帕拉茨基认为，“作为欧洲政治改革的先驱，简·胡发起天主教革命的尝试对人文主义和民主价值观给予早期的倡导和关怀，引领了一个世纪后才席卷欧洲的宗教改革”。② 对此，马萨里克也有相同的认识，“正是胡斯运动把民主化的思想胚胎植入神权统治下的中世纪欧洲”。神权政治就是对宗教统治和权力政治的崇拜，它遍布中世纪的欧洲文化、政治和思想之中，突出表现为天主教教会和普鲁士王朝贵族的政教合一。马萨里克把第一次世界大战看作是一场民主政治力量（法国、英国与美国）对决暴政势力（德国、意大利）的斗争，捷克选择站在民主国家的一边就是基于胡斯时代的思想传统和民族精神，从而在欧洲从神权走向民主的进程中充当了一个早期启蒙色彩的思想贡献者之角色。因此，在马萨里克的政治视野中，捷克独立于奥匈帝国统治的历史事件要从政治道德的视角去评判，而不能就地缘政治的逻辑侃侃而谈。

聂耶德里对胡斯时代的诠释稍稍做了调整，认为胡斯运动在反动的中世纪欧洲无疑是一场思想与社会的革命。他用“民主/暴政”的马克思二分法取代了

---

① GELLNER E. The Price of Velvet：Thomas Masaryk and Václav Havel［J］. *Czech Sociological Review*, 1995, 3（1）：49.

② DRULAK P. Czech geopolitics：Struggling for survival［J］. *Geopolitics*, 2006, 11（3）：420-438.

马萨里克的自由论二分法，胡斯的信徒从早期的“民主主义者”转变为在没有等级划分的社会中勇于斗争的“革命群体”。在前共产党执政期间，胡斯运动因充满浓厚的民族精神和强烈的革命色彩而被过多地用作政治宣传。马列主义把自身界定为反地缘政治的现代力量，拒绝任何类型的地缘政治歧视或文化歧视，从“世界革命”的目的论出发，走向未来无阶级差别的社会。

基于道德政治的逻辑出发，哈维尔持有的反地缘政治理念沿用了马萨里克的民主概念，奉行“与真理共存”的个人信条包打天下，这与马萨里克“真理走遍天下”的哲学标签别无二致。哈维尔认为，国家政治要有“个人道德的觉醒”和“敢为世界担当”的精神来定位。因此，为了个别国家的私利而牺牲他国利益的行为是不能接受的，换言之，捷克的外交政策就是为人权、普世价值和民族不可分割性而制订的。他表现出对大国地缘政治“权力取向”的极度反感，又努力避免任何地缘政治因素在捷克外交中出现，并反对“民族主义旗帜下的集体仇恨”，把传统的反德情怀和歧视犹太人相等同，并寻求与德国的“历史和解”（Historical Reconciliation），甚至欣赏德国为统一而撕开分裂欧洲的“冷战墙”，把民主化之后的德国视作“欧洲复兴的精神支柱”。①

反地缘政治并不意味着与地缘政治的观点“绝缘”，相反，他们都利用领土版图和物质实力等地缘政治的观点来证明自己的论点。因此，当马萨里克提到捷克与奥地利帝国的同盟问题，他认为奥地利帝国已经具备为中欧国家在地缘政治压力下提供“避难所”的功能，包括捷克首先对付土耳其的威胁，然后是普鲁士和俄罗斯。当这个构想不了了之后，他又建议与俄罗斯保持紧密的联系，“捷克应该作为一座架设在东西方之间的桥梁”。同样，马萨里克还给协约国的领导人和外交官提出了许多看似“孤立”的地缘政治观点，如关于以斯拉夫联盟来对付泛德意志主义或保护捷克斯洛伐克的边界不被变更。但是，与反地缘政治思想相比，这些观点并不会起到强化以地缘政治视角分析国际政治的范式。

马萨里克持有的历史和民主概念也可以用地缘政治的观点去解读。这一概念在实证哲学家孔德（Auguste Comte）的历史逻辑（从神权政治向民主的变迁）与道德、形而上学的理解（责任和人文动力）之间引发了争执，这为以纯粹的

---

① DRULAK P. Czech geopolitics: Struggling for survival [J]. *Geopolitics*, 2006, 11 (3): 420-438.

实证哲学和地缘政治方式解读马萨里克提供了可能性，也就是说，马萨里克的“世界历史的精神”（迈向民主的步伐）来自西方，捷克现实地选择与西方大国结盟就会站在胜利的一方。这样的解读会更容易理解聂耶德里愿意在稍稍对“世界历史精神”重新界定后就接受“社会主义的统治”。不过，聂耶德里的“世界历史精神”源自东方，是以“向无阶级社会进军”的口号为标志，在这一基础上，捷克现实地选择与东方大国的“联姻”，再次置身于历史上胜利的一边。

哈维尔偶尔使用地缘政治的论点，这在某种程度上是与听众相联系的。在波兰，哈维尔呼吁中欧区域内合作以填补哈布斯堡帝国崩溃后的“权力真空”。同样，他提醒大洋彼岸的美国人“捷克斯洛伐克身处欧洲大陆中心，其政治稳定性对欧洲至关重要”。当讨论到捷克斯洛伐克的解体，地理因素的变化再次成为一个不可否认与回避的问题。对此，他呼吁他的国民要和他站在一起反对国家的分裂。

此外，他还警示地缘政治可能带来的一系列潜在威胁，诸如来自东方的移民潮、边界模糊论、欧洲分裂主义复兴等。这些都是反地缘政治力量需要面对的新课题。

三、游荡在历史边缘的地缘政治暗流

尽管反地缘政治在捷克政治思想主流中大有盛行之极的景象，它的影响力也有未及的历史边际。在捷克斯洛伐克的建国时期（1918）、慕尼黑会议对捷克斯洛伐克的出卖（1938）以及捷克斯洛伐克的和平解体（1992）这三个时期，地缘政治思潮不同程度地回潮，反地缘政治的主流范式被丢到一边，反映出纠缠在日耳曼历史中的捷克对国家和民族命运做出的种种现实性思考。

（一）传统地缘政治流派的认知：夹缝中的小国与地缘困境

在 20 世纪 20 年代早期，捷克地缘政治学的创始人维克多·德沃尔斯基（Viktor Dvorský）为捷克斯洛伐克争取主权独立与奥地利、德国进行斗争提供了理论支持。他认为，地理和武力是左右一国历史和政治发展的主导因素。捷克斯洛伐克与德国的边界完全以山脉为界。“盆地国”捷克斯洛伐克把西部的边界划在厄尔士山脉，而“山脊国”德国却把伏尔塔瓦河—易北河盆地的一半圈走。捷德两国的对立与其说是“民主”对“独裁”的抗争，不如说是“盆地国家”

与“山脊国家”的地缘冲突更为贴切。

另外，由于波希米亚的战略地位也注定捷克多次卷入欧洲历史骚乱之中，布拉格刚好处于维也纳和柏林之间、美因河与维斯杜拉河的中途，俾斯麦曾经宣称：“谁是波希米亚的主人，谁就是欧洲的主人”，这一预言已经多次证实了捷克民族的凶险。① 因此，从地缘政治角度看，捷德两国的版图之争在所难免。

在20世纪30年代后期，捷克官方无法抵制德国挑战捷克斯洛伐克主权和领土完整的地缘政治攻势。对此，地理经济学家、“人口统计学之父”亚罗米尔·科卡克（Jaromír Korák，1895—1989）分析，“中欧地区在地缘政治上有天然弱点，因此，统治中欧的奥匈帝国具有疆域的不可持续性，捷克斯洛伐克亦如此”②。摩拉维亚作为“历史省份”的东部高原地区，地理位置具有相似的战略意义，它宛如欧洲大陆的交通十字架，联系欧洲南北的天然大道和横贯波兰与匈牙利平原之间的东欧走廊穿堂而过，斯洛伐克则是多瑙河盆地的门户。汲取了德沃尔斯基的政治理念之后，科卡克找出捷克斯洛伐克的“部落地区”（kmenová oblast）——波希米亚的易北河低地与位于斯洛伐克的多瑙河低地。这两个地区都与摩拉维亚部落地区有着密切的联系。第一，分割该地区的山脉海拔不高，容易跨越，且从摩拉维亚去斯洛伐克比去波希米亚更方便；第二，所有三个地区都与凯尔特人集聚区有联系，这是它们后来得以不断吸收和融合罗马文化和斯拉夫文化的自然条件。因此，他把捷克斯洛伐克地区描述为一个自然造化的地缘政治实体，1918年捷克斯洛伐克的统一，20世纪30年代后期国家的统一性和认同感得以强化，这些都不过是一千年前曾经存在（后被大平原游牧文明摧毁）的政治实体的“历史再现”。

（二）持不同政见者的方案选择：“贝奈斯公式”

早在二战后，被尊为“第二国父”的捷克总统贝奈斯就提出“在夹缝中维持东西方平衡的路线是国家生存之道”，捷克要充当“东西方桥梁”，即“贝奈斯公式”（Benes formula，50% 面向东方，50%面向西方），这奠定了捷克在二

---

① 艾伦·珀尔默. 夹缝中的六国——维也纳会议以来的中东欧历史［M］. 于亚伦，等译. 北京：商务印书馆，1997：6.

② KORCAK J. *Geopolitické základy Československa*：*Jeho kmenové oblasti*［M］. Praha：Orbis. 1938：16-17.

战后对外政策上的“捷克模式”。也正是这样的外交策略取得了苏联和整个东方国家的支持，为捷克最终赢得了苏台德地区的回归。①

比较而言，持不同政见者奥斯卡·克雷伊奇（Oskar Krejčí，1948—）从地缘政治视角出发，对国家政治高层做出分裂国家的决策行为表示出强烈抗议。他既不接受哈维尔的反地缘政治，也反对捷克官方的地缘政治策略，把它们归结是“皈依”德国意识形态和危及捷克国家安全的理论。在他的思考中，包含了拉采尔和科卡克的地缘政治理论，也体现出帕拉茨基与马萨里克的思想观点。他认为，10 世纪晚期大草原民族入侵后，捷克一直身陷地缘政治的困境，这表现在：第一，国家重心从西北移到地缘环境较为乐观的摩拉维亚部落地区，而易北河盆地直通萨克森和德国的心脏，难以控制和巩固，因此自 13 世纪以来，波希米亚外缘地带（即苏台德）逐渐被德意志的农民占据；第二，捷克和斯洛伐克分道扬镳，各自为政。由此，捷克如婴儿断奶般失去了来自东方的精神给养；第三，奥匈联盟切断了捷克与拜占庭帝国的联系，并把捷克纳为德意志帝国“独享”的势力范围。在梳理历史的基础上，克雷伊奇分析了捷克外交政策的三个传统取向：德国、西方和东方。亲德国的取向是最不可取的，它囊括了泛德意志的意识形态和捷克国家利益对德国的从属关系。与此相反，亲东方取向最为实惠，这种取向可以归结为“联俄抗德”的盟国战略诉求。亲西方的取向是次好，当东方大国力量太弱，或当它本身与德国联盟的时候，捷克就要倒向西方，与法国、英国的结盟就是针对德国的均势战略。因此，“捷克斯洛伐克解体和苏联剧变之后，捷克不可避免地成为德国的卫星国”。② 他对当代俄罗斯的“羸弱”和远离中欧、难以借重的局面表示叹息，并提醒捷克当政的政治精英不应一味追求眼前的国家利益，因为排斥斯拉夫取向的做法，最终会把捷克完全推向德国的掌控之中。

（三）捷克官方的政策实践：“和平分手，重返西方”

官方的政治倾向不仅体现在政策制定的层面，也反映在国家精英更替的层

① 金雁. 从“东欧”到“新欧洲”20 年转轨再回首［M］. 北京：北京大学出版社，2011：109.

② 金雁. 从“东欧”到“新欧洲”20 年转轨再回首［M］. 北京：北京大学出版社，2011：120.

面。当捷克斯洛伐克陷入20世纪90年代早期国家分裂的危机之际，哈维尔坚持反地缘政治的立场再次受到排挤，原先在哈维尔身边的不同政见者如今已被克劳斯领导下的实用主义经济学家所取代。克劳斯不但经常嘲笑哈维尔的理想主义，还讽刺马萨里克过分关注规范理论却没有为国家利益挺身而出。在前外交部部长约瑟夫·齐勒涅茨（Josef Zieleniec）的眼里，对国家利益的界定离不开对地缘政治的思考。他们批评那些固执地坚持捷克与斯洛伐克的统一性，却无视捷克本民族利益的论调。官方的地缘政治理念也得到了部分学者的支持。查尔斯大学政治地理学教授波若克·赫尼兹多（Bořek Hnízdo）认为，“完全倒向共产主义东方”的倾向在捷克历史上极不正常，其重要原因是斯洛伐克把捷克拖向了东方。作为国家两大主体民族，捷克民族和斯洛伐克民族长期在文化、宗教、经济方面的东西方差异明显，布拉格中心主义和斯洛伐克联邦主义亦论争不休，来自斯洛伐克、总揽捷共总书记和总统大权于一身的胡萨克（Gustáv Husák）在执政期不但未采取措施克服民族差异，还推行所谓“国家正常化”，捍卫来自苏联的政治遗产，重新实行高压和清洗运动，引起处于优势地位的捷克族人的怨恨。因此，捷克斯洛伐克的分家对捷克“重返西方”是绝好的历史契机。

世人视捷克斯洛伐克为中东欧国家，而独立后的捷克则被界定为中欧的一个分子。捷克人以“壮士断臂的勇气”，用“天鹅绒方式”解决了地缘政治的困境，来自东方的归东方去，本属于西方的要重返西方了。捷克重新定位自己对西方的政治取向，中断了与俄罗斯、波罗的海地区的联系。对此，齐耶伦涅茨给出解释，“捷克归化西方已经有千年的历史，其中只有40年的例外”。① 克劳斯也反复强调，“别忘了，一千年前，捷克天主教的声音来自罗马而不是来自拜占庭”②。当然，具有西方倾向的捷克官方地缘政治思想也包括与德国维持睦邻的外交理念，克劳斯就声称，“波希米亚建立统治后谋求与神圣罗马帝国共处

① ZIELENIEC J. *Rozhovor ministra mezinárodních vztahů ČR Josefa Zieleniece v Práci* (29. 9. 1992) [M]. Československá zahraniční politika dokumenty 39/9. Prague: Federal Ministry of Foreign Affairs, 1992: 836-839.

② KLAUS V. *Zprojevu ministerského předsedy Václava Klause v Budči* (26. 9. 1992) [M]. Československá zahraniční politika - dokumenty 39/9. Prague: Federal Ministry of Foreign Affairs, 1992: 832-833.

于同一屋檐之下，这种圣·文采斯拉维亚的传统（St. Wenceslavian Tradition）才是捷克民族生存的基础"。① 捷克在随后的转型过程中，流露出既自信又谨慎的矛盾心理，这种心理源自地缘政治与反地缘政治在其内心的斗争。为尽快融入欧盟，捷克铺设通向德国的石油管道，建设联系西欧的高速公路网络，以方便捷克在地缘政治上实现从"东方欧洲"向"西方欧洲"的转型。

在军事上，捷克于1999年加入北约，并在2008年7月与美国签署在捷克布尔迪地区新建反导雷达预警基地的协议，体现出地缘政治思想在捷克官方决策上仍然具有一定的影响力。捷克在向欧洲靠拢的同时，还保持着一种矜持。在《里斯本条约》的"难产"过程中，克劳斯为提高国家地位，与欧盟讨价还价，故意设置了"程序性"障碍，给了欧盟一个下马威式的"Hard Time"，反映出捷克对老欧洲的怀疑论（Euroscepticism）犹存，更是警告了西方那些企图拿实力论地位的当事国，地缘政治的时代已经过去，它的一切不合理逻辑都将随着欧洲文明的进步被永久封存在历史的记忆当中。

小结

作为一个在欧洲强国夹缝中生存的小国，地缘政治强权在历史上的横行给捷克带来一次又一次的民族危难。为此，捷克民族精英做出了各种思考、辩论与可贵的政治尝试，这一切都融入捷克立国安邦的政治思想体系当中，成为国家制定外交方略与政策的指导性和参考性原则。

旨在维护国家正义、民族自由和道德政治的反地缘政治话语逻辑占据了主导地位。它已经在捷克民族政治认同的结构中历史性地沉淀下来，为民族独立自由奏响起一曲不屈不挠、抗争不息的命运交响曲。比较而言，"臭名昭著"的地缘政治被边缘化为一股暗流，每当时局动荡、领土纠葛之时，就重新游弋到思想前沿，反映到国家政策层面。同时，这也昭示出，捷克民族在维护国家利益上对地缘政治的矛盾心理和政策取向复杂性的思想源头。

---

① Helene S. *Questioning EU Enlargement*：*Europe in Search of Identity* [M]. New York：Routledge 2006：178-196.

第四节 捷克共和国的政治学发展

一、1989 年以前捷克政治学的基本状况

捷克学者对古典政治学核心的研究始于 19 世纪末，也就是捷克学术界建立的时期。但是政治学并没有被确立为一个独立的研究领域，而是作为一种社会现象依存于社会学、经济学、政府管理和法学的框架内加以探讨。

在两次世界大战之间，捷克社会科学的发展过程始终处于一个复杂矛盾的历史背景。随着国家的独立，捷克与哈布斯堡时代彻底决裂，社会科学被赋予了国家建构的具体任务。基于在国家政治舞台上享有的地位，马萨里克与贝奈斯的合作对于捷克政治学的初始化发挥了关键作用。马萨里克把"政治"理解为一门分析解释社会现象的学科。拉德尔研究国家与社会正义、道德问题。贝奈斯将政治和科学、艺术、哲学相结合。在这一阶段，捷克政治学领域确立了其伦理学基础：强调政治中的道德因素，要求政治与伦理之间的和谐，蔑视政治权力和政治权威的现象，对政党现象的怀疑态度，强调民族或种族特征，对民主现象不加批判的态度，以及作为"捷克问题"辩论的反映政治概念的捷克意识形态化。这场精英辩论被视为关于捷克历史意义的争论，集中体现了与捷克民族独立与存在相关的哲学、历史、社会学和神学问题。在 20 世纪 30 年代，政治学出现了新的主题，即捷克在中欧的角色和地位，以及作为一个"民主孤岛"生存的可能性。①

这些特点反映在两次大战之间涉及捷克政治的活动中，从而催生了捷克政治学的经典论著。除了马萨里克的《民主与政治》（*Demokracie a politika*, 1912）、《俄罗斯与欧洲》（*Rusko a Evropa*, 1921）、《世界革命》（*Světová revoluce*, 1925）、《民主之路》（*Cesta demokracie*, 1933）和贝奈斯的《政治党

---

① HOLZER, J, PŠEJA P. *Political Science in Central-East Europe: Diversity and Convergence* [M]. Opladen & Farmington Hills: Verlag Barbara Budrich, 2010: 226-245.

派》(*Politické stranictví*, 1912)、《政治党派的性质》(*Povaha politické ho stranictví*, 1920)、《民主的困境》(*Nesnáze Demokracie*, 1924),值得一提的还包括扬·默特尔(*Jan Mertl*)的《政党:它们在现代世界中的基础和变化》(*Politické Strany: Jejich základy a typy v dnesnÌm světě*, 1931)、《如何对待政党》(*Co s politickými stranami*, 1938)、约瑟夫·费舍尔的《结构哲学体系》(*Soustava skladebné filosofie*, 1931)、《第三帝国》(*Třetí říše*, 1932)、《民主的危机》(*Krise demokracie*, 1933)、卡米尔·克罗夫塔的《新老中欧》(*Stará a nová st ř ední Evropa*, 1929)。其他学者处于政治学和社会学边界,如马萨里克社会学学会联合创始人、布尔诺社会学派代表伊诺森·布拉哈(Inocenc Arnošt Bláha)和伊曼纽尔·查卢普尼等。查卢普尼试图基于胡斯运动和捷克民族复兴的意识形态遗产,捕捉捷克政治传统的基本特征。他还参与了布拉格自由政治学学校杂志和捷克第一部社会科学百科全书《经济,社会和政治词典》(1929—1933)的编辑。

这一时期的政治学在捷克斯洛伐克共和国尚未成为一门独立的学科。1929年成立的政治和社会科学独立学院(Independent School of Political and Social Sciences [英], Svobodná škola politických a sociálních nauk [捷])就未能获得大学认证。法律、社会学和经济学领域也经常涉及并研究政治议题。关于政治学的讨论开始占据社会学杂志的空间,如在布拉格出版的《社会评论》(*Social Review* [英], *Sociální revue* [捷])、《布拉格政治和社会科学独立学院杂志》(*Journal of the Independent School of Political and Social Science in Prague* [英], *Časopis Svobodné školy politických a sociálních nauk v Praze* [捷])、《议会》(*Parliament* [英], *Parlament* [捷]),在布尔诺出版的《社会学评论》(*Sociological Review* [英], *Sociologická revue* [捷])。在这一过程中,在两次世界大战期间形成了两个不同的方法论学派,每个学派都与捷克两所主要大学之一有关,即查尔斯大学的布拉格规范学派和马萨里克大学的布尔诺实证学派。但经过仅仅20年的发展,第二次世界大战的爆发使捷克斯洛伐克的学术研究停止了,社会科学只完成了初级发展,尚未能为政治学打下明确而持久的基础。

第二次世界大战后,冷战的序幕笼罩在欧洲上空,捷克与西方世界的联系中断。1945年10月,政治和社会科学学院(School of Political and Social

Sciences［英］，školy politických a sociálních věd［捷］）在布拉格建立，隶属于捷克斯洛伐克共产党。党的定期代表大会确定了社会科学应遵循的理论和方法。政治学系专注于马克思主义和列宁主义，主要内容涉及国际工人运动和科学社会主义。当斯大林主义控制了中东欧政治生活的所有方面时，学术生活遵循了同样的道路，没有给捷克政治研究留下独立空间。官方公认的政治学沦为苏联政治科学的附庸。

20 世纪 60 年代，捷克政治学出现短暂的变化。一些捷克和斯洛伐克学者参加了 1961 年和 1964 年的世界政治科学大会（International Political Science Association，IPSA），需要在国外派驻学术代表。1964 年，捷克斯洛伐克政治学协会（Czechoslovak Political Science Association［英］，Československá asociace politické vědy［捷］，CEPSA）成立。“谨慎的政治自由化”最终在“布拉格之春”达到高潮，包括放松对出版业的管制、西方政治学著作的翻译。1967 年，查尔斯大学和夸美纽斯大学重新将政治学作为一个研究领域，捷克斯洛伐克科学院国家和法律研究所也发起政治学的研究项目。所有这些，加上接触国外发展的机会，捷克社会科学界出现一种向西方开放的氛围，试图更新研究政治的可能性，对捷克社会产生了重大的思潮影响。

捷克政治学在 20 世纪 70 年代进入了“正常化”的现实，其第一阶段伴随着对参与改革运动的个人压制，又回到苏联政治思想的束缚中。20 世纪 80 年代，捷克探讨政治科学的成员来自大学和学术机构的历史、法律、哲学、社会学和地区研究，如捷克斯洛伐克科学院东方研究所（Oriental Institute of the Czechoslovak Academy of Science［英］，OrientálnÌ ústav Československé akademie věd［捷］）。

总之，“天鹅绒革命”前的最后二十年，捷克政治学领域的官方研究没有新的建树，政治学的范式没有变化。只有少数持不同政见者（Dissident）和两代流亡者（Exile，分别是 1948 年和 20 世纪 60 年代）以个人孤岛模式或在组织内部及边缘运作，如布拉格的公寓研讨会、布尔诺的“地下大学”、基督教协会等。他们在 1989 年后对捷克政治学的影响程度大相径庭。

二、自 1990 年以来捷克政治学的重新定义

20 世纪 90 年代初是中东欧转型国家政治学的新开端。近几十年来，中东欧

的政治学家在将政治学建立为一门学术学科时面临着类似的任务和挑战。首先，要远离共产主义的遗产；其次，适应国际（西方）的学术标准；最后，寻求获得学术独立和公众认可。鉴于其确立的模式和内容，捷克政治学在1989年后完全倒向西方学术体系。1990年，政治科学系首先在布拉格的查尔斯大学和布尔诺的马萨里克大学分别成立。随之，布拉格的艺术和社会科学学院（Faculties of Arts and of Social Sciences［英］，Filozofická fakulta a Fakulta sociálních věd［捷］）和布尔诺的社会研究学院（School of Social Studies［英］，Fakulta sociálních studií［捷］）的政治科学系获得了相应的地位。同年，帕拉茨基大学（University of Palacky）的政治学和欧洲研究系成立，并很快发展成为捷克政治学的另一个重要中心。之后，随着地区性大学的建立，出现了更多的政治科学系，但是该领域的权威学者主要集聚在布拉格和布尔诺。布拉格经济大学（University of Economics in Prague）长于国际经贸方面，但其政治科学系、国际关系系和马萨里克国际研究中心在政治科学系的现有结构中具有特殊地位。

目前，捷克大学包括15个政治科学和国际关系院系，标志着该学科取得了巨大发展。这些政治科学系通常设在社会科学院，但也设在文学院（即哲学系）和法学院。这在很大程度上是由该学科过去与哲学、历史和法律的传统联系所驱动的。除了大学，捷克还有专业性政治学研究机构。其中，位于布尔诺的国际政治学研究所和位于布拉格的国际关系研究所占据领先地位。

国际政治学研究所（International Institute for Political Science，IIPS）是由以莫伊米尔·波沃尔尼（Mojmír Povolný）和伊万·盖奥雷克（Ivan Gadourek）为代表的部分流亡学者于1990年创立。该研究所是两个研究所整合的结果——国际政治学研究所和比较政治研究所，延续了马萨里克大学政治学研究的悠久传统。研究活动主要集中在捷克共和国和欧洲，具体分为四个方向：民主和民主化、欧洲政治、国际安全和选举研究。这种研究方向的结合整合了布尔诺所有主要政治学部门的研究能力，为综合政治科学研究和把握当前政治现象创造了独特的空间。外国合作伙伴主要来自德国、波兰、斯洛伐克、英国与荷兰。

国际关系研究所（Institute of International Relations，IIR［英］，ústav mezinárodních vztahů，ÚMV［捷］）由捷克共和国外交部推动成立，为捷克共和国外交政策的形成和实施做出了贡献，是捷克国际关系领域的主要话语平台。

IIR 是国际政治和经济研究所（IIPE）的继承者，该研究所由外交部于 1957 年创立，1970 年改为现用名。该研究所每年组织数十项活动，如研讨会、圆桌讨论和演讲，使专家、外交官、公务员、政治家、私营和非政府部门的代表，学生和公众聚集在一起。IIR 的奥托·皮克（Otto Pick）国际关系图书馆向公众开放，大约 70,000 份出版物，其中包括 400 种期刊。IIR 与国内外许多领先的学术机构和智库合作，是欧洲政治研究联盟（ECPR）、跨欧洲政策研究协会（TEPSA）、欧盟不扩散和裁军联盟（EUNPD）和 Think Visegrad 平台的成员。

IIR 在许多方面与 IIPS 截然不同。IIPS 隶属于马萨里克大学，但其工作人员由少数全职研究人员组成，研究通常由为特定任务挑选的兼职研究人员小组完成；IIR 隶属于外交部，其工作人员约有 20 名成员，其特定项目的范围明显更加广泛。IIR 的重点项目是安全分析、欧洲一体化、巴尔干半岛、捷克与斯洛伐克的关系、捷克与德国的关系等。这两个专门性研究机构从一开始就在捷克主流政治学的框架内被赋予了特殊地位，广泛的出版活动、一流的政治学家、高端的国际活动、权威的成员资格，使他们得以有效和持久地对政治学领域的发展产生重大影响。

持不同政见者和海外流亡的学者重新出现在捷克政治学的舞台上。前者以政治哲学家弗拉基米尔·切尔马克（Vladimír Čcrmák）为代表，他著有五卷本《民主问题》（*Question of Democracy*［英］，*Otázka demokracie*［捷］），曾担任捷克宪法法院法官（1993—2003）；后者人数较多，代表人物有瓦茨拉夫·布洛拉德斯克（Václav Bělohradský）、鲁道夫·库奇拉（Rudolf Kučera）和米罗斯拉夫·诺瓦克（Miroslav Novák）以及 IIPS 的创始人。他们的影响力在 20 世纪 90 年代初达到了顶峰。十年后，新生代政治学家崛起，如《世界政治学》主编弗拉基米尔·德沃夏科娃（Vladimíra Dvořáková）、现任总理彼得·菲亚拉（Petr Fiala）、总理顾问米哈尔·克利马（Michal Klíma）、伊里·昆克（Jiří Kunc）、查理大学的布兰卡·里乔瓦（Blanka Říchová）、中欧政治研究评论编辑委员会主席马克斯米利安·斯特尔米斯卡（Maxmilián Strmiska）等。虽然捷克共和国的政治学群体包括一些顶级学者，但规模相对小，与西方同行相比，其主题方向的范围不够发达。但这丝毫没有降低其在政党、政策分析、比较政治学等领域的研究成就。

随着政治学的不断发展，捷克政治学家的著作数量也稳步增长。这些书通常有高质量的专业背景，以捷克语出版。该领域的基础教材早已确立，从简短的《政治学邀请》（*Invitation to Political Science*［英］，*Pozvání do politologie*［捷］）到具体的《政治学基础》（*Basics of Political Science*［英］，*Základy politiologie*［捷］），再到全面的《现代政治学理论概述》（*Overview of Modern Theories in Political Science*［英］，*Přehled moderních politologických teorií*［捷］）和严谨的《现代政策分析》（*Modern Policy Analysis*［英］，*Moderní analýza politiky*［捷］），体现出捷克政治学的不断发展。

三、捷克政治学的核心理论和方法

1990年后的捷克政治学有两个极其重要的源头：盎格鲁-撒克逊世界和德国，由此确定了学科的基本形态。1948年，德国学者尤根·费舍尔·巴林（Eugen Fischer Baling）首次使用“政治学”一词。因此，最初的政治学教科书译自德国教材，一定程度上接受了德国学术规范的影响，如将政治学的方法区分为本体论—规范、辩证—历史和经验—分析方向。由于捷克政治学学科主要是由受过历史和其他人文学科训练的学者建立的，缺乏系统的方法论。大多数成员主要关注的不是政治理论，而注重实证分析。部分学者的研究从经验分析出发，但在很大程度上仍然采用纯描述性方法。①

20世纪90年代，人们广泛讨论捷克民主起源的广泛背景。同时，政治体制的转型也在一定程度上影响了该学科的发展。政治学致力于解释新系统和新政治机构的日常运作，重点是为捷克政治转型和政策制定提供专业知识、监测与西方规范，而不是理论贡献。由于国民缺乏有效的外语技能，阻碍了教学和研究的全面西化。在20世纪90年代中期，捷克特别奖学金的设立、美国富布赖特教育项目、私人基金会（如安德鲁·梅隆基金会、开放社会研究所）和欧盟项目（如TEMPUS）赞助的访问奖学金，推动了捷克学者在频繁的国际交流中，提高了语言沟通能力和对西方政治知识的移植，并在西方机构资助和专家指导下参与设计如何使捷克加快融入西方的路线图等课题研究。例如，夸美纽斯大

① 德国在20世纪70年代将政治学的方法区分为本体论—规范、辩证—历史和经验—分析方向。

学艺术学院政治科学系参与了几个旨在改进政治科学课程的项目，包括与曼彻斯特大学合作引进“人权和区域比较”研究；与格罗宁根大学合作引入安全研究，与莱比锡大学合作纳入“政治象征主义”课程。

捷克政治学形成的最初阶段被称为“寻找身份”（Seeking Identities）的阶段，而政治学被确立为西方民主化的成果之一。不过，捷克学者对政治学的基本任务持有不同理解。一种观点认为，捷克政治学用来服务于转型后的西方式民主社会，意味着捷克政治学隶属于西方政治理论体系。这种取向对跨学科方法持开放态度，关注方法论上的规范本体论历史化、文体上的新闻风格、主题上的西方政治学（西方民主理论、政治和伦理、政治意识形态）和政治形象的媒体营销。相比，另一种观点认为政治学是一门独立的、理论性的、抽象的社会科学，强调实证分析和描述性的方法，应避免规范性的价值判断。这反映在对专业文本和主题的关注上，如政党政治、利益集团、民主过渡和巩固理论、政治极端主义和激进主义等。由此，捷克政治学的发展也呈现出多种的二元对立（Duality）。如20世纪60年代成长背景的学者和20世纪80年代得到更好教育的学者之间产生的群体代际差异认知冲突；又如两种不同的方法论——规范本体论方法和经验分析方法——之间的对立；还有区域和体制方面的原因造成的布拉格学派和布尔诺学派的分类。对上述冲突的解释并不简单，也没有明确的结果。

虽然捷克政治学使用的研究工具与世界其他地方的大体相同，但很少进行定量分析。一些政治学家认为，强调将政治学置于理论和方法基础上的研究等于“片面的美国化”，排斥了政治生活中本来存在的实质性辩论。根据这种观点，他们对基于变量的研究不感兴趣，相反更喜欢所谓的“区域方法”（Areal Approach），使用既定的政治学概念和理论来描述、分析和比较政党系统的运作方式。简而言之，收集、选择、加工和评估大量不同的数据经常被认为是一种昂贵而耗时的方法，经验分析方法目前的主导地位也证明了学术界已经能够相对快速地切入当代问题。在政治学中追踪定量方法，属于社会学的范畴。社会学家倾向于使用数据分析政治价值观和行为。从这个意义上说，政治学和社会学之间有明显的重叠，从而形成政治社会学分支，代表性学者有卢博米尔·布罗克尔（Lubomír Brokl）、兹登卡·曼斯费尔多娃（Zdeňka Mansfeldová）和克拉拉·普莱西塔（Klára Vlachová Plecitá）。

政治社会学带来的新思想似乎是最具创新性和最活跃的，其他一些交叉学科，如政治哲学和政治经济学也发挥了作用。与政治学相关的其他重要领域还有法律、哲学理论和民族主义问题研究，代表性学者主要是米罗斯拉夫·赫罗奇（Miroslav Hroch）、帕维尔·巴尔沙（Pavel Barša）。总的来说，捷克政治学的理论和方法取向反映了学科运作模式的规范和标准。但是对捷克而言，政治学是一门相当新的学科，仍然需要学习如何改进它的研究方法、如何面对无价值立场的普遍目标和非规范性的研究倾向。

四、捷克政治学的聚焦领域

在 20 世纪 90 年代后半期和 21 世纪初，捷克政治学主要侧重于转型研究（Transformation research），特别是后共产主义国家的问题、转型国家理想的民主模式（威斯敏斯特与联合民主制）、利益调解模式（多元主义与社团主义）、后共产主义地区的中央—地区关系及其在中东欧政党制度中的表现，以及转型进程的其他方面。代表性学者有拉迪斯拉夫·卡巴达（Ladislav Cabada）、布热蒂斯拉夫·丹恰克（Břetislav Dančák）、扬·霍尔泽（Jan Holzer）、米哈尔·库巴特（Michal Kubát）、马克斯米利安·斯特尔米斯卡等。

捷克政治制度和政党政治的比较研究显然是政治学研究中的重中之重。通过研究寻求决定该制度性质的成因，其组成部分的特征、要素之间的关系以及可能的发展方向。这无论在理论层面还是实践层面，都很具有挑战性，日益成为热门的研究领域。米罗斯拉夫·诺瓦克和斯特尔米斯卡可以被列为该领域的权威专家。

欧洲一体化从 20 世纪 90 年代初被视为政治学研究的关键领域之一。因此，捷克共和国和欧盟之间的关系问题占据了学术舞台的中心，起初主要是运用政治哲学来分析阐释欧洲一体化概念。目前，这一框架内讨论问题的角度已经发生转变，研究趋势越来越集中于欧盟内部的进程，以及这些进程对扩大战略的影响。

安全研究是捷克政治学的另一个重要研究领域，其现实依据即捷克共和国的国家利益通过纳入欧盟和北约结构来实现。在这里，传统任务是分析安全危险的来源，并设计适当的发展战略。目前，捷克共和国作为北约成员的角色经常要面对安全需求和任务的重新界定。

现代捷克和欧洲历史也是一个经常被讨论的话题，严格来说，可以归为历史政治的部分。一些学者认为在1989年之前的历史被严重扭曲，成为错误的信息来源，现在应该从政治学的角度重新认识和审查。

政治极端主义和激进主义是捷克政治学中一个创新的研究领域。这项研究对政府制定有效政策防止极端主义和激进团体扰乱社会安宁有指导意义。从事这项研究的专家主要是米罗斯拉夫·马雷什（Miroslav Mare）和兹德涅克·兹博日尔（Zdeněk Zbořil）。

其他政治学领域还包括政治理论、布尔诺学派占优的政策分析研究和布拉格学派占优的选举政治研究。所有这些分支领域都建立在独立研究的基础上，从而推动捷克政治学进一步走向系统和规范。

聚焦西方自由民主政治，捷克政治学的发展大致分为三个阶段。第一阶段是“改旗易帜”的模仿时期。先前存在的马克思列宁主义系迅速转变为政治科学和政治学系；标准的“西方自由民主”理论被引进；这一制度化进程的初始阶段于1995年完成。第二阶段是20世纪90年代后期的扩散时期，即政府自上而下推行的教育自由化和商品化。教育的系统性变化见证了向私有化的转变，取代了前共产主义政权教育体系的集体主义政治传统。伴随着现实中民主化进程的不断发展，两个比较重要的研究范式出现，即所谓的“民主转型学”（Democratic Transitology）与“民主巩固学”（Democratic Consolidation）。西方学者推进政治研究从“民主转型”转向“民主巩固”。在新自由主义的影响下，西方政治学理论成为中东欧国家“政治正确”的权威指导。由于转型顺利，捷克被称为“巩固的民主国家”。第三阶段是监管时期。随着欧盟《里斯本战略》在2000年的推出，各国推崇以技术进步推动经济发展的竞争性教育，对年轻人而言，政治学也失去了解决就业的竞争力。在过去十年里，西方民主国家发生了由经济危机所引发的政治危机，越来越多的民众对民主价值和民主制度的信念降低，捷克的民粹主义政党在民众中获得的支持率显著上升，治理水平出现明显下降，制度运行陷入一定程度的困境。在此背景下，被奉为“亘古真理”的西方政治学之合法性受到质疑与挑战。近些年，“民主解固”和“向东看”已经成为包括捷克在内的中东欧国家政治学的新命题和新政治实践。

五、捷克政治学的学术开放度

国际学术交流被是进一步发展捷克政治学的必要路径。在这方面，捷克加入欧盟后，捷克政治学也逐步实现了“欧洲化”。虽然，捷克政治学研究和老欧洲国家同行存在不对称性。这些因素包括在研究项目上的财政资源、时间、人员规模，以及在研究主题和方法上的连续性。捷克政治学学者的人数不算多，学生有3,000余人。但捷克政治学领域正不断通过国际合作来达到西方标准。在个人层面，众多学者前往海外交流，重点从中东欧地区到俄罗斯、西欧和美国。在机构层面，几乎所有研究机构都已经与国外伙伴达成合作协议。组织层面，捷克政治学协会（Czech Political Science Association，CPSA）和国际关系研究协会（International Institute for Political Studies，IIPS［英］，Mezinárodní politologický stav［捷］）成为本国政治学科的核心力量。前者是该领域所有工作人员的伞式组织，后者是专门研究国际关系的独立学者协会。整体相比，捷克政治科学协会早在1964年就成立了，有着悠久的学术传统。在1964—1969年期间，协会开展了许多活动，包括参加IPSA大会和研讨会。布拉格之春发生后，协会活动基本取消。1989年后，政治科学协会得到了更新，成为唯一覆盖整个国家政治学群体的组织。起初，它侧重于安排讲座和研讨会，后来也开始组织捷克政治科学家的讲习班，并安排各种主题会议，如向民主过渡、全球化问题等。该协会有200多名成员和几个工作组。

作为CPSA的对等机构，国际关系研究协会成立于1998年，旨在支持国际关系研究，并促进捷克外交政策在欧盟的实现。该协会还积极参与筹备国际合作的联系和活动，组织圆桌会议，讨论当前的国际政治问题，传播有关捷克外交政策的信息，促进国际关系学科的发展。

捷克加入欧盟后，一些捷克政治学机构参加了欧洲政治研究联合会（ECPR）等跨国学术活动。科学院社会学研究所和查尔斯大学经济研究和研究生教育中心是正式成员。马萨里克大学、帕拉茨基大学、查理大学以及科学院社会学研究所陆续成为欧洲政治科学网络（EPSNet）的成员。一大批捷克国际关系的学者已经成为中东欧国际研究协会（CEEISA）的成员。然而，这些捷克成员中只有少数可以被列为政治学和国际关系领域的专家，其余的在其他学科工作。中欧政治科学协会（Central European Political Science Association，CEPSA）将捷克政治科学纳入更广泛的欧洲背景。弗拉基米尔·德沃夏科娃和布兰卡·里乔瓦是CEPSA 执行委员会的成员。

最后一点要解决的是政治学研究和公共活动。就公共空间与学术辩论而言，政治学主要关注世界和社会的经验概念，而媒体和公众则更多地关注规范方面，通常将它们作为决定讨论的标准。捷克政党、选举制度和总统职位等问题是公共空间中辩论最多的主题，而欧洲一体化和安全问题等国际议题通常留给学术界讨论。公众对政治的看法与真实性大相径庭。一方面，政治学科是一个实证研究领域，由学术规范的研究型学者组成；另一面由政党和媒体宣传、积极干预政治进程，并对事件进行导向性评论，由此产生的形象不仅影响了公众对政治学研究的看法，也导致了一些有偏见的期望。公众通常认为政治学专家的任务在于解释或评估政治现象的真实性和趋势。从这个意义上说，公众和政治学团体之间的互动往往是单方面的。虽然公众情绪决定了一小部分政治学群体的利益，但大多数学者对公众参与度缺乏动力。比如，政治学将民调及其结果视为一种相关性有限的辅助工具，但公众和媒体已经习惯于以此为标准做出影响深远的结论，事实上这些结论只是短期内的即时数据，容易受到政治操作而波动起伏，过于看重民调则大大超出了其实际意义。

六、捷克政治学的学术期刊

捷克政治学学术期刊在 1989 年后开始出现。最初，《捷克社会学评论》（*Czech Sociological Review*［英］，*Sociologický časopis*［捷］）为捷克政治学文本提供了生存空间。该期刊是捷克社会科学学界的旗舰期刊，由捷克科学院社会学研究所承办，国际编辑委员会主持，向世界各地的学者开放。每年四期以捷克语出版，两期以英语出版。

经过 30 年的发展，政治学学术期刊发行成绩斐然，但在总体上出现三大问题。第一，学术数量与质量的矛盾。由于纳入捷克政府科研创新委员会（RVVI）认可的国内评审期刊名单的标准相对较低，特别是对规模较小的国内群体而言，期刊数量不成比例地偏高，从而削弱了政治学的学术质量。第二，学术语言对本国政治理念的国际传播构成障碍。由于大多数文章由国内学者用捷克语撰写，针对本土读者，导致捷克政治学在很大程度上与国际学术界的交流不畅。[①] 第三，学术期刊的评判权掌握在西方学术界手中。冷战后，捷克政治学全面追赶或回归西方，包括全盘接受以英美为首的西方学术标准、学科机构、书籍。同时，捷克大学一直提供建立在英美政治学术传统基础上的教学和研究课程，接受西方的政治理论、观点和方法，在西化、欧化的政治导向和制度设计下，捷克学者难以形成本土的政治权威和政治理论。事实上，包括捷克在内的整个中东欧国家的理论创新都得不到西方政治学界主流的认可。[②] 西方利用一些跨国学术评判机构主导着中东欧国家的政治理论（价值观）乃至整个政治学发展的走向。

捷克学界公认起到引领作用的专业性政治学期刊主要有如下几家。其中，最重要的是马萨里克大学国际政治研究所出版的季刊《捷克政治科学杂志》。这是捷克共和国第一份官方审查通过的政治学期刊，提供研究、短文和评论，还出版各种主题的会议和讨论材料。该杂志也接受外国学者的投稿。

《捷克政治科学评论》（CPSR）通常被视为《捷克政治科学杂志》最大的竞争对手，由捷克政治科学协会（CPSA）出版，每年出版两期，提供文章、评论、采访和报告国内外重大事件、政治学领域的信息。该杂志既关注实证科学领域，也关注政治理论和哲学。编辑委员会有 13 名成员，其中 3 名隶属于外国机构。该期刊从 2014 年始只用英文出版。

《捷克共和国政治学》（双月刊）最早发行于 1997 年，直到 2001 年停刊，延续了 1990 年《国家建设》（*Building of State*［英］，*Budování Státu*［捷］）杂志的风格，报告捷克共和国的政治活动。该杂志占据独特的地位，是捷克国家政治生活中事件和进程的详细信息的唯一来源，包括议会制度（政府、总统、议会和宪法法院）、所有主要政党的活动以及经济、外交政策的发展、复制重要文件。

《政治学学报》（AcPo）每年出版 3 期（1、4、10 月）的在线版本，偶尔还出版特刊，内容涉及研究报告、相关会议和活动的评论和信息等文章，旨在政

---

① KOUBA K, CISAR O, JIRI N. *The Czech Political Science: A Slow March Towards Relevance?*［M］//BOROWIEC P, KRAUZMOZER B, KULAKOWSKA M, et al. Political Science in Europe at the Beginning of the 21st Century. Krakow: Jagiellonian University Press, 2015: 14.

② SABIC Z, DRULAK P. *Regional and International Relations of Central Europe*［M］. London: Palgrave Macmillan, 2012: 34-37.

治学和其他学科之间建立密切联系。编辑委员会有 11 名成员，其中 4 名隶属于外国机构。

《激进、极端和恐怖主义研究》（Rexter）每半年出版一期，专注于政治暴力、极端主义、激进主义和恐怖主义及其他安全威胁现象和应对，以及用于保卫民主、反对威权和极权主义国家政权的战略和政治目标。2002 年，该期刊在马萨里克大学社会研究学院设立，后来在安全与战略研究中心（Centrum pro Bezpečnostní a strategická studia o. s.）的主持下出版，现已停刊。

《中欧政治学》（PCE）由布拉格城市大学与中欧政治科学协会合作主办，每年出版一至两次，侧重于重点关注比较政治学、政策分析、政治理论、国际关系、安全研究、区域研究和政治学的其他子学科。与其他期刊不同，14 名编委会成员中有 10 名隶属于外国机构。

《欧洲选举研究》（EVS）是由马萨里克大学社会研究学院比较政治研究所（ISPO）和 FSSMU 政治学系于 2006—2013 年出版的期刊，最初是作为捷克共和国教育、青年和体育部“当代欧洲民主政体中的政党和利益代表”研究项目的一部分而建立的，旨在发表与选举、选举制度、选举活动和选举地理相关的文章，每年出版两次。

《当代欧洲研究》（CES）侧重于从中东欧国家的视角对当代欧洲政治和社会的分析和政策辩论，包括对政治传播学的应用，每年出版两次，2018 年停刊。最独特的当属 1999 年创办的季刊《中欧政治研究评论》。这是一份多语种在线电子杂志，以捷克语、英语或德语为主。该杂志重点放在与泛欧空间重叠的中欧和东欧领域，特别关注比较研究，外交和安全政策以及政治理论等领域，2018 年停刊。

国际关系研究所主办的季刊《国际关系》（CJIR）是另一份重要的权威期刊，主要刊登关于国际关系、安全问题和全球问题的理论性文章、实证辩论，例如重新出现的大国竞争、气候变化和全球移民，这些主题在中欧背景下引起强烈共鸣。

该研究所还出版英文半年刊《新展望》（*New Perspectives*）。

《国际政治》月刊于 1956 年首次出版，在 1969 年出版被停止，直到 1990 年恢复。该杂志旨在普及、传播国际关系领域的知识，内容涉及对国际政治经济形势和时事热点主题的分析和评论，提供的理论研究要少得多，还定期提供欧盟文件的附录。这是唯一一份面向学术圈以外读者的杂志，因此可以视为非专业公众和学者之间的纽带。自2013年，该期刊仅提供电子在线版，2020年后特别增加了3期主题专刊（印刷版）。

《中欧国际与安全研究杂志》（CEJISS）季刊侧重于中欧和东欧，并开放给跨学科、跨主题和跨区域和全球国际体系的学术文章。该杂志对当代世界变化的驱动因素感兴趣，从地缘政治变化、民族主义复兴、区域化到环境与技术变革，以及这些主题的更广泛影响和相互联系。从采用稿件的作者国籍考察，除了本土学者，英美学者的文章稍多，显示出西方占据该领域的话语权。

表2-1　捷克政治学的主要学术期刊

杂志名称	捷克语/英语	主办机构	创立时间
社会学评论	*Sociologický Časopis, Czech Sociological Review*	捷克科学院社会学研究所	1965
国际关系	*Mezinárodní Vztahy, Czech Journal of International Relations*	国际关系研究所	1970
国际政治	*Mezinárodní Politika, International Politics*	布拉格国际关系研究所	1990
捷克政治科学杂志	*Politologický Časopis, Czech Journal of Political Sciences*	捷克政治科学协会	1994
捷克政治科学评论	*Politologická Revue, Czech Political Science Review*	捷克政治科学协会	1994
捷克共和国政治学	*Politika v České Republice, Politics in the Czech Republic*	马萨里克大学社会研究学院	1997
中欧政治研究评论	*Středoevropské Politické Studie, Central European Political Studies Review*	马萨里克大学社会研究学院	1999
激进、极端和恐怖主义研究	*Časopis pro výzkum radikalismu, extremismu a terorismu, Journal for the Study of Radicalism, Extremism and Terrorism*	马萨里克大学社会研究学院	2002

续表

杂志名称	捷克语/英语	主办机构	创立时间
中欧政治学	*Politics in Central Europe*	布拉格城市大学与中欧政治科学协会合作	2005
欧洲选举研究	*Evropská Volební Studia*, *European Electoral Studies*	马萨里克大学社会研究学院	2006
当代欧洲研究	*Contemporary European Studies*	帕拉茨基大学	2006
中欧国际与安全研究杂志	*Central European Journal of International and Security Studies*	布拉格城市大学 *Metropolitan University Prague*	2007
政治学学报	*Acta Politologica*	查理大学社会科学学院	2009

第五节　捷克共和国的政党体制

自“天鹅绒革命”后，捷克步入政治转型期。作为政体的次级体系和重要组成部分，捷克的政党体制随着国家性质的改变而一同“西化”。经历了20年跌宕起伏的转型发展，一个以左右翼两大政党联盟轮流掌控政府并与小党联合执政的多党竞争性体制基本形成。因此，考察冷战后捷克政党体制变迁和政党政治的嬗变应从西方议会民主制度的视阈出发，结合左右翼政党的执政历史以及相互既竞争又合作的党际关系，才能得出比较全面、客观的结论。

一、捷克政党体制的转型与政治谱系的形成

马克思认为，政党政治的核心本质就是特定政治力量争取成为执政党，然后通过领导和掌握国家政权来贯彻实现党的政纲和政策。所谓“政党体制”（*Political Party System*），即政党参与政治过程、执掌或干预国家政权的模式。在

美国学者迈克尔·罗斯金眼中，政党体制就是各政党组织之间以及各政党与整个政治体系之间的相互影响。阿兰·维尔在解释政党体制的类型时明确提出，政党体制的主体是政党，它所探索的是政党间的竞争与互动关系，这既指政党的数量，也指政党的力量，既包括体制内不同政党之间的竞争，也包括不同政党之间的合作。政党的活动和发展往往深受政党体制的影响以及社会对政党的体制认同程度的制约。

在西方政治中，议会、政党和选举制度被誉为西方民主制度的三大支柱，政党竞争参与政权是形成政党体制的主要原因，而多党议会民主制的实质是议会成为国家政治权力的中心，政党或政党联盟通过在议会选举中获胜，并以轮流执政或者联合执政为目标实现其使命。

（一）议会民主制度的恢复重建

西方议会民主制度在捷克具有悠久的历史传统，政党文化发育较为成熟。在19世纪中叶奥匈帝国封建专制制度的解体过程中以及随后受巴黎公社革命的影响，代表民族资产阶级和无产阶级的政党先后产生，并在国家政治生活中成为主导力量。第二次世界大战前，捷克全国共有近30个政党，其中有一半参政。1945年5月全国解放后，以捷共为主体的多党联合政府成立。但在1948年二月事件后，带有“苏联模式”的政党体制得以确立，开始步入长达40年之久的捷克共产党执政时期。

东欧剧变后，捷克的政党体制开始转型。1989年11月，捷联邦议会取消宪法中关于捷共在国家政治生活中领导作用的条款，共产党执政的历史告以终结。经过短暂混乱的“街头政治”（*Street Politics*）过渡期，捷克在1990年12月通过新宪法，彻底改变了国家的社会主义性质，确定了多党议会制度，正式进入一个政治多元化的西方民主政治时代。

同多数中东欧转型国家一样，捷克实行“议会内阁制”（*Parliamentary System of Government*）的政治体制，即政府由获得议会多数议席的政党或政党联盟组成并对议会负责，由总理领导，内阁制下的总统仅为名义上的虚位，不掌握实权。对于议会体制，捷克斯洛伐克起初沿用“布拉格之春”之后确立的两层制与两院制：联邦议会实行两院制，即人民院与民族院，同时在布拉格与布拉迪斯拉法设立共和国国民议会。捷克斯洛伐克联邦于1992年12月31日解体后，联邦议会随之解散，捷克民族议会改为捷议会，实行参众两院制（*Bicameral System*）。众议院议员200名，任期4年，选举依据比例代表制原则进行，得票率超过5%的政党进入议会。参议院议员81名，任期6年，每两年改选1/3参议员，选举依据过半数原则进行。自此，合法的途径、正常的法律程序和规范的议会斗争方式初步成为捷克政治生活的习惯。西方议会的“游戏规则”逐步被各政治势力所接受，各政党都视争取选民选票、参加议会竞选作为掌权、执政以及对国家政治生活施加影响的基本途径和唯一手段，围绕议会提供的制度空间为舞台，不断分化重组，为争取或维护执政地位与异己政治势力展开了博弈。

自2017年以来，捷克一直由总理安德烈·巴比什领导的*ANO*2011运动党和捷克社会民主党组成的少数派政府统治，并得到了波希米亚和摩拉维亚共产党的信任和支持。然而，在2021年10月举行的议会选举之后，新政府于2021年12月上任，由公民民主党主席彼得·菲亚拉（*Petr Fiala*）领导的两个反对派联盟组成。由公民民主党、基督教民主党、*TOP*09组成的团结联盟，市长和独立人士联盟运动以及海盗党在200名成员的议会下院中获得了108个席位的绝对多数。

（二）政党体系的政治光谱

作为现代国家中有着特定政治理念的社会团体，各个政党针对国家和社会问题有各自的主张，通常被认为是处在 ·个政治光谱（*Political Spectrum*）中，根据其特定的政治倾向和意识形态定位为“左—中左、中右—右”。东欧国家的社会民主主义政党大体上可以分为三类：第一类是由原执政的共产党演变而来的“改建社会党”；第二类是二战前后的老社会党重建或恢复活动的“重建社会党”；第三类是剧变后新成立的“新建党”。捷克的政党类型包括处于激进位置的左翼政党，也有处于保守的右翼政党。为了争取更多选民，多数政党采取中间偏左或偏右的走向，大党也由此产生左翼力量的主要代表是捷共“后继党”——捷克摩拉维亚共产党，其纲领既不同于社会民主主义，也不同于苏联模式下的共产主义，因而，有学者称之为“新共产主义”。它坚持马克思主义为指导思想，以代替资本主义制度、实现共产主义为最终奋斗目标。

捷克全国共有政党、运动、联盟等政治组织60余个。作为现代国家中有着特定政治理念的社会团体，各个政党针对国家和社会问题有各自的主张，通常被认为是处在一个政治光谱中，根据其特定的政治倾向和意识形态定位为

“左—中（中左、中右）—右”。捷克的政党类型包括处于激进位置的左翼政党，也有处于保守的右翼政党。为了争取更多选民，多数政党采取中间偏左或偏右的走向，大党也由此产生。

自2013年大选以来，建制派政党公民民主党和社会民主党已经失去了绝对优势，为民粹主义的*ANO*2011运动党，反移民和民族主义的自由与直接民主党以及自由进步派的捷克海盗党打开了空间。

表2-2　捷克政党体系的政治光谱

	政党	英语	捷克语
左翼	捷克—摩拉维亚共产党	Communist Party of Bohemia and Moravia	Komunistická strana Čech a Moravy，KSČM
中左翼	公民权利党	Party of Civic Rights	Strana Práv Občanů - Zemanovci，SPOZ
	捷克社会民主党	Czech Social Democratic Party，CSSD	Česká strana sociálně demokratická ČSSD
中间派	捷克海盗党	Czech Pirate Party	Česká pirátská strana 或 Piráti，ČPS
	市长与独立者联盟运动	Mayors and Independents	Starostové a nezávislí，STAN
中右翼	ANO2011运动党	Action of Dissatisfied Citizens 2011，ANO 2011	Akce nespokojených občanů 2011，ANO 2011
	公民民主党	Civil and Democratic Party	Občanská demokratická strana，ODS
	基督教民主联盟—人民党	Christian and Democratic Union-The Czech People's Party	Křesťanská a demokratická uni - Československá strana Lidova，KDU-ČSL
	自由联盟—民主联盟	Freedom Union - Democratic Union	Unie Svobody - Demokratická unie，US-DEU
	绿党	Green Party	Strana Zelenych，SZ
	巅峰09党	Tradition Responsibility Prosperity 09，TOP 09	Tradice Odpovědnost Prosperita 09，TOP 09

续表

	政党	英语	捷克语
右翼	公共事务党	Public Affairs	Věci veřejné，VV
	自由与直接民主党	Freedom and Direct Democracy	Svoboda a přímá democracykracie，SPD

1. 左翼政党

左翼政党的主要代表是捷共（KSC）“后继党”——捷克—摩拉维亚共产党（KS ČM），简称“捷摩共”。有几个团体在 20 世纪 90 年代初从该党分裂出来，成立了自己的政党，如左翼布洛克党（Left Block）和后来的捷克斯洛伐克共产主义者党、斯洛伐克共产主义者党，这些团体逐渐默默无闻。

在其他国家，“共产主义”一词通常被“民主左派”等词所取代，但捷摩共仍然为其共产主义历史感到自豪，其纲领既不同于社会民主主义，也不同于苏联模式下的共产主义，因而有学者称之为“新共产主义”（Neo-communism）。捷摩共坚持以马克思主义为指导思想，以代替资本主义制度、实现共产主义为最终奋斗目标；在现阶段主张建立一个公民平等自由、经济和政治多元的民主社会，强调通过合法的议会斗争逐渐地实现。具体而言，该党在经济上要求在关键部门（银行、运输、电信、能源、采掘业等）适当程度地回归国家所有，在外交上强烈反对加入北约，并视 1999 年北约对南斯拉夫发动军事侵略，呼吁恢复与俄罗斯和中国的全面关系。虽然一些骨干党员支持加入欧盟，但该党在这个问题上仍然存在分歧。捷摩共在议会中保持坚定的立场，始终赢得了 10%以上的选票，占据议会第三大党的位置。捷摩共拥有庞大的基层成员基础，远远超过其他主要政党，但选民基础主要是老年人、失业率高的工业区。大多数主流工会领导人都与党保持距离。到目前为止，所有议会政党都排除与捷摩共达成任何形式的联盟协议，除非该党进行重大改革。

2. 中左翼政党

（1）捷克社会民主党（ČSSD）

中左翼力量以捷克社会民主党为代表，简称社民党。该党于 1878 年 4 月 7 日成立，是历史最悠久的捷克政党，其历史可以追溯到奥匈帝国时代。该党在第一次世界大战后捷克斯洛伐克的建立中发挥了重要作用，其成员在第二次世界大战期间在德国波希米亚和摩拉维亚组织了护国抵抗运动。1948年，该党被并入捷克斯洛伐克共产党，在1989年“天鹅绒革命”后重建，并迅速成为最强大的左翼政党。自1998年8月22日以来，它一直处于执政党的地位，是众议院中拥有最多席位的政党。该党接受回到资本主义社会的现实，把马克思主义作为其众多思想来源之一，以民主社会主义价值观作为党的纲领和奋斗目标，基本政策以西欧社民党政策为准绳，强烈支持欧盟，主张走“第三条道路”，政治上主张维护工人和其他劳动者的利益，经济上主张实行社会市场经济，与德国社会民主党和英国工党等政党密切相关。社会民主党与公民民主党具有共同的外交目标，支持捷克加入北约和欧盟，但是在实践中表现相对矛盾。在价值观上，社会民主党更加强调人权和整个多元文化社会的构成；倡导少数民族融入社会，特别是平等接受教育；支持积极的移民政策，实行文化、宗教和民族的宽容。在文化上，该党将捷克共和国定义为欧洲文明国家的一部分。同时，该党更强调捷克的民族文化，呼吁推广捷克语，在海外塑造捷克共和国的正面形象。该党传统上在工业城镇吸引工人阶级选民。它的许多选民也是公共服务雇员和工会成员。

（2）公民权利党（SPOZ）

公民权利党是中左翼民粹主义政党，由捷克共和国前总理米洛什·泽曼于2009年10月创立。它赞同社会民主主义（Social Democracy）的方向，强调直接民主的原则。该党强调文化作为加强爱国主义的工具，发展了民族认同感，遵循更广泛的欧洲社会民主主义话语。在欧洲政策领域，欧盟被视为一种提供国家安全不受邻国侵蚀的机构。SPOZ将外交政策定义为全方位开放。与其他政党相反，SPOZ支持与俄罗斯的理性主义关系，特别是在经济合作方面。捷克总统米洛什·泽曼和他的忠实盟友扬·哈马切克以其亲克里姆林宫和亲中国的观点而闻名，被认为是“中欧最有影响力的克里姆林宫盟友”。

3. 中间派政党

（1）捷克海盗党（ČPS）

捷克海盗党成立于2009年，其意识形态介于自由主义和进步主义之间，选民分布在政治光谱的两边，核心价值观包括公民主导的民主、善政、保护公民权利和企业免受国家官僚机构的压迫。该党以直接民主原则运作，使用在线投票进行直接选举，上诉和党内决定的公投。在社会层面，海盗党支持 LGBT 权利、隐私保护、大麻合法化，并反对对人口的大规模监视。

（2）市长与独立者联盟运动（STAN）

该党从独立市长运动（Nezávislí starostové pro kraj，NSK）在 2009 年转型而来，由苏查洛兹的市长彼得·加兹迪克（Petr Gazdík）和斯坦尼斯拉夫·波尔恰克（Stanislav Polčák）领导，主要关注地方主义，促进市政当局和地区的社区参与。其宣言和原则基于欧洲犹太人和基督教伦理的根源，承认欧洲的开放性、人性和道德性，通过宗教自由的权利促进世俗主义。

在外交上，海盗党和市长与独立者联盟运动组成亲欧洲联盟，支持欧盟内部一体化，认为欧盟成员资格是该国外交政策的关键支柱，强调 2022 年捷克作为欧盟轮值主席国（EU Presidency）的角色，以解决欧盟的民主赤字，批评土耳其和美国，反对跨大西洋贸易和投资伙伴关系。该党推行冻结与中国大陆的关系，并在布拉格改善与台湾地区的合作政策。与其他一些主要政党和联盟不同，联盟不强调维谢格拉德集团（Visegrad Group）内部的合作。

4. 中右翼政党

中右翼政党倡导多党制和自由化的多元政治，经济上主张实现全面私有化和全面市场经济，重视宗教等传统价值，其主要党派包括公民民主党、基督教民主联盟—人民党、自由联盟—民主联盟、绿党及“巅峰 09”等。

（1）公民民主党（ODS）

右翼最大党公民民主党于 1991 年 4 月 20 日由捷“公民论坛”中的右翼集团演变而来，当时的财政部部长克劳斯成为该党领袖。其政治上强调继承欧洲基督教传统、捷第一共和国的人道和民主传统，反对马列主义意识形态和集体化倾向，主张实行彻底的私有化和市场经济。1995 年，它吸收了规模小得多的基督教民主党。1997 年底，公民民主党内部爆发了争吵，导致联合政府垮台。ODS 在 20 世纪 90 年代早期和中期发起了经济改革，是“代金券私有化”计划的发起者。该党主张了最低限度的国家干预和低税收的政治愿景，同时精简国家官僚机构。该党强烈吸引中产阶级和企业家，并在布拉格和布尔诺等大城市以及年轻选民、女性选民中获得相当大的支持。ODS 对深化欧洲一体化持怀疑态度，并完全拒绝采用欧元。①

（2）ANO2011 运动党（ANO 2011）

ANO2011 运动党是中右翼民粹主义政党，由捷克第二富豪安德烈·巴比什在 2011 年 11 月建立，以反腐败和反建制的立场进行竞选活动，并于 2012 年 5 月 11 日成为捷克共和国的官方政党。“ANO”在捷克语中意为“是”，同时代表“不满公民的行动”（akce nespokojených občanů）。近年来，该党观点向中间派倾斜，因此其反对者将其称为左翼政党。该党在 2013 年捷克立法选举中表现强劲，赢得 18.6%的选票，获众议院 47 席，仅仅落后捷克社会民主党三个席位，成为众议院第二大党，并与社会民主党组成联合政府。党主席巴比什在 2014 年至 2017 年期间担任财政部部长和副总理，并在 2017—2021 年成为捷克有史以来最年长和最富有的总理，也是第一位来自社会民主党、公民民主党以外的总理。ANO 的欧盟政策使用强有力的民族主义言论，明确地将民族国家的利益放在首位，强烈反对制定共同移民政策。

（3）基督教民主联—人民党（KDU-ČSL）

人民党追溯到 1918 年捷克斯洛伐克成立时，是一个保守的天主教政党。该党在共产主义时期作为“国民阵线”（National Front）的一部分，在 1989 年 11 月恢复原党的“非社会主义传统”。1992 年，它更名为基督教民主联盟—捷克斯洛伐克人民党。该党在 1992 年 7 月至 1998 年 1 月期间担任克劳斯领导的两届政府合作党。从那时起，它一直是反对派，自 1999 年与自由联盟达成密切的协议。它将自己定义为中间偏右，但在许多方面比右翼政党更接近社会民主党。与自由联盟民主联盟一样，该党对外支持欧盟，对内呼吁直接总统选举、打击腐败和法治。该党特别吸引天主教选民以及小城镇和农村地区的保守派选民。

（4）自由联盟—民主联盟（US-DEU）

自由联盟成立于 1998 年 1 月，由脱离公民民主党的议员组成。1999 年 9 月，自由联盟与其他三个中右翼政党（基督教民主联盟人民党、民主联盟和公

---

① Monika Brusenbauch Meislová. Czech election：Assessing the foreign policy positions of each of the main parties［EB/OL］. 2021-09-30，伦敦政治经济学院网站，https：//blogs. lse. ac. uk/europpblog/2021/09/30/czech-election-assessing-the-foreign-policy-positions-of-each-of-the-main-parties/

民民主联盟）密切合作，被称为“四方联盟”。2001年底，自由联盟与民主联盟合并。2002年1月底，四方联盟就如何解决其最小成员公民民主联盟的债务危机发生争执后解散。从那时起，自由联盟—民主联盟与基督教民主党签署了一项新协议，以联盟名义参加选举。自由联盟—民主联盟是致力于利伯维尔场自由主义的中间党，结合经典的右翼政策，如减税和为大学生引入学费，以及对环境和少数民族权利的压力。党的言论中另一个经常出现的主题是打击经济和政治腐败。该党强烈支持欧盟。该党大力倡导宪法改革，要求捷克总统由选民而不是议会直接选举产生。自由联盟在受过高等教育的人中很受欢迎，特别是对年轻人和那些对大党失望的人，选民大多集中在大城市。

（5）巅峰09党（TOP 09）

巅峰09党由米罗斯拉夫·卡卢塞克（Miroslav Kalousek）和卡雷尔·施瓦岑贝格（Karel Schwarzenberg）于2009年6月11日共同创立。在捷克语中，“T、O、P”三字母分别为传统、责任和繁荣三个单词的首字母，“09”代表成立时间为2009年。该党崇尚自由保守主义，反对民粹主义，实质上是公民民主党的中间偏右替代方案。施瓦岑贝格早年在“布拉格之春”后成为捷克反对共产主义政权的主要人物，任哈维尔政府时期的总理（1990—1992）、米雷克·托波拉内克政府时期的外交部部长（2007—2013）。基于波希米亚贵族的出身，他谴责贝奈斯法令（驱逐境内德国人和匈牙利人），在外交上极为重视发展与德国、奥地利的关系，并与美国签署了导弹防御计划的协议。在2013年总统选举中，施瓦岑贝格败给米洛什·泽曼。自2019年起，佩卡罗娃·阿达莫娃（Pekarová Adamová）担任TOP 09的领导人，并在2021年当选任众议院议长。她批评与中国和俄罗斯的合作，强调所有欧盟成员国都必须坚持“民主原则”。现阶段，TOP 09的外交主张主要有三点：恢复哈维尔“人权外交”的传统；尽快加入欧元，改善在国际社会中的地位；强调了“北约第一”的国防政策，相信大西洋合作，否定欧洲建立军队的合理性。

（6）绿党（SZ）

绿党成立于1989年12月9日，成为中右翼执政联盟的一部分。许多成员来自自然保护、人权、抵抗核能和消费者保护等非营利组织。根据其章程，绿党的政策主张主要包括：建设生态和社会可持续发展的社会；高质量的民主，最大程度地让公众参与决策；充分遵守国际人权条约；保护社会、族裔、文化和其他少数群体的权利；男女平等；支持教育和科学；加强欧洲一体化等。自2004年欧洲议会选举以来，绿党一直是最强大的议会外政党。2015年，绿党开始引入联合主席的领导模式。现任主席为米哈尔·伯格（Michal Berg）和马格达莱娜·戴维斯（Magdalena Davis）。

5. 极右翼政党

（1）公共事务党（VV）

公共事务党由反建制的调查记者和作家拉德克·约翰（Radek John）领导，成立于2001年。该党主张政府的透明度和反对政治腐败，支持直接民主，以及右翼民粹主义（Right-wing populism）政策。在内恰斯政府垮台后，公共事务党分裂。2013年9月3日，巴尔塔宣布不参加2013年10月的立法选举，导致该党领导层再次分裂。2015年8月，该党由于没有足够的资金来运作而宣布解散。

（2）自由与直接民主党（SPD）

自由与直接民主党是由日本出生的捷克民族主义者冈村富雄（Tomio Okamura）和Radim Fiala于2015年上半年创立的极右翼政党，是议会中最顽固的欧洲怀疑论者，主张举行公投退出欧盟。其纲领以强烈的民族主义为主，尤其表现为反精英、反移民和反穆斯林，以及对直接民主的要求，与其他极右翼欧洲政党合作，是欧洲议会身份与民主（I&D）小组的成员。

二、捷克政党体制的演化轨迹

冷战结束后，捷克的政党体制经历了一个跌宕起伏的演变过程，捷共失去了执政地位，一批新政党相继建立起来，政党阵线分野逐渐清晰，民主议会制得以确立。目前，捷克政党体制已经完成了结构化进程，呈现出左、中左、中右、右并存的政党格局，一个以左右翼两大政党为主体、两大政党联盟轮流掌控政府并与其他小党联合组阁、联合执政的竞争性多党体制基本形成。根据各党力量对比实力消长、上台执政的情况，捷克的政党体制发展大致分为三个阶段。

（一）右翼政党执政期（1990—1998）

捷克政坛转轨初期的特征是党派林立，构成复杂，左右翼政党对峙格局初步形成。在实行政治多元化之后，捷克政党体制迅速从一党制分解为“粉碎性”政党体制，捷境内政治团体如雨后春笋，在1990年6月注册的包括政党、运动、联盟等在内各种政治组织超过100余个。与其他中东欧国家一样，遭受资本主义发展模式转型导致的经济困顿和东欧剧变引发的政治危机的双重打击，捷共的威信和影响力江河日下，自身力量迅速削弱，导致完全失去在政府中的主导地位，进入了艰难的调整时期。1989年12月，捷共确立了“民主社会主义”的路线和政策，放弃无产阶级政党的先锋队性质和领导地位，成为议会党。捷共既打出民主社会主义的旗帜，又坚持共产党的名称，这种“亦左亦右”模糊身份的做法造成党内思想混乱和选民的困惑，为日后组织上发生分裂埋下了种子。1990年3月31日，捷克摩拉维亚共产党成立，继承了前捷共的衣钵。左翼的另一支重要力量——具有悠久历史的捷社会民主党在政治宽松的历史条件下重返政坛，部分流亡国外的老社民党党员回国重建捷克社会民主党，由从国外返回的霍拉克任党主席。

1990年6月8日，捷举行首次全国大选。大选后，捷共完全被沦为在野党，右翼联盟成功背后的内部裂痕迅速表面化，并发生严重分化。1992年5月至6月，捷克斯洛伐克举行剧变后的第二次大选，右翼公民民主党以总得票率33.67%，在议会200个议席中获得76席，确立了主导性政党的地位；以左翼联盟名义参选的共产党获得14.38%的选票和35席屈居第二；社会民主党靠“公民论坛”分裂后几名议员的加盟，成为中东欧国家中首个进入议会的老社会民主党，同时也成为排在公民民主党和共产党之后的捷第三大党和第二大左翼政党。如此便形成了“共产党为主、社会民主党为辅”的过渡性左翼政党格局。

右翼三党联盟执政时期，右翼势力保持原有格局，左翼阵营经历了大分化。在这一时期，随着新宪法的出台，哈维尔当选总统，大政党不断分化组合，小政党逐渐淘汰退出政治舞台，政党林立的局面有所改变，分裂后的平稳过渡表明捷克相对成熟的政党体制初步形成。其基本特征表现为：左右翼大党实力接近，右翼势力基本上保持了原有格局；左翼阵营经历了规模空前的大分化、大改组，社会民主党成长迅速，格局转换为“社会民主党为主、共产党为辅”。继1993年捷克独立和党第三次代表大会之后，捷摩共内耗严重影响了党的凝聚力和团结力，各派间斗争激烈，最终发生了分裂，党员锐减，力量受到进一步的削弱。左翼政党内部格局逐渐发生变化，作为主要中左力量的社会民主党，在放弃老社会民主党的观念之后，实现了向“现代欧洲政党”的转变，政策主张向左摆，其影响和威望迅速提高，力量不断壮大，成为仅次于右翼公民民主党的捷第二大党，开始取代共产党构成左翼政党的主体。这种以“社会民主党为主、共产党为辅”的左翼格局延续至今，没有改变。

“天鹅绒分手”和捷摩共的分化令以公民民主党为首的右翼联盟得以维持其多数政府，直至1996年大选，力量对比发生了逆转性变化。两大政党实力开始接近，博弈的结果是右翼联盟执掌政府牛耳，左翼阵营控制议会大权。右翼联盟勉强继续执政，但势力已经大大削弱。苦撑一年后，终于在1997年岁尾，在东欧转制国家中执政时间最长的克劳斯右翼政府被迫集体辞职。

（二）左翼政党复兴时期（1998—2006）

在这一时期，随着多党议会民主制度的不断完善和政党政治的不断发展，左翼力量凭着合法的平等地位和常年与右翼周旋的丰富政治经验，巧妙地利用广大选民对转轨后右翼执政多年积累的不满情绪和对过去制度的怀念情绪，抓住机会东山再起。捷社会民主党成为议会第一大党，左翼政党自剧变后首次上台执政，捷摩共实力悄然上升。这表明：各政党在捷克多元化政治舞台上地位平等以及政党相互易位已经制度化、法律化，一个政党执政与否不再由意识形态所决定，其前途命运主要是由其政绩和竞选纲领而定的。

1998年大选后，捷克政坛出现“左右制衡、大党合作”的平稳局面。左翼社会民主党单独组成少数派政府，右翼公民民主党掌握议会大权，形成大党既合作又牵制的拉锯态势。

在右翼政府倒台之后，左翼社会民主党逐渐走出困境，在捷政坛中的影响日益扩大。1998年6月，捷克“独立”后的第二届众议院选举提前2年举行。公民民主党组织分裂元气大伤，支持率急速下降，众议院主席泽曼领导捷社会民主党取得该党自重建以来的最好成绩，以32.31%的得票率和74个议席超过公民民主党一跃上升为捷政坛第一大党，首次以执政党的身份上台，开始了左翼政党长达8年的执政期。

在这一时期，左右翼力量此消彼长，逐渐向中左、中右两大政党势力对峙的新格局演变。社民党、公民党、四小党联盟（自由联盟、人民党、基民盟、公民盟）三足鼎立、相互制衡的局面客观上维持了政局的相对平稳。一方面，以社会民主党为主、共产党为辅的左翼政党格局得到了巩固；另一方面，大党割据，社民党利用执政地位，公民党凭借议会优势，联手挤压其他小党成长的政治空间和削弱总统的权限。

2002年大选后，捷克社会民主党蝉联执政，"左翼回归"现象明显。在2002年6月议会选举中，以弗拉迪米尔·什皮德拉为首的左翼捷社会民主党再次获胜，虽然得票率和议席数略有下降，分别为30.2%和70席，但仍维持了众议院第一大党和执政党的地位。不同的是，在本次组阁中，社民党放弃大党合作策略，跨越意识形态红线，转而与右翼小党基督教民主联盟—人民党和自由联盟组阁，在冷战后第一次出现左右翼联合政府。与此同时，捷摩共也取得了自1996年以来最好的竞选成绩，得票率和议席数分别为18.5%和41席，在众议院保持第三。这表明，捷摩共在历经挫折后政治凝聚力逐渐回升。"回归左翼"的政治现象表明在左翼执政期间的良好表现触发了一轮反共浪潮的消退，意识形态因素进一步淡化，政党在选举中主要打的不再是反共的牌，而是侧重于改善国计民生的经济策略。选民在选举中投谁的票也不再根据该党与前共产党的历史瓜葛和出身，而主要看该党的政策主张是否迎合自身利益的需要，左右翼阵营的关系大大缓和乃至可以联合执政。

（三）右翼重新执政时期（2006—2010）

在这一时期，由于左右翼政党实力更加接近，政治僵局难以化解，最终出现一个风雨飘摇、极度羸弱的右翼政党联合政府。

2006年大选是捷克独立后的第四次众议院选举，选举异常激烈，社会民主党在执政8年后再次沦为在野党。捷摩共虽然仍维持众议院第三大党的地位，但得票率和议席数都比上届显著下降，分别为12.8%和26席。属于右派光谱的公民党取得81席、基督教民主联盟为13席、绿党为6席，因此左右两大阵营都正好取得一半的均衡态势。出现这种势均力敌的选举结果无疑造成了一个政治大悬念，除非组成左右派联合执政的大联合政府，否则捷克无法产生一个握有稳定多数的政府。在双方拉锯战后，2007年1月，新右翼联合政府勉强获得议会通过，但根基脆弱的本届政府并没有持续一个完整的任期。2009年3月，托波拉内克政府更是自摆乌龙，陷入政治丑闻。2010年捷政坛流行多年的大党政治发生“地震”，新兴右翼小党黑马杀出，左翼政党错失翻盘良机。5月，捷克议会举行新一届议会选举，选举结果对捷克政党格局产生了不小的冲击波。首先，左翼政党得票不得势。由于右翼三党（公民民主党、“TOP09”党和公共事务党）对左翼采取不合作策略，使社会民主党再次与政权失之交臂；其次，社会民主党和公民民主党两大党垄断政治舞台的格局被打破，失去了组阁的主导权，不得不“平视”其他政党。“大党失宠”的现象表明，捷克民众“求变”心理和逆向投票方式弥漫；最后，新组建的右翼政党“TOP09”和公共事务党异军突起，成为捷克政坛重要的新生政治势力。这两个政党都以“反对行贿”“反对欠债”等简洁明快的政治口号来表明自己的政治主张，争取民心。这一切都预示捷政坛正迈向一个新的转型期。

（四）左右翼走向趋同（2010—2022）

在经过了政治体制的转型之后，捷克基本完成了从社会主义议行合一到议会民主制、从共产党一党执政到竞争性政党体系的转型。长期的议会斗争和选举使捷克政党政治趋于平稳。左右翼政党在意识形态领域的区别已经不很鲜明，在选举中不再打反共牌，转而关注与民众利益密切相关的国计民生问题。为了获得更多选民的支持而成为执政党，奉行民主社会主义的捷克左翼政党表现出自由主义的倾向，而奉行自由主义的右翼政党也表现出民主社会主义的倾向，趋同现象表现明显。2010年，捷摩共在议会大选中获得11.27%的支持率，在众议院获得26个议席，成为议会第四大党。2012年，党主席菲利普在第八次党代会上提出，捷摩共将努力建立一个更为公平的社会秩序，一切以社会利益为重，资产不再是社会阶层分化的决定性标准。2013年10月，捷摩共在议会大选中获得14.91%的选票提前举行的，在众议院占有33个议席。2017年，捷摩共以支持“不满意公民行动2011”与捷克社会民主党联合政府的方式，结束了长达28年的反对党身份，提高了政治地位，但也导致传统性的选民减少和党内分化加剧。2017年议会大选，政党体系进一步碎片化。众议院政党多达9个，且反体制政党占有多数，捷克政坛陷入僵局。2021年11月，捷克五党签署联合执政协议，由公民民主党主席彼得·菲亚拉（Petr Fiala）领导捷克新内阁。“ANO2011运动党”以反建制、反精英、民粹主义中右翼新政党的形象上台，但在泽曼总统的支持下与社会民主党联合，并得到捷摩共的支持，在执政过程中也与中左翼政党取得越来越多的共识。

三、处在十字路口的捷克政党体制

目前，捷克的政党体制已经完成了从一党制向多党议会制的转型，进行了一轮“左右易位”的政党交替执政周期。由于历史上具有西方民主政治的传统和较为发达、完善的经济基础，在中东欧各国中，捷克政党体制的发育成熟程度较高，其政治转轨较为平稳。捷政党体制演化形成“大党主控与小党参控”的竞争模式，即左右翼两大政党角逐“组阁权”，多个小党竞争“联盟席位”共享执政。如今，这一结构化政党体制正面临“解冻”，呈现以下三个明显的发展趋势。

趋势一：趋同化（Convergence）

经过冷战后30年的转型，为寻求广泛的社会基础和包容性的政治理念，捷克的政党光谱不断向中看齐，寻求社会多元主义的“认同政治”（Identity politics），提出了“超越左右”的“第三条道路”，意识形态失去鲜明的特征，逐渐淹没了自身的身份特征，政治、经济纲领的界限日益模糊。比如左翼社会民主党表现出明显的“自由主义化”倾向，对多党议会民主的认同、市场经济、私有化、回归欧洲等一系列重大问题上与右翼并没有多大分歧。自由主义曾经是中东欧剧变的主导力量，因其价值观中个人主义倾向带来的组织涣散，使得自由主义政党往往只有通过与其他政党联盟才能实现价值观。社会民主党的“自由主义化”为两者结盟提供了可能，而右翼政党执政带来的压力，又使二者结盟成为现实。然而，意识形态的中间化与政策趋同化的后果造成选民无法对“全方位党”（All Round Party）做出清晰的判断和保持忠诚度，特别是在融入欧盟和国内政党分化、选民阶层变化的新形势下，走“中间道路”的时代已经成为过去，选民将采取“用脚投票”的方式表达自己的政治冷漠。今后，无论左翼还是右翼，无论是大党还是小党，哪个政党要想提升选民认同度，首先需要明确身份定位，解决“三个代表”的问题，即代表什么人、代表什么理念以及代表什么政策。同时，两个势均力敌的大党要相互保持“忠诚的反对”，发挥“有效的制衡和监督”，以避免社会矛盾尖锐，确保政党体制的稳定和国家政权的正常运转。

趋势二：极化（Polarization）

多年来，意识形态在捷克政坛依然作为固有的变量因素而不可忽略，捷摩共产党作为一支“亚文化”（Subculture）政治力量在捷政党体系中“光荣孤立”。一个特别的政治现象是约有15%的稳定选民支持捷摩共产党，他们大多是在1945—1948年入党的人，除此之外对其他政党都不支持，这一“极化型”政党在捷政党体制演化和政府更替的过程中显得过于“超脱”。就政党力量而言，捷共在欧洲共产主义低潮中尚处于调整期，没有单独执政的可能。

同时，任何其他右翼政党甚至包括左翼社会民主党在势力削弱和组阁困难的时刻也不给一直被排斥在“体制外”的捷摩共以合作的机会。这种历史的停滞和割裂势必成为捷克政党体制今后发展中面临的一个长期化症结。考察政党实力不能以议会席位为唯一标准，政党的“相关性”也是权力分配的函数。在多党制的平衡中真正有分量的是一个政党在多大程度上为组成一个执政多数而被作为联盟的伙伴。作为“反体制政党”（Anti-establishment Party），捷摩共在20年的时间里长期“超低空飞行”，得票率大多徘徊于15%以下，没有起到组成执政多数的平衡作用，即没有成为执政的“利益攸关者”。政党数量越多，每一个政党的执政潜力或参与执政联盟的潜力越大。多年来，相当部分席位被捷摩共“雪藏”，事实上可供政党争取多数的公约数无形中被放大，而那些得票率少于捷摩共的小型政党身价就得到了提升，大大增加了参与组阁的“相关性”，成为左右翼大党争相取悦的对象。虽然，在捷克政坛一直有改变这种情况的讨论，但是没有多少机会真正推动改革通过。社会民主党和公民民主党在“反对协定”期间试图对此进行改变，通过扩大多数席位来减少单独组阁的阻力，这遭到了较小政党的反对和最高法院的否决，称其违反了宪法的比例代表制原则。这种状况不改变将可能导致未来选举再次出现政治僵局。

趋势三：碎片化（Fragmentation）

政党多元化能够满足一个社会在失去主导性政治信仰之后，可以选择新的理念支撑其政治诉求。捷克在“柔性革命”30年后，政党力量分布“碎片化”和“权力流散”趋势明显。这表现在，两大主流政党力量迅速削弱到即使合作尚不够组阁的半数，丧失了对政坛的主导性地位，传统共产党政治势力式微，但“卧薪尝胆，割据一方”，新的中、右翼政治力量群起，组织松散的小型党派组织得益于政党竞争带来的“政治红利”而张力十足、迅速崛起。这反映了近年来整个社会阶层的分化、利益集团的泛滥，特别是包括捷克在内的中东欧民粹主义（Populism）潮涌，“精英路线”有让位“大众路线”的轮回态势。民众寄希望于一个“超越传统左右”的新型政党、一个由“非官僚”的领袖领导的能够代表人民的党来改变现状。传统主流政党被疏远的趋势为小党的兴起提供了千载难逢的机遇，特别是那些“后现代政党新贵”（如 TOP09、绿党）奉行“修正党”的纲领、路线、方针，把环保、女权、反腐、反全球化议题纳入政策框架，利用现代传媒手段对全社会阶层进行高效、便捷的宣传和鼓动以及组织政治活动，影响力得到迅速扩展，其不断成长的势头打破了传统的中左、中右主流政党左右对峙、垄断政局的权力构架，为捷政坛注入了新的活力元素，也使近年来捷克“持续的弱政府”特征在将来一段时间内得到强化。

小结

自 1989 年以后，捷克凭借其深厚的多党制历史传统，平稳地实现了政党政治的全面转型，形成了“大党主控与小党参控”的多党竞争体制模式，同时，在剧变后政党政治演变过程中，呈现出三个引人注目的特征：一是公民民主党作为中东欧地区成熟的右翼政党，力量强大，长期主导本国政坛，经历了“执政—在野—执政”的历程，总体画过一条“V”字形轨迹；二是捷克社会民主党成为中东欧地区在本国左翼阵营中充当主导力量的重建社会党，在捷政坛后来者居上，大致呈“A”字形走势；三是捷克和摩拉维亚共产党作为“共产主义后继党”坚持不改名易帜，并成为中东欧地区具有一定影响力的共产主义政党，在捷政党格局中走向如“L”字形。共产主义与民主社会主义在捷克转型后命运大不相同，转型的 30 年是捷共影响式微的 30 年，同时也是捷社民党势力大增的 30 年。这三个基本特征，是捷克政治发展中多种因素共同作用的结果。

当前，捷克的政党体制呈现一些新的变化态势，新兴小党的强势崛起导致社会民主党和公民民主党两大党垄断政治舞台的格局被打破。捷克政坛凸显的“动荡不羁”和政党组合模式的不可预期性使其在冷战后形成的政党格局正面临历史延续性的“断流”。诚然，在捷克的经济基础和政治结构并未发生根本性改变以及阶级矛盾尚未激化的情况下，捷克现存政党体制的合法性依然有效，其格局变迁并没有脱离冷战后的既定轨道，但选民基础的扩大化、政策走向的趋同化、传统左翼的孤立化、政党力量的碎片化以及竞选过程的媒体化和个人化，这些都表明捷克现政党体制的运作模式与结构的稳定性在新的全球化历史条件下受到了空前的挑战，呈现出再次转型的新特质。

第六节　捷克政策话语中的智库

以政策研究为导向的智库在国家的政治生活中发挥了重要作用，已经成为捷克政治的重要组成部分，其目的是生产与政策相关的专业知识，通常提供给公共机构、国家官员和媒体。根据詹姆斯·麦甘博士（James G.）的定义，智库或公共政策研究、分析和参与机构是对国内和国际问题进行面向政策的研究、分析和建议的组织，使决策者和公众能够对公共政策问题做出明智的决策。

一、智库的基本类型划分

一般来说，智库可以区分为四种基本类型，即学术型、合同型、倡导型和政党附属型智库（见表2-3）。前两种类型的智库研究员通常拥有博士学位、严谨的科学研究方法和作为无党派组织的整体自我表现。它们的不同之处在于筹资方式、如何制定优先事项以及成果的类型。学术型智库的目标和优先事项通常是由智库内部决定的，尽管捐赠者也可能对它们有发言权。他们主要致力于出版学术刊物。合同型智库主要依赖公共合同，追求由其资金来源确定的议程。这些智库为公共管理制作研究报告和背景文件。

表2-3　智库的基本类型划分

特点 分类	思想倾向	资金来源	服务目标	成果形式
学术研究型	无	基金会，私营部门，个人	研究人员、捐助者	学术专著、科学论文

续表

特点 分类	思想倾向	资金来源	服务目标	成果形式
国家合同型	无	公共机构	公共机构	研究报告
政策倡导型	意识形态/政治倾向	基金会，私营部门，个人	组织首脑	政策文件
政党附属型	党籍忠诚	国家和政党补贴	党派	形式多样

政策倡导型和政党附属型的智库也有共同特点。政策倡导型智库在形式上是独立的，但在实际运营上依赖于利益集团（赞助者）提供的资金、信息和资源，根植于利益集团的信仰、价值体系或意识形态来定义的立场或社会利益，进而倡导和说服决策者、意见领袖、媒体，并最终说服公众接受他们对世界的理解。政党型智库更倾向于所隶属党派的意识形态，在公开辩论中维护和倡导某个具体党派的价值观和政策计划。

根据捷克共和国政治和意识形态状况，政策话语主要有四种类型：

第一种是支持西方自由—保守的话语（Liberal-conservative discourse），即新自由主义话语体系，强调了古典自由主义在经济层面的价值，以及在文化层面的传统价值（异性恋家庭、教会参与公共生活、民族主义），在捷克的语境中被称为捷克第一任总理克劳斯的话语体系。

第二种是支持西方民主的话语，强调公民社会，即公共生活的民主参与、多元社会中生活方式的多样性，在捷克的语境中，通常被称为瓦茨拉夫·哈维尔的话语体系。

第三种是支持西方社会民主的话语，强调社会正义和社会公民，旨在有效地捍卫福利国家，对抗新自由主义政策。

第四种是支持国际政治和外交政策的话语体系，其很大程度上涉及捷克在对外政策的表述和国际关系中的角色作用。

二、支持西方自由话语的智库

自由保守主义智库的规模相对较小，平均只有4—10名研究员。只有一部分人把意识形态倾向作为招募条件。在资源方面，他们主要依靠基金会、欧盟和私人捐助者。过去5年的年度预算平均为14.3万英镑。话题主要涉及政治、文化和宗教，首选对象包括政治家、专家和公众。因此，这些组织主要通过报纸上的评论、观点文章和互联网渠道（网站、Facebook等）来传播它们的成果。代表性的智库主要有民主与文化研究中心、自由研究所、公民研究所、自由保守学院及经济和政治中心。

（一）民主与文化研究中心（CDK，Centrum Pro Studium Demokracie A Kultury）

民主与文化研究中心于1993年8月在布尔诺以公民协会的形式成立，旨在促进民主政治文化的发展，强调基督教价值观的不可替代性，在信仰问题上主张自由—保守的立场和普世的立场，重视捷克共和国在欧洲框架内运作的有关问题。该中心由三个单元组成，其中两个是研究所——政治与文化研究所（IPC）和基督教研究所（ICS），第三个是出版社。两所学院密切合作，开展政治、宗教、历史和文化关系的研究项目。IPC的活动包括研究和管理各种项目，主要是支持民主化以及其他当前的政治和社会问题。ICS进行的研究主要集中在宗教和历史方面。除了这些活动外，两所机构还举办研讨会和会议，介绍研究成果，并向更广泛的公众介绍时事。CDK专注于翻译和出版书籍，发行有关哲学、文化和文学问题的杂志——《上下文》（Kontexty）。IPC出版内部刊物《政治评论》（Revue Politika），ICS出版内部刊物《教会历史》（Církevní Dějiny）。创始人是政治家彼得·菲亚拉（Petr Fiala）。2022年7月，他代表捷克共和国正式接任欧盟理事会主席，呼吁捍卫欧洲价值观，继续支持乌克兰，并将核电纳入可再生能源，拒绝让俄罗斯和中国参与建造杜科瓦尼核电站。

（二）自由研究所（LI，Liberální Institute）

自由研究所是成立于1990年的倡导性智库，最初被称为F. A. Hayek自由研究所（1989），最初被称为F. A. 哈耶克自由协会（F. A. Hayek Liberal Association），由伊里·施瓦茨（Jiří Schwarz）、托马斯·耶泽克（Tomáš Ježek）和米罗斯拉夫·舍夫契克（Miroslav Ševčík）在秋天创立，目前由马丁·帕内克（Martin Panek）领导。该研究所通过私人捐款提供资金，不接受任何公共资金。自由研究所的主要目标是传播、发展和应用古典自由主义、自由主义、秩序自由主义（Ordoliberalism）和无政府资本主义（Anarchic capitalism）的思想，主张个人自由、权力有限的政府、自由贸易与和平的价值观，侧重于税收改革、减少监管和竞争、废除国家机构以及批评欧盟。该智库出版双月刊《*Terra Libera*》杂志，并专注于翻译古典自由主义书籍，包括《国富论》《道德情操论》《保卫全球资本主义》《人、经济、国家》等。

（三）公民研究所（OI，Občanský Institute）

倡导性智库“公民研究所”成立于1990年，最初致力于促进古典自由主义经济（Classical Liberal Economy）和盎格鲁—撒克逊保守主义（Anglo Saxon conservatism）的价值观。自20世纪90年代中期以来，公民研究所的立场变得更加保守，强调文化和社会问题，主要是道德、宗教组织所理解的自由社会的政治基础：首先是传统家庭，目标是发展和传播保守和基督教的思想和价值观。公民研究所的活动包括教育和提高公众意识；组织暑期学校、讲座、研讨会和会议，主要针对中学生和大学生。它的教育方案也针对议会成员、政府官员、公共政策专家、媒体编辑和外交使团成员。公民研究所出版一份月报，其中涉及关于政治哲学和公共政策以及有关国际关系主题的文章、政策研究和论文。除了期刊外，公民研究所还专注于出版保守派思想家的书籍。公民研究所的董事会除了包括捷克前私有化部长托马斯·耶泽克，还包括美国企业公共政策研究所的迈克尔·诺瓦克、哈德逊研究所“新大西洋倡议”的约翰·奥沙利文，日耳曼主义者马特亚什·兹尔诺（Matyáš Zrno）、中欧文化和政治研究所所长鲁道夫·库奇拉。赞助商以美国资金为主，其他还有柏林的基督教民主党（Konrad-Adenauer-Stiftung）、慕尼黑的基督教保守派（Hanns-Seidel-Stiftung）。

（四）自由保守学院（CEVRO，Liberálně-konzervativní Akademie）

自由保守学院是成立于1999年的倡导性兼政党附属智库（隶属于公民民主党，ODS），主要目标是普及西方的自由—保守思想，提供政治教育、民主主义和右翼政治宣传。自由保守学院还致力于加强捷克的政治文化和对当前政治、社会问题的广泛讨论，遵循以下原则：自由与责任、代议制民主、小而强的国家、经济自由度、法治。自由保守学院的核心活动是教育。第一个教育方案是政治教育，主要是对所有各级成员进行长期和系统的教育。党员无论是候选人还是当选的政治家，都接受过沟通和管理方面的培训，以及政治科学、经济学、国际关系和法律方面的教育。第二个项目是提供社会科学学士和硕士学位课程。

第三个方案是通过各种讲座、培训和交流方案，传授捷克在改革多年中获得的司法、经济和政治经验，以促进社会民主。自由保守学院出版两份周刊：《欧洲政治周》（*European Political Weekly*［英］，*Týden v Evropské politice*［捷］）报道过去一周涉及的欧洲政治事件；《捷克政治周》（*European Political Weekly*［英］，*Týden v České politice*［捷］）提供过去一周捷克政治事件的信息。自由保守学院还出版半月刊（Čtrnáctideník），向议会成员提供议会讨论的时事的基本信息，以及月刊《*CEVRO Revue*》，作为与公众沟通的主要工具。

（五）经济和政治中心（CEP，Centrum Pro Ekonomiku A Politiku）

经济和政治中心属于政策倡导性智库，于 1998 年作为一个无党派学会成立，主要目标是促进古典自由主义经济、有限政府、个人自由和跨大西洋关系的原则基础上制定和推进公共政策。中心的核心活动是对关键政策问题、政治和经济主题的研究，产出主要面向决策者、媒体、学术和政策团体，出版一份关于当前政治问题的时事通讯。在政策上，该智库批评任何与古典自由主义经济、有限政府、个人自由和国家主权原则相矛盾的政治或经济行为。该智库与克劳斯研究所（IVK，Institut Václava Klaause）密切合作，被视为“克劳斯的合伙人和追随者的机构保护伞”。

三、支持西方民主话语的智库

哈维尔主张民主市民主义（Democratic Citizenism）和公民社会（Civil Society）。有三家智库继承了他的政策遗产，并普遍强调支持民主原则，研究内容覆盖从民主到公共政策和文化。在资源方面，他们主要依靠基金会，也有公共、私营部门和个人。这些智库原来规模很小，但近年来不断发展，研究人员和经费都有很大的提高，在过去 5 年的平均年度预算是 31.4 万英镑。其主要目标群体是专家、公共行政和公众。代表性智库包括民主与经济分析研究所、哈维尔图书馆和中欧阿斯彭研究所。

（一）民主与经济分析研究所（IDEA，Institut pro demokracii a ekonomickou analýzu）

民主与经济分析研究所于 2009 年在捷克共和国科学院经济研究所内由一个

特别项目“战略AV21”而形成，借鉴了美英等国知名智库的成功经验与模式，是一个兼有学术型和合同型的智库。在学术专业知识的支持下，IDEA以其非意识形态、基于证据的公共政策方法，服务于政策的研究和辩论，宗旨是通过发展和支持对经济和社会改革、环境和能源政策、政府职能和欧洲联盟等重要问题进行广泛讨论，来提高捷克民主和经济的质量。该所活动包括就各种政策文件向政府机构和议会成员提供咨询和咨询，并提供政策构想；制定、参与捷克共和国未来发展的国家愿景和战略制定；鼓励公民积极参与公共生活，要求当选的政治家对公共利益负责。主要形式有组织和参加圆桌会议、讲习班、会议和议会听证会，发表政策简报和立场文件，在各种场合向公民开放，并提供关于其活动和建议的资料。该智库现有12名研究员和20余名外聘研究员。捷克科学院经济研究所（EI）与布拉格查理大学经济研究和研究生教育中心（CERGE）一起作为联合工作场所运作。

（二）哈维尔图书馆（KVH，Knihovna Václava Havla）

哈维尔图书馆成立于2004年，主要任务是组织与捷克共和国第一任总统哈维尔有关的研究、文献和图书馆活动，也注重对公众进行人权教育和宣传，以及公民社会建设。KVH举办了许多不同的活动，从存档、管理图书馆、组织展览、教育和出版，到进行研究和组织辩论、研讨会和会议。这些活动的内容主要是传播哈维尔对政治和社会的观点，开设了关于哈维尔的永久展览，并将哈维尔的戏剧和文学作品提供给公众，同时也涉及当前重要的政治和社会问题。KVH出版了一本名为《哈维尔图书笔记》（*Václav Havel Library Notebook*）的季刊。图书馆的研究人员和同事定期展示档案和研究工作。国际项目“欧洲对话”涉及与欧洲不同城市的其他组织的合作，旨在开启和引导关于决定当代欧洲方向的主题的讨论。2021年，哈维尔图书馆举办了“跨大西洋对话：哈维尔-奥尔布赖特”。

（三）中欧阿斯彭研究所（AICE，Aspen Institute Central Europe）

中欧阿斯彭研究所成立于2012年，是阿斯彭研究所的中欧合作伙伴。它注重政策创新和包容性对话，目标是促进开放社会和基于价值观的领导能力的发展。AICE宣布自己是一个非意识形态组织，不属于任何政党。AICE的教育和政策活动分为三个领域：第一个领域是培养领导能力，专门针对各个专业的青年领导人及个人专业技能的培训；第二个方面是政策。该政策方案以专家论坛为基础，媒体和公众被排除在外；第三个领域是面向公众的会议和公开辩论活动。AICE 还为更广泛的公众出版一份季刊。阿斯彭研究所是一个总部设在美国的国际非营利组织，在法国、德国、意大利、罗马尼亚、西班牙、印度、日本、墨西哥和乌克兰都拥有国际合作伙伴，与阿斯彭研究所总部密切合作，就地区特定问题、全球挑战和领导力发展开展独立开发和支持的计划、会议和研讨会。该智库在董事会主席帕维尔·雷哈克（Pavel Řehák）的领导下，帮助捷克政府应对了 Covid-19 大流行的第一波疫情。

四、支持西方社会民主话语的智库

西方社会民主话语出现较晚，其研究员人数较少，组织规模较小。这些智库要求研究员接受大学教育。他们非常依赖个人捐款，也接受基金会和公共资金。在议题上，他们只关注政治和公共政策，主要依靠互联网传播渠道。它们主要针对政策制定者和公众。代表性智库有马萨里克民主学院、社会市场经济和开放民主中心。

（一）马萨里克民主学院（MDA，Masarykova Demokratická Akademie）

马萨里克民主学院是 1896 年成立的一个协会，一度停办后于 1991 年重新恢复。它是一个关于西方社会民主的教育机构，其主要目标是进行研究活动，教育和提高公众对社会民主价值观和思想的认识。马萨里克民主学院与捷克社会民主党有联系。MDA 集中于三个主要活动。首先，MDA 参与了针对广大公众以及社会民主党会员的各种教育项目；其次，关于社会民主党项目发展的研究和合作是第二个主要活动。MDA 还密切参与其他社会民主党文档的开发，无论是长期战略还是政策文件；最后，第三项活动是提高公众对社会民主价值和思想的认识。MDA 出版了一份期刊以及各种会议、讨论会和讲习班的报告。

（二）社会市场经济和开放民主中心（CESTA，Centrum pro sociálně-tržní ekonomiku a otevřenou demokracii）

社会市场经济和开放民主中心是一个由政治学家伊里·佩赫（Jiří Pehe）

和维特·克莱帕尼克（Vít Klepárník）以及前总理、社会党主席博胡斯拉夫·索博特卡（Bohuslav Sobotka）于 2011 年成立的中左翼智库，主要目标是对西方民主国家不断变化的经济和政治现象展开实质性辩论，努力挑战新自由主义关于国家角色的观点。CESTA 的活动分为三个项目：第一个项目侧重于经济和社会问题，如养老金、税收和医疗改革以及打击腐败，提供社会民主党的建议和方案，并帮助制定各种政策文件；第二个项目叫作“现状诊断”（Diagnóza doby），由内部工作组讨论组成；第三个项目的主题是政党经费。伊日·佩赫在 2012 年 11 月 21 日组织的“中欧左翼的未来”会议上发表了《关于左翼未来的二十条论纲》，对后共产主义社会能在多大程度上实现现代化进行了分析。2016 年 10 月 18 日，米洛什·泽曼总统、博胡斯拉夫·索博特卡总理、众议院议长扬·哈马切克（捷克社会民主党）和参议院领袖米兰·什捷奇（捷克社会民主党）发表四人声明，重视与中国发展经济关系，并与人权问题脱钩，表示捷克共和国将“将其对中国的长期政策建立在相互尊重中华人民共和国主权和领土完整的基础上，西藏是其中的一部分”。该中心的出版物主要包括政策简介、政策文件和研究论文，但是最近已逐步停止。

五、支持外交话语的智库

捷克共和国处理国际和外交政策问题的组织机构形成了资源丰富的智库网络。各个智库的平均研究员人数超过 10 人，平均 5 年的年度预算接近 34.3 万英镑，财政上主要依靠国内外基金会。就所涵盖的主题而言，它们集中在国际关系、欧盟和安全方面，为有关机构撰写文章、研究报告和基于互联网的交流，最常见的产品是政策文件。他们服务的主要目标是政治家、专家和公共行政部门。代表性智库包括国际关系研究所、国际事务协会、布拉格安全研究所、欧洲价值观中心等。

（一）国际关系研究所（ÚMV，Ústav mezinárodních vztahů）

国际关系研究所最初是由捷克共和国外交部设立的，1989 年以后重新建立，在 2007 年后提高了独立性。该所的目标是通过在国际关系领域的研究，来协助捷克共和国制定外交政策，并向专业人员和公众介绍国际热点问题。研究主要集中在欧洲一体化和捷克共和国的角色、安全政策、特定国家和地区。研究结果会在圆桌会议、研讨会讨论和会议上展示，并发表在学术期刊和书籍上。IIR还组织教育项目，如学生实习和博士项目，并提供公共图书馆服务。最近，该研究所特别强调它的学术地位，出版三种期刊：基于网络的《国际政治》（*Mezinárodní Politika*）、捷克印刷版《国际关系》（*Mezinárodní Vztahy*）和英语版《新视角》（*New Perspectives*）。它还出版有关国际关系和外交政策的书籍。研究所的活动由捷克共和国的科学、研究和创新政府预算以及根据与捷克共和国外交部的横向合作、国内和国外项目以及出版物销售提供资金。自2018年以来，安德鲁·迪特里赫（Ondřej Ditrych）一直担任国际关系研究所所长。他的研究兴趣包括全球政治中的恐怖主义和革命暴力，北约和欧洲安全，后苏联空间的种族政治冲突以及全球趋势及其预测。目前，他还是捷克共和国外交部科学委员会、捷克共和国研究、发展和创新委员会社会科学专家小组和捷克共和国科学院东方研究所理事会的成员。

（二）国际事务协会（AMO，Asociace Pro Mezinárodní Otázky）

国际事务协会于1997年正式成立，其目标是促进国际关系领域的教育和研究，以促进和改善人民之间的相互了解和容忍，活动主要集中在三个方面：第一项工作是对捷克外交政策、欧盟、欧洲—大西洋地区、东欧、中东和远东的研究；第二项工作是举办各种教育活动，主要面向中学生和大学生；第三项活动涉及国际项目，试图传播捷克从20世纪90年代以来的转型经验，以支持转型国家的民间社会发展。执行董事维特·多斯塔尔（Vít Dostál）专注于捷克的外交和欧洲政策，中欧合作以及波兰的外交和国内政策。国际事务协会发布一年一度的捷克外交政策议程。该出版物旨在为捷克外交政策提供专家和必要的规范性评估，并向其相关行为者提出未来建议。该智库还出版《欧洲联盟对外事务评论》，专门介绍欧洲联盟对外关系的所有方面。

（三）布拉格安全研究所（PSSI，Prague Security Studies Institute）

1998年，国家安全评估计划（NSAP）作为公民研究所内的一个独立计划成立。2000年，国家安全局计划从公民研究所剥离出来，创建了贝尔自由与民主协会。在接下来的两年中，与奥尔德里奇·塞尔尼（Oldrich Cerny）一起合作，最终在2002年成立了布拉格安全研究所。该智库的使命是帮助维护和加强中欧、东欧及其他地区的个人自由和民主制度，致力于识别和分析全球后共产主义国家和盟国伙伴面临的一系列与安全相关的挑战，重点是应对经济和金融混合战争以及对太空领域的威胁。为了推进其使命，PSSI 建立了四个核心计划：我们的安全学者计划、太空安全计划、经济和金融威胁计划及区域安全计划。在过去 15 年中与北约合作，创建一个网络安全学院，开发的名为“IntelTrak”的智能软件工具的独家权利，该工具每天跟踪和直观地映射全球所有俄罗斯和中国的交易数据。2006 年在华盛顿特区 PSSI 华盛顿建立了一个附属组织，这是捷克以安全为导向的公共政策集团的第一个此类组织。除了以学术为导向的课程外，该项目还关注公共政策，并提供建设自由民主社会的培训，包括由政策实践者和专家领导的研讨会和讲习班。PSSI 出版时事通讯、书籍、政策文件和简报，向读者介绍目前的活动和事件。布拉格安全研究所的主席和联合创始人罗杰·罗宾逊（Roger W. Robinson，Jr.）是 PSSI 华盛顿公司的执行董事。他曾担任里根国家安全委员会国际经济事务高级主任，在那里他是推翻苏联的秘密经济和金融战略的设计师。他后来在 2001—2006 年的大部分时间里担任国会美中经济和安全审查委员会主席。

（四）欧洲价值观中心（EH，Evropské Hodnoty）

欧洲价值观中心是成立于 2005 年的倡导性智库，主要愿景是在中欧建立一个自由，安全和繁荣的捷克共和国，作为跨大西洋共同体的一个组成部分，并以与美国的强大联盟为基础。中心积极鼓励公众对共同的欧洲价值观感兴趣。对该中心来说，“欧洲价值观”被定义为个人自由、人类尊严、团结、活跃的公民社会、市场经济、民主和法治，是“西方文明价值观”概念的同义词。EH 专注领域包括欧洲一体化、跨大西洋联盟和国际关系、经济动态、内部安全、负责任的治理、民主的质量。EH 组织（非）公开的讲座、研讨会，并在报纸上发表各种文件，包括政策文件、分析报告和意见文章。目前，中心团队有 30 多名成员。中心安全战略计划负责人马丁·斯瓦罗夫斯基（Martin Svárovský）在捷克外交部工作了 19 年，担任过中欧国家司副司长、政治规划司副司长、捷克共和国驻布达佩斯和华沙副大使等职务。首席执行官雅各布·扬达（Jakub Janda）是“民主国家应对虚假信息和影响力行动”专家，受捷克安全和情报机构委托，在捷克政府进行国家安全审计“外国势力的影响”，参与了这一领域的政策转变。他在 2021 年 11 月美国《新闻周刊》发表文章，为捷克议员窜访台湾提供辩护。2021年11月4日，该中心出台报告，为捷克在国家层面引入以及在欧盟层面推广应对中国经济影响力提供对策。值得注意的是，中心成为第一个在台北设立办事处的欧洲私人智库，旨在帮助台湾地区提升“盟友”的价值，由讲一口流利普通话的马尔钦·耶热夫斯基（Marcin Jerzewski）负责。

（五）欧洲政策研究所（EUROPEUM，Institut pro evropskou politiku）

欧洲政策研究所是成立于1998年的倡导性智库，其目标是促进欧盟的民主、安全、自由和团结，并促进捷克共和国积极参与欧盟。EUROPEUM专注于研究活动，旨在为欧盟和捷克的政策制定新的愿景、想法和意见。EUROPEUM出版《维谢格拉德杂志》（*Visegrad Revue*）和一份时事通讯，提供有关其活动的信息，发布《欧洲政策研究所年度报告》（*Výroční zpráva Institutu pro evropskou politiku EUROPEUM*）。最大的捐助者是欧洲联盟委员会、国际维谢格拉德基金、捷克共和国技术局和捷克共和国外交部。所长弗拉迪米尔·巴尔托维奇（Vladimír Bartovic）是前斯洛伐克共和国总统办公室政治部主任。过去，他还曾担任捷克共和国外交部部长和欧洲政策外部顾问小组的成员、捷克—波兰论坛计划委员会成员以及PASOS开放社会协会执行委员会成员。

（六）全球化分析中心（Glopolis）

全球化分析中心成立于2004年，专注于分析国家和国际层面的经济、气候和粮食问题带来的挑战，推动捷克共和国展开更广泛的政治辩论和政策制定，参与解决全球治理问题。该中心与捷克绿党保持密切联系，资金主要来自推广欧洲价值观的泛欧集体慈善倡议——“Civitates”和美国大使馆。中心出版物主要包括《全球化与发展政策》时事通讯和《积极沟通导航》（*Positive Communication Navigator*）。活动涉及五个核心主题：第一个是经济和金融，使经济制度转变为负责任的生产、消费和有效分配人类福利，如支持贸易和发展政策、推动遏制逃税的法律；第二个核心主题是帮助人类合理使用能源，适应气候变化，实现可持续发展；第三个主题是粮食安全；第四个主题涉及捷克共和国的未来；第五个主题是接近来自不同文化的移民。该智库组织会议、谈判和讲习班，介绍其分析、建议和愿景，与决策者、公众接触，协调不同公民组织团体之间的实际合作，以及投资者、官员或农民之间的实际合作。2021年，中心团队成员有12人，帮助中东欧的10个新组织参与国际金融事务。2022年4月，中心讨论了在乌克兰战争的背景下如何将地缘政治风险纳入 ESG，并在下一阶段将推出用于指导捷克企业的发展、参与者以及基础设施的网络化路标。

表 2-4 捷克智库的政策话语分类

<table>
<tr><th>话语类型
智库类型</th><th colspan="2">西方自由保守</th><th>西方民主</th><th>西方社会民主</th><th>外交</th></tr>
<tr><td>学术型智库</td><td colspan="2" rowspan="2">民主与文化研究中心（CDK）</td><td rowspan="2">民主和经济分析研究所（IDEA）</td><td rowspan="2"></td><td>国际关系研究所（IIR）
国际事务协会（AMO）</td></tr>
<tr><td>合同型智库</td><td rowspan="3">布拉格安全研究所（PSSI）
欧洲价值观中心（European Values）
欧洲政策研究所（EUROPEUM）
全球化分析中心（Glopolis）</td></tr>
<tr><td>政策型智库</td><td rowspan="2">自由保守学院（CEVRO）</td><td>自由研究所（LI）
公民研究所（OI）</td><td>哈维尔图书馆（KVH）</td><td rowspan="2">社会市场经济和开放民主主义中心（CESTA）
马萨里克民主学院（MDA）</td></tr>
<tr><td>政党型智库</td><td>经济与政治中心（CEP）</td><td>阿斯彭研究所（AIP）</td></tr>
</table>

第三章

捷克民族国家的社会

本章对捷克人的国民性格及其构成要素进行了细化解读，包括其心理特质、精神境界、处世哲学、路径选择、生活理念以及日耳曼因素的内化、宗教信仰的淡化，并将捷克移民和融合的历史和现实问题置于更广泛的社会背景下加以讨论。本章重点关注了捷克社会学的发展历程。捷克社会学发端于共和国成立伊始，推动了实证社会学研究的兴起。建国后，捷克社会学得到了扩展。1948—1968 年，捷克社会学在马克思主义思想占主导地位的语境下复兴，进行了第二次制度化。“布拉格之春”发生后，捷克社会学在苏联思想影响下进入封闭式发展阶段。在 1989 年政治转型之后，捷克社会学步入西化的轨道。

第一节　捷克的国民心理

捷克人对国民性格的自我认知表达地相对冷静、平衡。小说家和剧作家伊里·马亨（Jiří Mahen）在 1924 年《一本关于捷克人性格的书》（*A Book on Czech Character*, *Kniha o českém charakteru*）① 中这样评价捷克人：

事实上，捷克人很浪漫，但同时也很狡猾；

他可以有伟大的思想，但不会紧紧抓住不放；

他相信科学，但让他自己被过去的奉承冲昏头脑吧；

---

① JIRI M. *Knížka o českém charakteru* [M]. Vyškov: Obzina, 1924: 5.

他谦虚，但喜欢夸张；

他想成就大事，却没有勇气；

他的面容具体化，但喜欢让思想自由驰骋；

他脚踏实地，但国家的情报却歇斯底里；

他享受生活和礼物，但不能生活；

他喜欢在精神上被吹走，但实际上是迟钝的；

他喜欢沉思，但既不敏捷，也不热情，这并没有使他与周围的中欧国家有任何不同。

国民性格指的是大多数社会成员或民族成员的群体人格，是在特殊的社会历史条件下形成的各种心理与行为特征之总和，包括共同的思维方式、人生态度、价值观念、行为方式、心理特征等多种要素和多种层次。国民性的基础是共同语言、共同地域、共同经济生活及由此形成的共同文化，有的还与宗教信仰有密切关系，具有很强的历史连续性和稳定性。捷克民族作为西斯拉夫文明的部分，经过长期的历史积淀和跨文明互动，形成了独特的民族性格和政治文化。只有了解捷克社会的民族构成、特别是主体民族的文化心理、价值观念和宗教的分布状况和变化趋势，才能合理地解释捷克的社会发展和政治制度转型的内在必然性。

捷克的民族构成随着历史变迁而不断变化。如今，捷克族为捷克共和国的主体民族，占人口总数的94.2%。具体而言，捷克族按地域可以分为三个分支：波希米亚、摩拉维亚和西里西亚，波希米亚分支占人口总数的90.4%，摩拉维亚分支占人口总数的3.7%，西里西亚分支占人口总数的0.1%。斯洛伐克人占人口总数的1.9%，波兰人占0.5%，德意志人占0.4%，匈牙利人占0.1%，罗姆人占0.1%，其他少数民族占2.8%。捷克斯洛伐克共和国的开国三元勋在某种程度上集中体现出族裔的多元平衡：马萨里克的父亲来自斯洛伐克（当时是奥匈帝国的匈牙利部分），母亲是斯拉夫血统的摩拉维亚人，但受过德国教育；米兰·雷斯提斯拉夫·什特凡尼克（Milan Rastislav Štefánik）是斯洛伐克人；而爱德华·贝奈斯是一个出生于南波希米亚的捷克族人，他出于对德国文化的反感，把德语名字“Eduard”改成了斯拉夫化的“Edvard”，以表明自己的捷克民族主义立场。

一、捷克民族的心理特质

捷克民族有着千年的文明史。由于地处欧洲中心，战略位置极其重要，千余年来他们在不断地向人类贡献精神文明的同时，也饱受战争的困扰。因此，捷克民族倡导民族平等和团结，反对异族统治；热爱生活、自由和平等；珍惜生命，追求真理，却又与世无争，幽默坚韧。

（一）波希米亚信条：平等与自由

作为波希米亚人，他们身上散发着浓浓的民族特质，过着非常规的随性生活方式，不受任何束缚，追求自由与正义、个体权利，注重自我发展，带有瞬间意识的及时行乐、无政府主义、革命浪漫主义和略带颓废气质的波希米亚人那种实现心灵满足的生活态度，曾经一度成为欧洲青年向循规蹈矩的中产阶级主流生活挑战的招牌。那些在社会边缘的人，音乐家、艺术家、作家和演员，那些有非正统、反建制政治观点的人，使波希米亚风格赋予艺术时髦和别致的内涵——“在平庸的顺从世界中的自由精神”。

因此，波希米亚人的政治被视为一种生活美学和个体政治学。历史上的波希米亚人为争取自由和权利，数次走上布拉格的街头，通过游行和罢工来表达政治意愿。1848 年布拉格六月起义是一次历史意义重大的行动。捷克人民在这次自发性的起义中表明，他们决不婢膝地哀求自己的权利，而是手持武器为争取自己的权利而斗争，展现出波希米亚人的政治智慧和革命浪漫主义。

作为民族性格的延伸，在捷克社会和文化发展史上，始终活跃着具有波希米亚风格的文人。例如，14 世纪的宗教改革家胡斯，是一百年后路德发出宗教改革运动的先声；参加布尔什维克的小说家哈谢克，是一个唐・吉诃德式的人物，单枪匹马向资产阶级社会挑战；职业外交家的诗人塞弗尔特，表现出对祖国的热爱；凭借《不能承受命之轻》闻名于世的米兰・昆德拉流亡海外……在捷克还有不少这样的知识分子。

法国人对居住在捷克西部以布拉格为中心地区的吉卜赛人也称为波希米亚人。虽然这个以流浪和占卜生活为主的游牧民族，今天只是捷克的一个民族，但是长期以来流浪迁徙和边缘化生存的历史也使得我们不能忽视其独特的生活方式及生存技能。作为来自古老东方地区的神秘民族，来自底层的民间特殊力量，他们大多是流浪者，缺乏与土地和家庭的联系，也未把自己托付给任何人，他们这种“自由”“平等”对捷克知识分子有着全新的启示。在他们对现代生活的困惑和对发展路径的寻求中，无须顾及阶级道德的个体自由观蔓延生长，从某种程度来看，这种文人艺术家和吉卜赛群体之间的距离在逐渐切近。无论是吉卜赛人，还是波希米亚人，他们追求自由随性、强调个体权利为本位的民族心理都是捷克传统政治文化的基石。

（二）精神境界：道德与真理

讲究道德和追求真理是捷克斯洛伐克的一贯传统。追溯到15世纪的宗教改革派传教士扬·胡斯，他是捷克宗教改革之父和捷克民族主义精神的主要缔造者。他喊出的“真理必胜”被尊为捷克斯洛伐克共和国的箴言。

胡斯是英国宗教改革家约翰·威克里夫的追随者，他坚决反对当时教职人员的道德败坏和滥用教会的财产和特权，向教皇的权威发出了挑战。尽管他被逐出教会，并被烧死在火刑柱上，但是以其名字命名的宗教改革运动激发了捷克人的民族觉悟，鼓励他们在教堂，学校和公共生活中使用捷克语。胡斯被处死后爆发的残酷的宗教战争让捷克后来的几代人对使用暴力达成目的的做法提出了质疑。不过，捷克人坚信真理和道德权威将最终取得胜利。

胡斯精神在马萨里克的身上得到了再现。他是捷克斯洛伐克共和国的缔造者之一，并在1918年出任国家的第一任总统。马萨里克的父亲是斯洛伐克人的后代，母亲具有德国和捷克两种血统，但是他选择成为捷克公民。和胡斯一样，他相信更高的道德水准是宗教的决定因素，倡导“伦理复活”，并强调将政治建立在工作、人道、公正和追求真理的基础上。

（三）处世哲学：“帅克主义”

《好兵帅克》（*The Good Soldier Schweik*［英］，*Dobrý voják Švejk*［捷］）是捷克作家雅罗斯拉夫·哈谢克（Jaroslav Hašek）反映第一次世界大战题材的小说，其中的主人公帅克是一个“总是犯错的、沉着的、卑劣的，但是可爱的英雄……”。在捷克文学史上是一个颇有争议的人物，他对现实生活充满荒唐的夸大，深受人们的喜爱，究其原因，正如大卫·保罗（David W. Paul）所做的评价"……同所有优秀的小说中的人物一样，他展示了人类某种真正的品质"。①

在小说中，帅克象征着在战争中反对奥地利统治的捷克人。他所在的部队接连遭遇不幸，以此揭露人们在当时根本没有意识到军事、政治和宗教次序的重要性。就像傅思端和扬·蒙扎尔（Jan Munzer）解释的那样，帅克就是迷失在世界政治迷宫和全球混乱之中的一个小人物，他的任何行动都是根据自己的常识做出判断，他对付压迫的武器就是有一点愚蠢的狡黠，然而在这样一个不讲道理的世界里，这种武器可能比真正的智慧还奏效。②

美国的读者们可能会认为这部书与约瑟夫·海勒（Joseph Heller）所写的反映第二次世界大战题材的小说《第 22 条军规》（*Carch*-22）类似。帅克一直都是一个"精明的耍花招的人"，在与官僚势力做斗争的时候，他在表面上很驯服，可从来都是按自己的主张出牌。本质上说，帅克是一个反抗周围世界的叛逆者。他知道这个世界是充满压迫和荒谬的，但是不去进行正面的交锋，而是用尽自己所有的智慧来愚弄它……帅克的特殊天分就在于他能够发现身边各种各样的荒唐事。③

帅克把这个充满官僚作风的世界玩弄于股掌之上。他既不跪下，也不站起来，而是蹲在那儿，讨生活而已。如今在捷克，人们还在继续探讨着"帅克"这个话题，许多捷克人仍然对 1938 年政府向德国人妥协，以至捷克沦陷的决定是否正确表示怀疑。

（四）路径选择：谨慎与渐进

哈维奇克（Karel Havlíček）是 19 世纪捷克兴起的"国家复兴"（international revival）运动的杰出领袖，这场运动最终推翻了奥地利人长达 300 年的统治。他概括了捷克人和波兰人的不同之处：波兰人总是时刻准备着揭竿而起，为国家的独立、自由而战，然而捷克人始终坚持采用更为谨慎的手段，在他们看来，殊途同归，还不用流血，何乐而不为呢？看来，捷克人深深懂得"留得青山在，

---

① PECH S Z, PAVL D W. The Cultural Limits of Revolutionary Politics: Change and Continuity in Socialist Czechoslovakia [J]. *International Affairs*, 1980, 85 (1): 243-256.

② MUNZER Z, Munzer J. *We Were and We Shall Be*: *The Czechoslovak Spirit through the Centuries* [M]. New York: Frederick Ungar, 1941: 98.

③ PECH S Z, PAVL D W. The Cultural Limits of Revolutionary Politics: Change and Continuity in Socialist Czechoslovakia [J]. *International Affairs*, 1980, 85 (1): 243-256.

不怕没柴烧”的道理。

19世纪，当波兰人大举反抗入侵者的统治时，捷克人的“国家复兴”运动却在不使用暴力的前提下轰轰烈烈地开展着，正如历史学家汉斯·科恩（Hans Kohn）所指出的那样，捷克人的复兴运动是基于“一种憎恶草率的冒险和浮夸……总的来说，他们并不理会那些救世主式的梦想和主张，而这些却是波兰那些最高贵的、最卓越的人物的一种特征”①。

捷克人的性格是很温和的，他们只寻求渐进与和平的改变。福罗拉·刘易斯（Flora Lewis）这样写道：“与其他斯拉夫人相比，捷克人更加冷漠、谨慎、低调、现实，性格中没有丝毫癫狂的热情、兴奋和残酷……他们凭着自己的感觉，对几乎所有的事情进行判断，将其归结为保守的或者相当合理的等等，但是无论如何，他们并不表现出强烈的感受。”②

如果说俄罗斯历史以“尖锐”“凝重”的抗争而夺目的话，那捷克人的性格则是以沉默和坚忍的“钝”而著名，卑微的身世使之早早有了一种自嘲诙谐的习惯和抗压能力。捷克人温和的性格让他们在两次世界大战中颇为受益。当所有的其他东欧国家不得不屈服于极权统治时，捷克斯洛伐克共和国还保持着完全的民主政治，而且人民的生活水平也比那些邻国们要高得多。对此，政治科学家保罗·津纳（Paul Zinner）评价说：“捷克人处事温和的作风庇佑他们免受冒险主义和极端主义的迫害。”③

1938年，德国入侵捷克的时候，捷克人选择了不抵抗，不让年轻人流血牺牲。当然，这是在英、法两国“在我们的时代追求和平”的主张下，已经接受了希特勒的条件之后做出的决定。同样，当1968年苏联入侵捷克的时候，捷克人也没有进行公开的抵抗，同时著名的“布拉格之春”改革运动也因此流产。捷克人可能因此受到批判，就像BBC前记者米夏·格列尼（Misha Glenny）所

① KOHN H. *Pan-Slavism*: *Its History and ideology* [M]. Indiana: Notre Dame University Press, 1953: 28.

② LEWIS F. *Europe*: *Road to Unity* [M]. New York: Simon & Schuster, 1992: 422-423.

③ PAUL E Z. *Communist Strategy and Tactics in Czechoslovakia*, 1914—1948 [M]. New York: Frederick A. Praeger, 1963: 10.

说：“……在战争中很软弱，人民中的多数都很消极。”①

1993年，捷克人和斯洛伐克人通过合法的、文明的方式，结束了长达69年的同盟，同南斯拉夫的各个共和国间残酷的种族战争形成了鲜明的对比。他们对和平与安宁的追求，正好与“天鹅绒革命”的宗旨相适应。如果用一个词来定位捷克人的性格，不妨称他们是“天鹅绒民族”。

因此，在捷克境内，欧洲历史上各个时期的建筑物都完好无损地保存了下来，各种风格的城堡，披着五颜六色、形状各异的建筑物，琳琅满目的街头雕塑，使得捷克成为西方建筑艺术的王国，想要全睹西方建筑的璀璨历史和精湛的工艺，只有来布拉格才能实现这一梦想。捷克这一弱小民族就是凭着有限、沉默的斗争，不能不说这是一种很“巧妙”的生存艺术。从历史和文化价值观的角度来看，每个国家的任何行为都是可以理解的。他们是通过自己的方式，以自己希望付出的代价来实现自己的目标。

（五）捷克人的生活理念

捷克是一个礼仪之邦，人们总是彬彬有礼。捷克人说话的方式是柔声细语，慢条斯理，不夹杂情感，厌恶大声喧嚷。有一则布拉格笑话是讲有人问为什么美国人说话总是那么大声音，捷克人讽刺说“这样他们的话才能透过衣服，被对方听见”。捷克人办事的时候从来不风风火火的，对他们来说，时间不是金钱。他们有可能在咖啡馆或者酒吧里面坐几个小时，边喝边聊，但是不会像其他斯拉夫人那样喝醉。在城市里，酒吧已经成为捷克人约朋友喝啤酒、白酒、吃快餐或大餐的好去处。无疑，这里是捷克社会生活的中心场所。捷克人在聊天的时候喜欢长篇大论的探讨，有时候又陷入沉思，最终却不下任何结论。

如今，捷克人还是保持欧洲大陆的传统礼仪。去看戏剧、听音乐会的时候要穿礼服；人们见面后和分手前一定要握手，甚至连孩子也不例外。捷克人会对美国人习惯地将脚搭在桌面上、站着的时候手插在兜里，或者对在公共场所闲逛等不拘小节的行为嗤之以鼻。在公共交通工具上，也看不到在其他东欧国家里面很常见的推推搡搡的场面。

---

① Glenny M. *The Rebirth of History: Eastern Europe in the Age of Democracy* [M]. London: Penguin Books, 1993: 23-29.

捷克人的文化生活很丰富、活跃，热爱音乐、戏剧、舞蹈。他们还非常喜欢读书。城市里书店遍布，常常是新书一上市就被一抢而空。

捷克人非常守时，这一点同它的许多邻国的人形成了鲜明的对比。如果有人邀请捷克人在8点钟的时候一起吃饭，那么他肯定会准时赴约，甚至提前15分钟赶到。

捷克人与其以东的其他斯拉夫国家的人完全不同的是，捷克人不习惯把自己不熟悉的人请到家里做客。只有对关系比较亲密的朋友才能发出这样的邀请。人际关系处理得恰如其分，建立友情的过程很漫长。不过，如果一旦两个人交了朋友，那么他们会很认真地看待这份友谊，而且他们的友情真的是天长地久。

捷克人讲究性别平等。尽管捷克属于男权社会，但是据说它是东欧国家中大男子主义最不明显的国家。相比于其他东欧国家而言，捷克更强调男女平等的观念，但是捷克女性已经对激进的女权运动失去了兴趣，因为在她们看来，这不过是怂恿她们赞成或反对某种意识形态。

作为欧洲意识形态的中转站，捷克人已经拥有足够的意识形态了。捷克人认为自己的国家属于中欧，而不是东欧。将捷克看作中东欧国家是可接受的。但不要泛泛地谈及政治，更不要谈论社会主义时期。

在捷克人看来，长期的前景要比短期的收益重要得多。他们可能会答应替对方做好多事情，但是到了约定的时间，他们可能什么也没做。如果你真的希望得到帮助的话，那么不断反复地催促他是很必要的。

尽管并不期待收到礼物，捷克人很乐于接受价值不高的礼物。登门拜访之时，可带上一瓶苏格兰威士忌或科涅克白兰地，或别的什么小礼物，如优质的钢笔或雪茄烟打火机。应邀上某人家中用餐时，带上一瓶进口葡萄酒或白酒是最佳选择。

捷克人喜欢从事园艺劳作。有些人把这种劳作看成是接近大地，其他人则觉得这是逃离社会顽疾——社会的、经济的和环境的一个途径。不管究竟出于何种原因，总之，园艺是一种全国性的消遣。

二、日耳曼元素

如今的捷克共和国是一个公认的发达国家，是北约和欧盟的成员国，被视为西方世界的一员。而造成这一切的根本原因除了地理条件外，与受到日耳曼文化上千年的影响有着很大的关系。到捷克的波希米亚和摩拉维亚的人们肯定会同意波兰当代作家安德烈·斯克兹皮尔斯基的看法，那就是如果这里的捷克人不说斯拉夫语的话，那么游客一定会把这里当成是德国的某个地方。

捷克人的价值观、态度和信仰在许多方面都受到德国的深刻影响。首先，这里受奥斯陆日耳曼的哈布斯堡皇室的统治长达数百年。波希米亚的大部分贵族是日耳曼人，平民和一小部分贵族是捷克血统；其次，归属神圣罗马帝国后，日耳曼文化进一步深入影响到这个国家，帝国内部的日耳曼人渐渐演变成德意志民族，德语与捷克语一样成为波希米亚的官方语言，上流社会主要通用德语，城市里的捷克人也广泛学习使用德语。捷克最西部的省份居住着许多讲德语的捷克人；最后，两次世界大战期间，尤其是 1989 年之后，大量的德国贸易、旅游和投资涌入捷克。

和德国一样，捷克经历了近现代工商业文明的洗礼。与其他斯拉夫国家相比，捷克人更加崇尚严谨精确的工匠精神、守时重信的契约精神，被称为是“东中欧的德国人”。捷克人的烹饪与德国类似，捷克啤酒也是捷克人最喜欢的饮品，比巴伐利亚出产的极品还略胜一筹。相比而言，摩拉维亚人更喜欢喝白酒。

捷克人很实际，不是空想家。作为欧洲城市文化的产物，他们习惯早睡早起，在乎工作、秩序和经济状况，没有太明显的喜恶。他们头脑聪明、手脚勤快，在性格上很像德国人——严肃、冷漠、坚定。当你与他们比较熟悉了以后，你会发现他们还很忠诚和诚实。所有这些品质为他们赢得了“东欧最有条不紊的人”之美誉。

波兰著名战后小说家塔德兹·考威克把捷克人看成是“在快乐的斯拉夫人当中生活的德国人”。不过，他还补充说：“捷克人拥有能令所有国家都为它感到自豪的文学，拥有全世界从早到晚都在演奏的音乐，在绘画方面也有成就……像捷克这样一个中欧小国，被德国文化所遏制的小国，是如何产生如此巨大的文艺魅力，如此绚丽多彩的学术和美学因素，如诗境般新奇！”①

从地理位置来看，捷克属于斯拉夫国家中最靠西侧的国家。被托马斯·曼

① KONWICKI T. *Moonrise*, *Moonset* [M]. New York: Farrar, Straus and Giroux, 1987: 85-86.

恩（Mann Thomas）称为“世界上最有魅力的城市之一”的捷克首都布拉格实际上比维也纳还往西。当人们说“捷克人是说斯拉夫语的德国人”，其实暗指除了地理位置以外，捷克人在其他方面上比其他斯拉夫国家更具西方特色。

从欧洲版图来看，捷克位于欧洲的心脏地带，有着重要的战略地位。波希米亚位于从维也纳到德累斯顿、从慕尼黑到弗罗茨瓦夫的路上，所以就像英国历史学家伊丽莎白·维克曼（Elizabeth Wiskemann）写的那样：“……很久以前，就成了德国人和斯拉夫人之间最著名的战场。”① 捷克三面被说德语的人包围，在历史与德语世界有着千丝万缕的联系。特别是曾被奥匈帝国统治和被纳粹德国占领过的历史不可磨灭地存在于捷克人的记忆之中，客观上强化了内在的心理联系。曾经有过的文化刺激与融合，使得捷克的文化基因里或多或少带有西方的个人主义和理性主义的传统。

在大约1000年的时间里，波希米亚都是神圣罗马帝国的一部分。因为波希米亚处于抵挡其他民族和异教徒的前线，还积极参与十字军东征，尤其是1158年的第二次十字军东征，波希米亚倾力支持帝国皇帝，从而成为帝国的选帝侯之一。1346年，波希米亚国王当上了神圣罗马帝国的皇帝，即查尔斯四世（Charles IV）。两年后，他在布拉格成立了帝国的第一所大学。在他的统治下，国家进入了鼎盛时期，布拉格成为当时西方世界中最著名的文化中心和欧洲最美丽的城市之一。1453年，哈布斯堡家族正式成为神圣罗马帝国的皇帝后，波希米亚和奥地利一样成为哈布斯堡的核心统治区。为了扩大对北德意志地区的影响，皇帝一度把首都从维也纳迁至更靠近北德意志的布拉格，使波希米亚成为帝国的中心。在此期间，波希米亚得到长足发展，布拉格成为欧洲最繁荣的城市，大批捷克人出任帝国官员，波希米亚语也随之成为帝国的通用语言。然而，波希米亚王国地位高，并不等于捷克人的地位也高。日耳曼人与捷克人之间更像是殖民者与土著的关系。相对来说，这是捷克人与神圣罗马帝国之间的黄金时期，两场暴风骤雨般的宗教战争很快将这副看似美好的幻象撕得粉碎。

15世纪捷克胡斯运动的初衷是为了发起宗教改革，但很快发展成为捷克人和德国人之间的战争。捷克民族意志开始变得强烈起来，抵抗全欧洲骑士14

① WISEMAN E. *Czechs and Germans*: *A Study of the Struggle in the Historic Provinces of Bohemia and Moravia* [M]. New York: Oxford University. Press, 1938: 1.

年。胡斯派也被皇帝和教会宣布为非法，大部分捷克人改信新教，受哈布斯堡影响较深的德意志人和部分捷克人坚持天主教。1526年，哈布斯堡的斐迪南一世继任皇帝和波希米亚国王，他命令所有人必须信仰天主教，德语是唯一的官方语言，要在宗教和文化上完全剥夺捷克人的自由。

1618年，“三十年战争”再次从波希米亚爆发，震惊全欧洲。所有欧洲强国都参与其中，支持天主教或新教一方。两年后，信仰新教的波希米亚贵族被信仰天主教的奥地利人在布拉格市外的白头山（White Mountain，Bílá hora）打败，捷克的主权丧失。时至今日，这场灾难对于捷克的历史和捷克人的性格的改变都有着不可低估的作用。当1648年战争结束的时候，因为战事伤亡、饥荒、疾病和乔迁等原因，捷克人口只剩下原来的一半。捷克人遭受的剥削和压迫并没有减轻，70%以上的劳动所得都要交给德意志贵族和天主教会，“波希米亚”这个日耳曼名称越来越受到捷克人的痛恨。对此，福罗拉·刘易斯（Flora Lewis）的评价是：“战败以及因此造成的长期灾难深深地影响了捷克人的品格，他们缺乏自信，认为自己是历史的牺牲品，而且需要不断地寻求帮助。”①

战后，捷克被纳入奥地利哈布斯堡帝国的版图，并在其后的300年内受其控制。捷克新教贵族中的大多数都被处死或流放了，他们的城堡和土地被赐予来自德国、奥地利和其他哈布斯堡帝国的贵族。接下来，大批德国人移民到了这里，然后德语就成了城市居民、享有特权阶级和受过良好教育阶层人士使用的语言，只有农民、工人和奴仆才说捷克语。由于原来的捷克贵族们大多已经不存在了，所以在接下来的200年内，捷克人只处于被统治者的位置，他们的民族主义精神也荡然无存了。直到19世纪，在奥地利人温和政策的统治下，捷克人的学校、语言和捷克知识分子阶层才又得到了复苏，新的国家精神也再次慢慢地萌发了。“波希米亚”是日耳曼人起的名字，象征着上千年的被奴役历史，新生的捷克人国家要与奥地利及哈布斯堡彻底切断联系，只有“捷克”才能代表本民族和新生的国家。1918年10月，捷克人与兄弟民族斯洛伐克人联合组成“捷克斯洛伐克共和国”。就这样，“波希米亚”一词永远被抛弃了。

最大的民族问题是如何对待在境内的德意志人。300多万名德意志族裔在奥匈帝国解体后留在捷克斯洛伐克境内，拥有自治的教育体系、政治和文化机构。

---

① LEWIS F. *Europe*: *Road to Unity* [M]. New York : Simon & Schuster, 1992: 427.

从1926年起，德意志族裔进入了捷克共和国的政府部门工作。有些上层波希米亚化的德意志族裔加入了共产党、社会民主党。比如，兹德涅克·菲林格（Zdenek Fielinger）成为捷克共产党时期的最高领导人，施拉姆（Schramm）是捷克斯洛伐克共产党的创始人之一，施瓦岑贝格家族的大部分都支持共和国政府。但随后，德意志族裔在土地改革政策上出现重大问题。一方面，底层捷克人从底层德意志族裔拿走了土地，极力追求自治运动，不愿意接受少数民族的地位和待遇。另一方面，德意志贵族仍然坐拥大量土地，被普遍捷克化而亲近共和国，在议会享有超比例代表权。纳粹分子、苏台德德意志运动领导人康拉德·亨莱因（Konrad Henlein）的父亲是波希米亚德意志人，母亲是捷克族。捷德混血在波希米亚相当普遍，而民族认同逐渐让他们产生难以弥补的仇恨。应该说，该时期的捷克斯洛伐克的民族政策是失败的。出于上述原因，20世纪30年代，居住在捷德边境地区——苏台德地区的德意志族裔与纳粹德国勾结搞独立，1938年的“慕尼黑协议”将苏台德地区割让给了德国。接着，斯洛伐克人也提出了自治要求，1939年3月4日，斯洛伐克议会宣布成立独立的国家。天主教法西斯运动赫林卡卫队和后来的神父Josef Tiso则成了纳粹集团的帮凶。

二战后，为了国家的稳定，捷克斯洛伐克当局开始处理种族杂居的问题，采取了清除非斯拉夫少数民族的措施：200多万德意志族裔被驱逐出境；捷克斯洛伐克与匈牙利之间也进行了一次人口互换，约73,000名斯洛伐克人从匈牙利迁回，大约74,000名匈牙利人从斯洛伐克迁出。加之，随着居住地的割让，70万居住在喀尔巴阡山脉附近的罗塞尼亚人划归到苏联。结果，捷少数民族的人口数量大幅度减少，少数民族问题也随之弱化，但并没有完全解决。如被驱逐的德意志族裔及其后代不断地向捷克当局提出抗议，关于遣返德意志人的“贝奈斯总统令”至今仍然是影响捷德关系的敏感话题。

三、宗教信仰

历史上，中东欧舞台上是三种不同文明的互动：西欧天主教/新教文明、东欧东正教文明和伊斯兰文明。作为一个典型案例，捷克拥有丰富的传统宗教文化，同时又展现出自身的独特性。第一，经过中世纪的宗教强迫，捷克人民对宗教产生不同于其他西方国家的深刻思考。共产主义时代将人民从教会的控制中解放出来。第二，经过“天鹅绒分手”，由于地理位置的因素，捷克受到东正教文明和伊斯兰文明的影响有限。第三，虽然捷克国家宪法尊重和保护该国的宗教团体，而国家民族主义遗产的修订也导致了宗教信仰的减少。因此，大多数公民不希望认同任何宗教，也不依附于任何宗教。因此，捷克成为世界上最世俗的西方国家。

数据表明，捷克社会的宗教信仰人口长期下降。在1991年人口普查中，信徒总人数达到4,523,734人（43.9%）。十年后，它下降到3,288,088人（32.1%），并于2011年下降到2,168,952人（20.8%）。不同地区情况有所不同。其中，摩拉维亚比波希米亚具有宗教信仰的人数多；兹林地区信徒比例最高（54.6%）；拉贝河畔乌斯季地区（Stínad Labem Region）、利贝雷茨地区（Liberec Region）和卡罗维发利地区（Karlovy Vary Region）的信徒比例最低，分别为15.8%、19.4%和20.6%。

（一）捷克的罗马天主教基督教

罗马天主教（Římskokatolická církev）曾经是捷克最主要的宗教。历史追溯到18世纪和19世纪，当地人被迫在哈布斯堡王朝统治下皈依信仰天主教，强行取代了新教。1910年，96%的捷克人信奉罗马天主教。但是，天主教教皇拒绝了捷克人要求以捷克语而不是拉丁语进行弥撒的请求，导致了城市知识分子在民族主义浪潮中对天主教信仰的拒绝。捷克民族复兴，即18世纪和19世纪的现代化国家建设进程，主要是基于反天主教的叙述，将胡斯运动和新教传统构建为真正的民族现象。1918年，捷克斯洛伐克获得独立后，马萨里克发起了反对罗马天主教的“国家教会（national church）”。同时，罗马天主教会在宗教变革后，内部出现严重分裂。150万天主教徒退出教会。其中，一半人加入了新成立的胡斯派教会，另一半人选择完全放弃宗教，站在“没有自白”的一边。在社会主义时期，罗马天主教会财产被没收，影响力持续衰落。1991年，尚有39.0%的捷克人自称是天主教徒。但是，教会因巨额财产转移和财政补偿备受争议，形象大为受损，教徒人数迅速下降。截至2011年，只有10.3%的捷克人仍然认为自己是天主教徒。

（二）捷克的福音派基督教会

弟兄会福音派教会（Evangelical Church of Czech Brethren）也被称为波希米

亚弟兄会（Církev Evangelická，ČCE），是捷克第二大教会和最大的新教教会。该教会的根源可以追溯到15世纪胡斯派运动和16世纪的新教改革。新教徒在17世纪初占人口的90%，但在1620年后，哈布斯堡统治者取缔了新教。1781年，皇帝颁发了宽容法令，结束了持续150多年的宗教压迫时代，授予新教徒一定程度的宗教自由。直到1918年，波希米亚和摩拉维亚的路德教会和改革宗教会（Reformed Church，即加尔文教派）合并成立弟兄会福音派教会。在共产主义政权之后，福音派教会和信徒的数量锐减。截至2011年，福音派教会信徒为51,936人。2019年，教会报告称有69,715名信徒。

（三）捷克的胡斯派基督教会

捷克胡斯派基督教会（Czechoslovak Hussite Church，Církev československá husitská，CČSH or CČH）的历史传统可以追溯到胡斯派改革者。第一次世界大战后，该教会从罗马天主教会中分离出来，于1920年建立。胡斯派基督教综合了新教、天主教、东正教和民族元素，自我描述为新胡斯派。在最初与天主教会分裂之后，胡斯派基督教会得到了捷克斯洛伐克第一任总统马萨里克的大力支持，其成员迅速增加。信徒在1930年达到779,672人，在1950年为946,497人。截至2011年，胡斯派基督教信仰人口下降到39,276人。

（四）捷克的东正教

东正教（Eastern Orthodoxy，Pravoslavná církev）是基督教的三个主要分支之一，与天主教和新教并驾齐驱。三大派聚于中东欧，这一特点在捷克尤为明显。19世纪，一些捷克人成立了东正教教堂，到1910年人数超过1,000人。随着1918年奥匈帝国的解体，塞尔维亚牧师在波希米亚和摩拉维亚成立了东正教教堂。在1931年人口普查中，捷克斯洛伐克有145,583名东正教徒，其中117,897人在外喀尔巴阡山脉。在纳粹占领捷克斯洛伐克期间，所有的东正教教堂都被关闭。1945年，苏联吞并外喀尔巴阡山脉，使该国的东正教徒人数减少到约40,000人。根据2011年的人口普查，捷克有20,533名东正教徒，而在斯洛伐克多达50万。其中，大部分来自希腊和苏联。2021年人口普查的数据显示东正教在捷克有所兴起。

（五）捷克的佛教

在捷克，大约有6,817人口注册为佛教徒。其中，越南少数民族占该国佛教社区的大部分，同时也是捷克共和国最大的亚裔社区，人数超过 60,000 人，大多数居住在布拉格和海布（Cheb）。此外，在布拉格和布尔诺（Brno）也有一些韩国佛教徒和藏传佛教徒。

（六）捷克的伊斯兰教

传统上，伊斯兰教对捷克土地文化的影响很小。奥匈帝国君主制于 1912 年颁布了一项法律，允许伊斯兰教在捷克存在。第一个穆斯林社区成立于 1934 年，并于 1949 年解散。1991 年，穆斯林社区中心成立。大多数穆斯林来自波斯尼亚—黑塞哥维那和苏联国家。根据 2010 年的人口普查，捷克共和国有 19,097 名穆斯林。

（七）未申报和无关联人员

2012 年欧洲晴雨表关于宗教信仰的民意调查显示，37%的人口是不可知论者或非信徒，大约 34，5%的捷克共和国居民声称没有宗教信仰，另有 44，7%的居民没有申报。这个数字在欧盟是最高的。社会学调查证实，与部队、法院、银行、媒体、政党与非营利组织在内的其他机构相比，人们对教会的信任程度最低。长期以来，该数字一直在 25%左右徘徊。对此，捷克学者奥尔加（Olga Nešporová）认为，大多数捷克人是反对宗教（特别是基督教）的价值观，而不是保持中立的无神论者，即使他们经常不区分这两种特征。对于在共产主义政权时期成长起来的老一代人来说尤其如此，他们继续坚持反宗教的态度和论点。年轻人根本不关心宗教精神，这些主题在他们的世界观中没有位置。虽然他们在“天鹅绒革命”后普遍接受西方的现代整体精神，这并不意味着捷克人对宗教精神的态度与西欧国家相同。反之，他们对宗教的极端消极态度恰恰突出了捷克社会与其他欧洲社会以及东西方之间的差异，这种趋势在将来也不太可能被逆转。①

① NESPOROVA O. Religion: An Unsolved Problem for the Modern Czech Nation [J]. *Czech Sociological Review*, 2009 (6): 34.

第二节 捷克的移民融合

在过去 30 年间，捷克共和国迅速从移民国转变为过境移民国，成为迄今为止后共产主义中东欧地区对移民最具吸引力的目的地，目前移民人数还在不断增加。首都布拉格成为该国 37%移民的家园。同时，捷克社会面临着重大挑战，2015—2016 年欧洲移民和难民危机以及经济增长，对捷克的移民政策和实践具有重要影响。本节重点介绍捷克移民的历史和现实，将其置于更广泛的社会背景下，并讨论以下关键主题：劳工移民问题，移民、庇护和融合政策，以及公众对移民的态度。

一、捷克境内的移民历史

（一）建国前的迁移模式

移民问题一直在塑造和影响着捷克的人文社会。13 世纪和 14 世纪，来自德国的第一波移民抵达捷克的土地，定居在边境地区新建的城镇和村庄以及高地，在波希米亚、摩拉维亚和西里西亚发挥着重要的开拓作用，直到 20 世纪 40 年代末。

几个世纪以来，布拉格一直是欧洲重要的犹太中心，尽管犹太人经常被驱逐出境。18 世纪上半叶，该市约有 1/4 的人口是犹太人。虽然布拉格在其整个历史中以捷克民族文化为主，但在 18 世纪下半叶时被哈布斯堡政府“德意志化”，德语开始占主导地位。

捷克领土在 1867 年成为奥匈帝国的一部分。在 1850 年至 1914 年间，大约有 150 万捷克人，首先移民到美国，部分移民到阿根廷、奥地利、巴西、匈牙利、俄罗斯和前南斯拉夫国家，寻找就业的机会。其中，大多数是农民和工业工人。

（二）建国后的人口迁移模式

第一次世界大战后，捷克斯洛伐克共和国成立，由今天的捷克、斯洛伐克和喀尔巴阡山脉鲁塞尼亚（喀尔巴阡—乌克兰）领土组成，是奥匈帝国的继承国之一。新的议会民主制确立了捷克语和斯洛伐克语作为官方语言的地位，并保护了德意志族裔和其他少数民族的权利，使他们能够拥有教育和文化机构。

据 1921 年的人口普查记录，捷克斯洛伐克境内有大约 300 万德意志族裔，占总人口的近 1/3。在两次世界大战之间，德意志族裔主要集中在捷克蓬勃发展的工业部门工作，如玻璃和纺织品制造业。从 1930 年到 1938 年，德意志族裔在人口中所占的比例非常稳定，一直维持在 30%左右。

在战争之间，捷克土地上第二大民族社区是波兰人。他们在 1930 年占人口的 1%（92, 689）。当时约有 44, 000 名斯洛伐克人也居住在捷克的土地上。

捷克斯洛伐克成立后，人们出于经济和家庭团聚的原因继续移民到美国、法国和德国。这种移民在 20 世纪 20 年代初达到顶峰，并一直持续到 20 世纪 30 年代末。第一次世界大战后，40, 000 名捷克人从美国返回，约 100, 000 人从奥地利返回。然而，返回的人数少于流出的人数，而且在两次世界大战期间，捷克共和国的人口不断减少。

（三）第二次世界大战时期的战时移民模式

1938 年秋天，为了安抚希特勒，欧洲领导人迫使捷克斯洛伐克将大多数德意志族裔居住的地区苏台德地区割让给德国。波兰和匈牙利也声称在捷克拥有战略领土。1939 年 3 月，斯洛伐克宣布独立，并受到纳粹德国的保护。希特勒随后入侵捷克土地，宣布波希米亚和摩拉维亚为德国保护国。该地区一直处于纳粹的控制之下，直到 1945 年第二次世界大战结束。

虽然成千上万的捷克犹太人逃脱了，但估计有 80, 000 人在集中营中丧生。到 1945 年，只剩下 13, 000 名犹太人。到 1950 年，大约一半人已经移民到以色列。

1945 年至 1946 年间，约有 280 万德意志族裔（约占捷克斯洛伐克人口的 25%）被驱逐出境，其中大多数人返回德国。大约 130 万人被遣送往美军占领区，后来成为西德公民。在第二次更有组织的去德国化浪潮中，80 万人迁徙到苏联占领区，即后来的东德。在此期间，成千上万的德意志族裔死于暴力、饥饿和疾病。只有当德意志族裔能够证明他们正在与纳粹主义做斗争，或者他们来自捷克—德意志的跨民族婚姻时，才被允许留下来。根据 1950 年的人口普查，只剩下16万德意志族裔，仅占890万捷克总人口的1.8%。

（四）共产主义时代的移民模式

在共产主义执政期（1948—1989），高技能的捷克人和斯洛伐克人继续移民国外。据估计，超过550,000人移民。离开意味着打破所有家庭关系和社交网络，因为那些离开的人不允许返回母国。移居国外被视为刑事犯罪，其结果包括没收财产，有时还导致亲属受到牵连和迫害。

两次主要的移民潮发生在1948年捷克共产党掌权时，以及1968年苏联及其东欧盟国入侵捷克时。移民主要前往西欧国家，特别是德国，以及传统移民目的地，如美国、加拿大和澳大利亚。他们被视为难民，在上述西方社会中受到同情。高技能工人移民背后的原因主要是政治和经济原因，而部分移民则是对生活水平表示不满。

虽然很少有来自其他共产主义国家的人永久定居在捷克斯洛伐克，但许多来自受苏联影响国家（如安哥拉、古巴、越南、蒙古和波兰）的临时工在获得技能和工作经验的同时，填补了捷克劳动力市场的空白。这种招募学生、学徒和工人的制度是通过政府间协议运作的，在较小程度上是通过个人合同签订运作的，如波兰和南斯拉夫。这些移民通常停留数年，其从业部门涉及食品加工、纺织、鞋类、玻璃制造、机械、采矿、冶金和农业等。

（五）自1989年以来的捷克移民和融合政策

在1989年“天鹅绒革命”后，捷克以西方国家的法律原则为蓝本通过了移民立法。然而，这些规范经济移民入境和存在的政策和做法比大多数发达国家的政策和做法要自由得多。捷克政府签署了数项关于寻求庇护者的重新接纳协议，以及一些关于雇用外国人的多边和双边协议，还与处理国际移民问题的国际机构建立了合作关系，并成功地实施了针对难民、回返移民和其他特定类别移民的国家融合计划。

然而，政府的移民政策在实践中并不完全奏效。原因在于，政策的出台没有考虑到连贯性、互补性，未设置控制机制，未确定一般目标，也没有对移徙者的经济、人口、文化和地理背景做出具体的政策偏好。这种官方的自由放任方式证明了这样一个事实，即政治和经济转型的国家有比移民更紧迫的社会问题需要解决。

在1996—2006年期间，决策者大大改进了移民政策，使其更加具有积极性和系统性。1999年，捷克通过了新的《外国人庇护法》，这是对失业率上升和国家立法与欧盟法律相协调的政策反应。此外，政府还接受了《外国人融入捷克的原则》。一年后，捷克政府据此相继出台《外国人融合概念》，对移民融入社会采取了更为具体的步骤。

2003年，政府使特定移民群体更容易获得永久居留权，同时也保护了劳动力市场。设立的“合格外国工人选拔”项目一直持续到2010年，吸引了约3,500名移民。2004年，捷克加入欧盟后，为外国工人新成立了一个部门，主要是针对来自其他欧盟成员国和第三国国民的工人。虽然欧盟国民可以在捷克自由工作，但第三国国民面临着苛刻的行政和官僚要求，包括劳动力市场测试以及获得签证和工作许可的需要。

2006年，随着《外国人融合概念》的修订，捷克明显转向了公民融合模式，这种方式来自对荷兰、奥地利和德国等其国经验的借鉴。捷克确定了四个优先融合领域：捷克语言培训、经济自给自足、捷克文化环境意识以及外国居民与捷克社会之间的互动。该政策最明显的影响是强制性的捷克语考试，该考试在2009年成为获得永久居留权的先决条件。融合政策的一个长期问题是只针对第三国国民。设立社区一体化中心是整个融合体系的重要组成部分，同时为移民提供社会和司法咨询、口译服务或语言和社会文化课程。目前，来自欧盟国家的移民无法获得广泛的融合计划，他们只能在面临社会排斥威胁或面临与融合有关的其他危机局势时依靠紧急援助。寻求庇护者和难民有不同的融合计划。

加入欧盟后，捷克在经济繁荣时代（2004—2008）的移民特点是大量低技能外国工人的流入，其招聘由非政府机构管理。全球经济危机发生后，政府不得不充当管理的角色，并成功地保护了劳动力市场的稳定，通过几项临时措施减少了第三国国民的移民数量，如不延长工作许可证，改变签证申请程序，以及由国际移民组织（IOM）组织的自愿返回项目。

自2013年以来，随着经济稳定和恢复繁荣，对外国劳动力的需求大幅增加，许多新移民进入该国。在2016年至2017年期间，捷克通过员工登记增加了90,000名工人。尽管对移民融合的立场相当不情愿，但捷克在2014年通过修改

《捷克公民身份法》引入了双重国籍的选择。经过多年的设计和讨论，议会审议通过了《外国自然人法》的修正案。该修正案表明捷克移民政策进一步向公民融合模式的转变，如规定抵达的移民必须在居住的第一年参加适应性融合课程等。

近年来，受经济形势和社会问题的影响，欧洲多国极右民族主义思潮有抬头之势。叙利亚难民危机表明，欧洲对大规模难民潮反应不足。此外，捷克和其他一些会员国拒绝接受按比例重新分配寻求庇护者的共同责任概念。难民危机导致个别成员国之间和内部以及欧盟以外的许多国家在移民和庇护问题上出现前所未有的分裂。捷克社会围绕移民问题的争论日益两极分化。面对普遍存在的公众矛盾心理，支持更开放的移民政策的政客们一直不愿提出自己的观点，而且人数也少于反对方。因此，捷克通过政策所依据的是一种安全范式，侧重于移民控制。2018 年 12 月，捷克是投票反对《安全、有序和正常移民全球契约》的少数五个欧盟国家之一。巴比什总理在推特上写道："我们兑现了承诺，坚持打击非法移民的策略，我们不会接受一个移民。"

二、对捷克当代移民人口的统计与分析

2017 年，超过 524, 000 名移民和 4, 400 名庇护或其他形式的保护接受者合法居住在捷克。虽然 53%的移民持有永久居留许可，但其余的是临时居民，要么是第三国国民，要么是欧盟成员国注册的国民及其亲属。截至 2019 年 6 月的数据，外来移民的主要原籍国保持稳定，42%来自欧盟成员国。前十名流入国分别是乌克兰（11. 7 万）、斯洛伐克（11. 2 万）、越南（6 万）、俄罗斯（3. 7 万）、德国（2. 1 万）、波兰（2. 1 万）、保加利亚（1. 4 万）、罗马尼亚（1. 3 万）、美国（1 万）。

捷克的劳工移徙占主导地位。在捷克经济繁荣时期及其自由主义政策时期（1990 年初，2004—2008 年以及自 2013 年以来），该国经历了大量劳动力移民的流入。在经济衰退或危机时期（20 世纪 90 年代末、2009—2012 年之间），社会提供工作岗位的机会人为减少，捷克政府阻止新的外国人进入劳动力市场，许多在该国工作过的人也容易失去工作。

大多数移民是为了工作机会而来。2017 年，45%的外来劳工表明以就业或

创业为目的，20%的人认为有移民动机，大约44,000名外国人在捷克大学学习。只有27%的人是出于家庭原因来的。由于工作和学习的目的，77%的移民处于从事经济活动的年龄（20—59岁）。在这个年龄组中，20—39岁的年轻群体占所有移民的42%。相比之下，65岁以上的人只占所有移民的5%。

非正常移徙和外国人在非正规劳动力市场上的经济活动难以确定。然而，2017年约有4,700名外国人在试图非法越过国家边境或在内陆没有合法身份文件时被拘留。被拘留者人数最多的是拥有乌克兰、俄罗斯或越南公民身份的个人。其他人则只是在前往其他西欧国家的途中途经捷克。

在经济繁荣时期，移民流入不仅是由经济向好、劳动力市场条件以及政策调整造成的，而且也是由捷克社会的现实问题造成的。其中包括劳动力市场需求与大学毕业生和受训人员的专业不匹配，有限的劳动力流动性，阻碍灵活就业的僵化规则，以及失业未申报。因此，对熟练劳动力的需求无法通过国内劳动力来满足。经过大力游说，主要是大型外国公司和联合企业家团体，国家采取了一些支持劳工的移民措施。一些政党和社会其他阶层原则上反对这些措施。专家们认为，解决问题还必须考虑捷克人口老龄化和经济发展、工业自动化程度提高以及该国在全球经济舞台上的地位。

一般来说，捷克的劳工移民政策更加保护本国和欧盟工人的工作机会，只允许在没有捷克或其他欧盟国家申请人的情况下，才能向第三国国民提供工作机会，即所谓的劳动力市场测试。然而，有一些政策工具，如工作许可证，公司内部员工调动或贸易许可证，使第三国国民能够在特定条件下在捷克工作。此外，有一些专业部门更关注技术工人，提供快速通道和加速程序，欢迎高素质员工，为非欧盟学生提供居留许可。然而，允许通过这些渠道进入的移民人数非常低，行政程序也很复杂，并没有满足需求。

此外，劳工移民趋势有以下四个特点：一是捷克劳动力市场存在细分和专业化，个别移民群体已经找到了特定的利基市场，如越南移民倾向于拥有食品店或美甲店等小企业，而乌克兰人则分布在建筑行业；二是人力资本的全部价值往往没有得到体现，受过高等教育的移民所受的教育程度高于他们在捷克劳动力市场工作所需的水平。45%的乌克兰工人和21%受过高等教育的移民工人普遍存在这种就业不足的情况；三是劳工移民补充的低薪“3D”职业（dirty、 dangerous and demeaning）并不与捷克工人竞争，这往往导致在费用和工作条件方面对移徙者的剥削；四是有三个移民群体在商人或贸易许可证持有者中占有重要地位，分别是越南人、乌克兰人和斯洛伐克人。①

三、捷克社会对移民和难民的普遍看法

捷克人对移民和难民持有欧盟最消极的态度。根据欧洲晴雨表的调查，在2015—2016年移民危机期间和之后，超过80%的捷克受访者对移民，特别是来自非欧盟国家的移民表示消极态度。虽然其他国家经历了大量难民涌入（意大利、匈牙利和保加利亚）或面临与少数民族（波罗的海国家）存在相关的长期紧张局势，但捷克和斯洛伐克脱颖而出，成为移民经验很少的国家，受到2015—2016年难民危机的影响微不足道。

除了全球经济危机，难民融合是一个很少在公共领域提出的话题。二战后，难民首次成为热门话题与南斯拉夫战争和车臣危机有关。2015年，难民话题突然出现在主流媒体的头条新闻中，捷克公众的舆论立即两极分化，普遍对难民问题的认识低于欧盟平均水平，倾向于高估难民带来的社会问题，部分原因是媒体提供的信息不完整或有偏见。传播虚假信息并煽动对特定难民群体仇恨的网站也起到很大的负面影响。例如，网站“ParlamentníListy. cz”经常以诸如“难民危机由（西方自由左翼）精英故意引发，意图改变欧洲人口的构成”之类的标题令人震惊。

有偏见的观点和公众对难民问题缺乏了解，在很大程度上归功于媒体报道。这种报道主要集中在欧洲难民危机期间的事件，关于危机的政治辩论，包括难民配额问题和安全主题。对危机原因、难民本身的处境或捷克现有移民的报道较少。媒体压倒性地将难民描述为安全问题，而不是人道主义或社会问题。媒体语言倾向于使用“海啸”“入侵”等不当词汇。因此，政府官员对难民问题也发表了批评性言论。辩论的基调也受到右翼民粹主义运动的影响。关于难民危机的建设性论点被压制或忽视。

捷克传统上不是一个难民庇护国。与其他欧盟国家相比，捷克提交和批准

① DRBOHLAV D. Building an Integration System: Policies to Support Immigrants' Progression in the Czech Labor Market [EB/OL]. International Labour Organization, 2014-10-01.

的庇护申请数量一直很低，部分原因是其严格的国际庇护政策、极低的庇护补助金比例和作为内陆国家的地理位置。该国在2004年加入欧盟之前收到了较多的庇护申请。1999年至2004年期间，约有77 330名外国人申请庇护，不到2,600个（3.3%）获得批准。其中，2001年有18,000多件移民申请，是增幅最高的一年。乌克兰经济移民占了相当大的份额，并且在短时间内立即进入劳动力市场，从而损害了庇护制度在捷克社会的信誉。在捷克加入欧盟后，由于庇护立法的恢复收紧，申请数量大幅下降。寻求庇护者也更喜欢生活水平较高的老欧盟成员国。近些年来，庇护申请多来自乌克兰、叙利亚、亚美尼亚、格鲁吉亚和阿塞拜疆。该组合大致反映了捷克与苏联集团国家，特别是乌克兰的持久联系，乌克兰近年来由于俄罗斯吞并克里米亚而产生了许多难民。而中东冲突对捷克难民接收的影响很小。

四、捷克对外移民的现象

捷克不是一个传统的移民输出国，但其国际侨民数量不少。截至2017年，约有96万捷克公民居住在国外，其中大多数人是在20世纪90年代政权更迭、2004年加入欧盟之后离开捷克。捷克侨民总数约为250万人。

对外移民的主要目的地包括美国、加拿大和英国。大规模海外移民首先指向美国。第一波捷克移民48人在1848年欧洲革命失败后逃离迫害。第二波移美浪潮始于1867年奥地利政府通过法律，允许合法公民移民。此时，美国1862年的《宅地法》为定居者提供免费土地，加上美国内战的结束，引发了欧洲大规模的移民。根据美国人口普查数据，2006年有超过160万美国居民声称拥有捷克血统，或者在较小程度上拥有捷克斯洛伐克血统。在加拿大，2016年分别约有105,000人和40,000人有捷克和捷克斯洛伐克血统。英国在历史上和最近都是欧洲国家中对捷克移民的最大接受国。2017年，约有55,000名英国居民出生在捷克，49,000人拥有捷克国籍。德国和奥地利是另外两个重要的欧盟目的地，都有超过50,000名捷克居民。在斯洛伐克，有35,000人声称捷克语是他们的母语，这使得双向移民成为可能。

移民的原因随着时间推移发生了变化。经济动机一直占上风，今天仍然如此。然而，如上所述，特别是在世界大战之前和共产主义时期，政治原因是捷克人民向外流动的关键驱动因素，这种流动往往采取未经合法移民程序的逃亡形式。自20世纪90年代捷克加入欧盟以来，捷克青年越来越多地到国外学习，从几个月到几年的临时移徙构成了捷克人进行国际流动的很大一部分。

捷克侨民有着建立当地组织的悠久传统。这些组织充当了捷克人与海外同胞保持联系，并保持与其母语和文化联系的角色。新移民成立了新的组织，逐渐形成非正式的海外捷克学校的全球网络体系。而且，捷克政府一直与侨民组织、海外移民保持联系，给予文化和教育资助，通过公共活动、会议和颁奖典礼为他们提供知名度。

五、面对人口问题的挑战

现有的全球和区域挑战，包括绝对人口下降和人口老龄化，对捷克的移民现实产生了重大影响。从政治上讲，欧盟成员国内部在移民问题上的压力，以及在全球层面上刺激移民的较贫穷和富裕国家之间的经济、政治和其他不平等现象，也对捷克构成挑战。

此外，该国对经济移民的态度没有得到系统的治理，现有的政策和做法比较被动。该国在移民问题上仍然严重两极分化，而更响亮的意见往往是反移民和民粹主义。专家们一致认为，政策制定者有必要支持关于捷克移民的公开辩论，制定新移民政策，涵盖所有类型的移民潮，确保所有移民群体都能够融入捷克社会，确保移民为捷克经济和社会服务，并确保该国能够履行其对欧盟的责任。

第三节 捷克共和国的社会学发端

捷克共和国的社会学主要是由托马斯·马萨里克和他的追随者发起，将捷克国家的文化、社会和政治解放密切结合而产生的。他们期望社会学应该发挥政治作用，并为民族主义事业做出具体贡献。因此，从一开始，该学科的使命就存在于捷克共和国的社会实践当中。1918年奥匈帝国在一战中被击败后，国家建设无缝地转变为社会建设，为捷克斯洛伐克的社会学提供了一个独特的历史机遇。

一、马萨里克的社会学著作

1880年始，捷克社会学的开端与马萨里克的学术和政治生涯交织在一起。之后的40年期间，他是布拉格捷克大学教授该学科的唯一教授。在马萨里克的思想中，社会学与历史哲学紧密相连，两者都被期望为实践国家生活提供指导。马萨里克和他的学生爱德华·贝奈斯是早期的公共社会学家，在一个民族主义愿望强烈的时代研究捷克的社会生态。尽管他们声称社会学为其政治行动提供了科学基础，但当他们成为独立的捷克斯洛伐克的领导人时，多忙于国家政务。因此，捷克社会学的第一个学科基础是在第一次世界大战前奠定的，但理论构建仍然脆弱。

托马斯·马萨里克在1880年选择社会学作为他的学术专业，仍然在哲学范围内，当时这一学科在西方大国处于早期形成阶段。在接下来的40年里，马萨里克在捷克新闻和文学领域通常被称呼为“大师”（Grand Master）。他以极大的奉献精神支持着这门新学科的发展，撰写了第一批捷克社会学著作，应用了社会学的思维方式。马萨里克利用他的学术和政治影响力提升了这一学科的地位，并向几代热情的学生讲授社会学主题。如果说政治领袖马萨里克对捷克社会的影响不能被低估，那么社会学家马萨里克对捷克社会学的影响也是如此。第一个捷克社会学协会成立于1925年，在他有生之年仍被称为马萨里克社会学协会。

作为马萨里克的忠实崇拜者，美国社会学家厄尔·爱德华·尤班克在马萨里克去世一年后发现，他作为社会学家的重要性几乎被社会学家群体遗忘了。主要原因是马萨里克作为“国家的缔造者”“民族的解放者”和四次当选捷克斯洛伐克总统，在政治事业中过于成功，而显得他的社会学学术贡献被人忽略了。

关于马萨里克对学术社会学的贡献，有三点需要说明：

第一，尽管马萨里克撰写了大量著作，所有这些著作也都与社会学有关，但他在晚年和去世后留下的社会学领域的遗产相当有限。

第二，马萨里克的主要哲学和社会学思想密切相关，且出现相互矛盾之处。这一事实可能基于这些思想在实际政治生活中的灵活运用，同时也造成马萨里克之后捷克社会学发展的障碍。

第三，虽然马萨里克作为捷克社会学的知识分子和学科创始人的角色是无可争议的，但他充满魄力、多面性的人格及政治影响力是帮助这个新建学科获得某种地位的更重要的因素，而不是他对社会学本身的知识贡献。

事实上，由于个性中突出的实践倾向，马萨里克只创作了少数几部可以被归类为纯学术社会学的文本。他的早期专著远非独立的客观研究，而是对现代道德和宗教弊病的热情控诉，试图从源于新教的一种新形式的开明宗教中寻找补救办法。1882 年，他搬到布拉格，在布拉格大学新成立的捷克分校担任了社会学教授，此后不久，马萨里克就深深卷入了新兴的捷克国家的政治斗争中，这一直困扰着他的余生。

马萨里克最雄心勃勃的认识论论文《具体逻辑的基础》（*Fundamentals of concrete logic*，1885），表达了社会学概念背后的理性。《社会学手册》（1900）以一系列期刊文章的形式出现，但未能完成，这是他第二次也是最后一次试图为这门学科建立认识论和方法论基础的尝试。对于马萨里克的实质性社会学贡献，人们不得不细读他在宗教哲学、文化历史和政治理论方面的许多作品，以及他的政治小册子。可以肯定的是，马萨里克认为任何这些作品都是社会学的范畴，只要涉及社会和历史事实，就应该进行不带偏见的“科学”分析，他和他的追随者被称之为“批判现实主义”。从这个意义上说，他的大部分工作都是为社会学而做的。但是从学术社会学发展的角度来看，可以得出这样的结论：社会学著作只占捷克社会学创始人多产作品的一小部分。

二、马萨里克和贝奈斯：公共社会学家，还是政治家？

像那个时代的许多其他社会学家一样，马萨里克是一位社会改革家。有人说，他符合英美改革派社会科学家的模式，因为受到他的新英格兰妻子夏洛特·加里格（Charlotte Garrigue）和他在海外的众多关系的影响。但他首先是一位中欧政治领袖，或者更戏剧化地说，他是一位争取民族独立的斗士，成了一个新国家的缔造者，这是在他那个时代或其他任何时代都很少有其他社会学家能够企及的。在很大程度上，马萨里克的作品充满了历史哲学，为他的民族主义政治纲领提供了理性的辩护。正如同时代的年轻人卡雷尔·加拉（Karel Galla）评论的那样，马萨里克认为社会学是"哲学和实践之间的一个中介环节"。从他的《具体逻辑基础》中可以看出，他在早期学术阶段就认为历史哲学是社会学的一部分："关于目的论和发展的基本原理的问题被一些社会学家归入形而上学的领域。……我现在可以简单地说，应该研究所有这些问题的是社会学，而不是一些超科学的历史哲学或形而上学。当然，我并不反对术语；始终涉及的是正确理解历史哲学作为社会学的一部分的意义，而不是作为一门科学或哲学的一部分，脱离和高于社会学。"①

在他关于捷克民族的著作中，马萨里克发展了一种基于宗教的历史哲学，这种哲学依赖于这样一种假设，即"民族集体的命运是由天意所支配的，这种天意站在那些致力于民主人文主义理想的民族一边"。在这里，马萨里克遗产中最有问题的一面浮出水面：在他的全部作品中，社会学、哲学思辨、历史建构、宗教信仰、政治运动和道德讨伐交织在一起；陈述事实之后是价值判断，所有这一切都令人困惑地披上一层从实证主义到科学主义借用来的语言。这是马萨里克的一些反对者在关于"捷克历史的意义"的长期辩论中对他的批评，这场辩论于1895年由马萨里克的历史政治研究《捷克问题》的出版而发起，涉及连续数代最杰出的捷克知识分子。

马萨里克和他在社会学和政治学领域最亲密的弟子爱德华·贝奈斯可以被视为早期"公共社会学家"的典范。在奥地利学派的统治下，马萨里克和贝奈斯代表了传统和有机两种类型的公共社会学家。他们是受过教育的国家精英成员，通过学术著作、新闻和政治活动，像传统的公共社会学家那样影响公共辩论。但从另一个角度来看，他们是与"奥匈帝国的臣民"——捷克人密切联系的知识分子。如果谈到在本土出现的那些活跃的、有政治预见的现象，那么这正是马萨里克和贝奈斯在第一次世界大战前几年所做的事情。当时，捷克的"有序化""小规模工作"和"社会化"构成了马萨里克政治纲领的核心。但当1918年命运的惊人转折将马萨里克和贝奈斯推上了新成立的国家最有权力的政

① MASARYK T G. Theory and Practice: The Establishment of Sociology in the Czech Environment [J]. *Historická Sociologie*, 2018 (2): 27-39.

治领导人的位置时，将他们再归入公共社会学家的范畴似乎已不再合适。他们作为国家政治权力的拥有者，这种身份的转变必然会与他们的公共社会身份产生深刻的冲突。

马萨里克从1918年到1935年担任捷克斯洛伐克总统。贝奈斯在马萨里克任期内担任外交部部长或总理，并在1935年至1948年期间担任总统，在战时中断期间，他大部分时间是作为流亡政府的首脑度过的。在这段时间里，他们一直坚持认为他们的政治行为是建立在社会学提供的科学基础之上的。贝奈斯描述了他们政治实践的共同基础，用词明确地揭示了他的信念，即好的政治是基于社会学训练，作为实践社会学的政治的自觉实践，社会学科学方法的一致应用，辅以哲学和历史哲学。

然而，这句话也表明，和马萨里克一样，贝奈斯认为，实践行动需要由大胆的历史眼光来管理，而科学社会学本身无法提供这种眼光。他强调说，政治家要取得伟大成就，需要历史哲学。

但在实际操作中，马萨里克和贝奈斯都倾向于向“现实政治”（Realpolitik）做出比他们愿意承受的更大让步。在第一次世界大战期间争取捷克斯洛伐克独立的斗争中，以及随后担任总统期间，马萨里克经常运筹帷幄，利用宣传来最大化成功的机会。他不回避琐碎的政治活动，并有意识地培养对自己的个人崇拜。作为政治领袖，他不得不做出无法让所有捷克斯洛伐克公民群体都满意的决定，其中一些群体比其他群体更感到愤怒，如德国人、斯洛伐克人、天主教徒、共产主义者。他的继任者贝奈斯作为捷克斯洛伐克总统则面临更大的政治困境。众所周知，他在1938年9月决定放弃武装保卫国家对抗希特勒，在1945年驱逐苏台德地区的德国人，并在1948年将政治权力移交给共产党，这些历史事件都是颇有争议的。

尽管有这些保留意见，但将马萨里克和贝奈斯视为老生常谈的政治家，将他们创建的国家视为“失败的国家”是不公平的。两次世界大战之间的捷克斯洛伐克有一个不完美的、带有民族偏见的民主（Szporluk，1981）称之为“人性化的民族主义”（nationalism with a human face），但它仍然是一个民主国家，其自由主义的气候在20世纪20年代吸引了来自红色俄罗斯——包括后来的哈佛大学社会学系主任彼蒂里姆·索罗金（Pitirim Sorokin）、法国社会学家乔治·古尔维奇（Georges Gurvitch）和布拉格学派创始人罗曼·雅各布森（Roman Jakobson）在内的移民，在30年代吸引了来自德国和奥地利的移民。在失去独立之前，捷克斯洛伐克一直是德国和奥地利犹太人和反法西斯主义者的临时避难所和逃跑路线。尽管捷克人对马萨里克的崇拜是过度的，在极端的情况下，甚至是无味的，但是马萨里克的确赢得了包括社会学家在内的当时许多重要人物的真正尊重。

三、奠定社会学的体制基础

1918年独立前的捷克社会学主要存在于马萨里克个人及其合作者、学生和追随者圈子中。700万捷克人可以用捷克语学习人文和社会科学。该大学的捷克分校和德国分校都没有社会学教授。教授社会学只是因为拥有哲学教授职位的马萨里克将他的一些讲座致力于社会学主题。他在1884—1885学年开设了他的第一门课程“建立在社会学基础上的实践哲学”——这比埃米尔·杜尔凯姆（Emile Durkheim）在法国举办第一次社会学讲座早了3年。但是直到1918年以后，才出现社会学的研究项目或学位。在第一次世界大战前的几年里，这种缺失通过自助活动得到了部分弥补，最重要的是1911年成立的捷克斯洛伐克学生联盟和受过学术教育的妇女协会的联合社会学部门，该部门由马萨里克的女儿爱丽丝·马萨里克（Alice Masaryk）领导，她本人就是一名“应用社会学家”。爱丽丝·马萨里克因母亲的血统而称为半个美国人，她在1904—1905年在芝加哥大学社会安置区待了一年多。在那里，她结识了珍妮·亚当斯（Jane Addams）、查尔斯·里士满·汉德森（Charles Richmond Henderson）和乔治·赫伯特·米德（George Herbert Mead），深受芝加哥社会改良主义精神的影响，由此成为波希米亚和后来捷克斯洛伐克社会工作和公共卫生发展的主要人物。

该学科在布拉格捷克大学的地位在第一次世界大战前不久有所提高，当时马萨里克的两名学生获得了特许任教资格学位，两人都是哲学专业，但重点是社会学。第一位是布热蒂斯拉夫·福乌斯卡（Bretislav Foustka）。他于1905年被任命为讲解员（Docent），并在随后的捷克社会学机构成长中成为一位重要人物，在20世纪的第一个十年中取代了马萨里克的讲座。福乌斯卡是捷克知识精英俱乐部的主要成员，强调教育，提出“社会优生学”（sociální eugeniky）的必要性。他对该领域最重要的贡献是《人类社会中的弱者》(*Weak in human society*, *Slabí v lidské společnosti*) 一书。该书从马萨里克的人文主义哲学的角度对社会达尔文主义进行了批评，并翻译了富兰克林·吉丁斯的论文《社会学原理》(*The principles of sociology*, 1900)，该书是近 30 年来唯一用捷克语翻译的美国社会学重要著作。

马萨里克的第二个门徒是爱德华·贝奈斯，他在布拉格的捷克大学获得了博士学位。贝奈斯早年是一名多产的学术作家，其巅峰之作是一本关于政党的书。紧随马萨里克的脚步，他在第一次世界大战爆发后流亡到法国，很快成为捷克斯洛伐克独立运动的领导人之一，外交和政治仍是他余生的主要角色。

总之，1918 年前的捷克社会学是一个不断发展的学科。尽管如此，这一学科仍远未实现完全的学术规范化，正如社会学最狂热的倡导者之一伊曼纽尔·查鲁普纳在第一次世界大战中期提出的抱怨所证明的那样，没有专门的社会学图书馆。在这个时期，无法描述那些希望从国外为自己提供学术文献的人所面临的困难。因此，当学校指令社会学的系统培训时，当那些对这门科学表现出特别热情的个人缺乏以适当的方式得到有效帮助时，当社会学的讲师被迫在哲学或类似的宽泛标签下申请授课时，人们惊讶社会学的大门对空洞的陈词滥调和江湖骗子敞开着。

在其他中欧国家，早期社会学的一些最重要的代表是马克思主义者，如波兰的卡兹米尔兹·库拉图斯基 (Kazimierz Kelles-Krauz)、路德维格·基尔希纳 (Ludwik Krzywicki) 或奥地利总理卡尔·伦纳 (Karl Renner)、奥托·鲍威尔 (Otto Bauer)。而在捷克，社会学和马克思主义几乎完全分离。当共产主义时代的社会学历史学家瓦内克·安东尼 (Antonín Vaněk) 试图构建捷克马克思主义社会学 (Czech Marxist Sociology) 的历史时，他不得不满足于两次世界大战之间的少数边缘人物。社会学和马克思主义之间的这种距离是由马萨里克本人的政治取向造成的。诚然，他倾向于社会主义，但他的社会主义是一种公开的改革派和以宗教为基础的社会主义。马萨里克在他的许多著作中反对历史唯物主义，反对对社会秩序进行革命性改革的想法，也反对马克思主义对宗教的批判，最系统地体现在他的著作《社会问题》(*Sociální otázky*, 1898)。因为社会学可以说是“马萨里克的科学”，这门新学科的追随者很少表现出马克思主义倾向；相反，马克思主义的支持者对马萨里克和社会学也保持了距离。

小结

实证主义、科学主义和历史哲学之间的联盟是马萨里克社会学的基础和最大特点。这种社会学的“双重特征”为两种不同类型的社会学发展铺平了道路，推动了捷克实证社会学研究的兴起和捷克哲学家、神学家以及历史学家对社会学兴趣的培养。这无疑是进步的，事实也是如此，社会学的观点只是一种更复杂的历史哲学的形式。不同于非科学的历史哲学，因为它是由受过教育的批判性思维所追求的。在马萨里克去世后，传统中极为宽泛和淡化的社会学观点在他的追随者中持续存在，并导致与社会学作为经验科学的年轻支持者产生尖锐冲突。在公众眼中，社会学大致等同于为捷克民族和国家建设服务而对政治目标的学术追求。当然，把这种状况的所有责任都推到马萨里克身上是不公平的。20 世纪上半叶捷克社会学的具体问题是，马萨里克作为政治家和国家象征的非凡地位，使得他的社会学后代几乎不可能走出他的漫长阴影。马萨里克的权威使他的学生处于从属地位。因此，在两次世界大战期间，捷克社会学经历了许多代际冲突，但几乎没有产生代际更替。①

第四节　捷克社会学的扩展期

在第一共和国时期和 1945 年至 1948 年短暂的战后间歇期，社会学在捷克斯洛伐克独立后向前迈进了一大步，达到了制度化的相对高级阶段。社会学成为公认学科，全国性社会学协会成立，布拉格和布尔诺成为社会学发展的两个中心。1939—1945 年被占领期间，德国纳粹对捷克知识精英进行人身和政治攻击，捷克社会学受到了沉重打击。1945 年后共产党取得政权后，社会学经历了一次短暂的扩张，在 1948 年后再次被逐出官方学术生活。

---

① MAREK S, BALON J. *Sociology in the Czech Republic Between East and West* [M], London: Palgrave Macmillan UK, 2017.

一、高等教育领域的社会学两大中心的形成

两次世界大战之间是捷克社会学第一次制度化发展和稳定的重要时期。在高等教育领域尤其如此。社会学成为公认学科，在捷克斯洛伐克独立后进入制度化的阶段。布拉格和布尔诺发展成为社会学的两个中心。

（一）查理大学社会学中心

1919 年，查理大学任命了社会学教授布热蒂斯拉夫·福乌斯卡。他曾经与贝奈斯一起研究了《社会、社会主义和工人运动》(1904)。当时已近 60 岁的福乌斯卡可能尽了最大努力来承担这一职务的重担，创立了“马萨里克社会学”，但学术深度不够，与其说是“社会学思想的创造者”，不如说是“社会学制度的创造者”。1923 年，查理大学任命了第二位社会学教授——外交部部长贝奈斯，但除了几个短暂的任期之外，他忙于政治，无暇教学。

在 20 世纪 20 年代的大部分时间里，布拉格的两位社会学教授都未能有效地推动这门新学科的发展。这种情况在 1932 年约瑟夫·克拉尔的到来而有所好转。与福乌斯卡和贝奈斯一样，克拉尔也是马萨里克的学生，支持马萨里克的人文主义，倾向于社会学的客观主义和经验主义概念，但只专长于捷克哲学史和社会学潮流，对捷克社会学发展的贡献主要在于对布拉格学派的整合与组织，他作为马萨里克社会学协会的副主席、创始成员之一，开办了布拉格社会学派主导的《社会问题》期刊，支持年轻学者将社会学作为一门真正的实证科学加以实践。他能够跟踪并简明扼要地批判性地评论所有国内和相当一部分国外社会学思潮，在第二次世界大战之后研究了“马克思列宁主义社会学”，包括对官方斯大林主义路线的批评。1968 年，他被选为捷克斯洛伐克科学院社会学会名誉主席。

（二）马萨里克大学社会学中心

1922 年，在捷克社会学家布拉哈（Inocenc Arnošt Bláha）的指导下，布尔诺的马萨里克大学成为捷克社会学的第二个中心，在某些方面的重要性甚至超过了布拉格。布拉哈在第一次世界大战前就建立了自己的社会学信条，他是马萨里克“批判现实主义”（Critical realism）更新版本的支持者。不同的是他对

实证社会研究更感兴趣。布拉哈阐述了功能主义社会理论（functionalist social theory），并总结为"联合功能主义"（federative functionalism），其基础是每一种社会功能都是在具体的社会情况下产生出特定需求的满足。①

然而，他的理论也有明显的局限性，与马萨里克一样持有强烈的伦理色彩，具有道德主义的劝诫和教育说教的性质。布拉哈的社会学按主要主题领域分为城市社会学、道德理论、家庭社会学和社会类型社会学，形成了方法论观点和一般社会学理论的概念。他致力于道德生活的问题，所捍卫的个人道德行动主义反映在《道德哲学》（1922）和《科学道德与道德教育》（1940）中，并发展了主观主义方法论和完善了经验主义的概念，区分了主观经验方法和客观经验方法，这与狄尔泰对内部和外部经验的划分非常相似，但明显背离了孔德的实证主义，以原始的方式融入了狄尔泰生活哲学的论证程序，着重强调个人的活动。

尽管如此，布拉哈对捷克社会学的贡献是毋庸置疑的。作为社会学主席和多产作家，他用了近30年时间把研讨会变成了一个蓬勃发展的培训和研究中心，吸引了一批有才华的年轻人，缔造了"布尔诺社会学学派"（Brno Sociological School），大大地提升了捷克社会学的国际地位。

与布尔诺的马萨里克大学有关的是伊曼纽尔·查卢普尼。他撰写了第一部捷克社会学导论，以及一部雄心勃勃的12卷著作《社会学系统》（实际出版了10卷）。此外，他还写了几十本篇幅较短的书和小册子，涉及广泛的社会学主题。

由此，捷克社会学被分成了两个学派，产生了"中心—边缘"冲突。相比，布拉格学派（Prague School）更具右翼色彩，不接受辩证唯物主义，注重经验主义、非评价性和定量方法论，更面向美国，将社会学实践为客观的、世俗的和实证社会科学；布尔诺学派（Brono School）持有左翼理念，受马萨里克的启发，带有道德说教和基于宗教议程，将社会学视为服务于国家社会的应用社会

① OBRDLIKOVA J I A. *Bláha's federative functionalism* [M]. Collected papers of the Faculty of Arts, Brno: Brno University Press, 1970: 15-24.

哲学，努力在公共事务中实现积极变革，更面向法国和斯拉夫世界，尤其是南方。①

(三) 其他社会学机构的出现

在两次世界大战之间，大学之外最适合社会学教学的机构是布拉格自由政治学院。该学院由捷克斯洛伐克教育部于1928年建立，作为一所大专院校，提供为期两年的社会科学和新闻培训。社会学是学校课程的中心科目之一，其他学科还包括政治学、国际关系、公共管理或社会政策。

捷克斯洛伐克共和国社会研究所是社会福利部的一个咨询机构，成立于1920年。几乎所有对社会学感兴趣的人都与该机构有荣誉关系。20世纪20年代末，洛克菲勒基金会选择该所作为在捷克斯洛伐克的学术合作伙伴。由于其主要任务是在社会政策上提供专家意见，因此它能够给予社会学研究的支持是相当有限的。

捷克斯洛伐克社会学家的第一个专业协会——马萨里克社会学学会（MSS）成立于1925年。该学会成立后由于经费缺乏，难以开展有成效的研究或出版活动，协会议程减少到组织公开讲座和赞助出版一系列书籍，但从未组织过全国性会议。1931年底，会员团体由48个正式会员和80个附属会员组成。直到二战前，会员的平均增长率每年略高于10个新会员。1934年，新创立的“通讯会员”称号被授予了59位外国社会学家，其中大部分是美国或西欧的社会学家。

二、捷克社会学界的严重分裂

1930年，查鲁普纳与布拉哈领导的布尔诺学派和克拉尔领导的布拉格学派之间爆发公开冲突。几年后，布拉格派脱离马萨里克社会学学会，转而成立了“捷克社会研究学会”，其明确目标是促进“基于经验和客观方法的社会科学研究”。在他们眼里，马萨里克社会学学会关注的是哲学或新闻，而不是社会学；布尔诺学派代表了一种过时的社会学形式。这是该学会解体的主要原因。

在专业社会学期刊出现之前，捷克社会学家主要在马萨里克及其追随者创

---

① PETRUSEK M. Poučení ze zcela nekrizového vývoje české sociologie let 1989—2001 [J]. *Sociologický časopis/Czech Sociological Review*, 2002 (38): 7-15.

办的哲学和普通期刊上发表文章，如《我们的时代》（*Our Time*［英］，Naše Doba［捷］）、《捷克思想》（*Czech Thought*［英］，Česká Mysl［捷］）。第一份真正的社会学杂志《社会学评论》（*Sociological Review*［英］，*Sociologická Revue*［捷］）由布拉哈于1930年创办，并很快成为马萨里克社会学学会的官方杂志。该杂志除了发表捷克和外国作者的文章，还设立篇幅巨大的评论栏，每年都有数百本国内外的新书和杂志被评论，使捷克社会学成为国际社会学对话的平台。20世纪30年代捷克斯洛伐克最大的问题是国家与民族命运的问题，尤其是德国法西斯主义与民族解放斗争，德国与捷克、斯洛伐克、匈牙利关系，经济大萧条对工业、工人阶级和农村的影响以及威权主义者对民主秩序的破坏。因此，就主题结构而言，发表在《社会学杂志》上的文章围绕上述主题展开。①

第二份期刊《社会问题》（*Social Problems*［英］，*Sociální Problémy*［捷］）在1931年由竞争对手布拉格学派创办，其办刊宗旨在于培养在社会逻辑基础上的各个社会科学之间的合作，以便对社会进行客观和统一的研究，以及理论和实践之间的真正契合，有目的地改变社会秩序。这份杂志出版的频率较低，书评区也不太全面，但就发表文章的质量而言也是不相上下的。应该指出的是，这两个团体都利用他们的杂志向对方已发表的作品进行了攻击。

两次世界大战期间，两个社会学协会和两种期刊的存在证明了捷克社会学界的严重分裂。这种对立二元论反映了捷克社会学中一种根本性的紧张关系，而不仅仅是布拉格和布尔诺这两个地理中心之间的竞争。它的核心是一小群来自布拉格学派的年轻社会学家和更传统的马萨里克社会学追随者之间的对垒，前者致力于实践他们以西方为中心所提倡的社会学，后者坚持捍卫本土经验的指导地位。

社会学"西方"概念的主要支持者泽登内克·乌尔里希（Zdeněk Ullrich）和奥塔卡尔·马乔特卡（Otakar Machotka）曾在德、法两国的多所大学学习过。他们决心将其注入捷克社会学。乌尔里希对历史和经验社会学感兴趣，在洛克菲勒基金会的资助下，对布拉格周边农村城市化进行收集研究成书。这是芝加哥学派关于欧洲城市理念的首次应用。和乌尔里希一样，马乔特卡和乌尔里希

① DUSAN J. A Contribution to the Sociological Analysis of the History of Czech Sociology［J］. *Sociologicky casopis / Czech Sociological Review*, 2011, 47（5）: 991–1016.

共同撰写《现代生活中的社会学》(*Sociology in modern life*),以产生知识的实证研究应用于社会和政治改革。他在1960年对穷人住房条件的社会调查中发挥了核心作用。

"年轻一代"的另一位成员扬·默特尔引发了科学实证社会学的追随者和老一代人之间的争论。在他关于政党的开创性著作中,默特尔向马克斯·韦伯(Max Weber)致敬,宣称"积极的、经验主义的、价值中立的方法是社会学研究中唯一正确而富有成效的方法"①。马萨里克认为社会学是一种开明的公共行动主义,是将哲学与政治实践联系起来的经验科学。于是,双方爆发了一场被称为"客观主义辩论"(objectivism debate)的方法之战(1931—1932)。对这一学科转型最持久的影响来自马萨里克的秘书瓦西里·克拉奇(Vasil K. Škrach)。他揭示了马萨里克追随者和西方社会学拥护者之间的裂痕,指出了西方社会学的危险来自"肤浅的实证主义","他们没有信仰,没有思想,渴望一种去哲学化的、去历史化的、去价值观的、去意识形态化的、机械的、精确的社会学,而我们的取向是反客观主义的、动态的、历史的、实用的和改革的"。②他的批判性言论表明马萨里克阵营在两次世界大战之间的公共话语中非常有影响力,由此产生的知识氛围对"客观主义"社会学的发展产生了限制作用。

三、捷克社会学的两个低谷阶段(1939—1945,1945—1948)

在德国纳粹占领的6年时间里(1939—1945),所有高等教育机构的关闭、灭绝犹太人和其他少数群体的政策、对抵抗运动的残酷迫害以及审查制度,使捷克社会学遭到了毁灭性的打击。在德国"保护国"下实践的社会学类型在很大程度上是旧的两次世界大战之间的社会学。大学教师被迫退休或被解雇,而公务员往往能够保住工作。社会学家中很少有人与纳粹合作,他们中的大多数都是第一共和国的忠实支持者,并或多或少地信奉着马萨里克精神。两家期刊

---

① 马克斯·韦伯、卡尔·马克思和埃米尔·杜尔凯姆并称为社会学的三大奠基人。与发扬历史唯物主义的马克思以及奉行实证主义的杜尔凯姆相比,韦伯更强调主观因素对社会研究的重要性。

② ŠKRACH V K. Rozhledy počeské sociologii (A survey of Czech sociology) [J]. *Česká mysl*, 1932 (28): 218-231.

暂停了出版，但社会学学会在将马萨里克的名字从其官方名称中删除后继续运作。社会学对一些左翼年轻人变得有吸引力，他们甚至在该协会的赞助下接受了某种社会学培训。战争结束后，他们加入了共产党，并很快在社会学复兴的过程中发挥了作用。

1945 年捷克民族解放运动开创了人民民主的新制度，带有强烈的民族主义和社会主义色彩。捷克政治体系中只允许有四个政党，其中三个左派分别是国家社会主义者（National Socialists）、社会民主党（Social Democrats）和捷克共产党。捷克共产党依靠莫斯科的强大支持，夺取全国政治权力。同时，捷克共产党在资本主义工业的社会化以及战后惩罚和种族清洗等重大政治问题上得到了支持。包括社会学家在内的知识分子被一个全新的、更美好的社会前景所吸引。捷克民族的自我意识实现了大规模转变，从与西方的历史联系转向斯拉夫和社会主义东方。捷克知识分子阶层主持了这一年来最根本的转变，在“斯拉夫团结”（Slavic Solidarity）的荣耀下，全力支持贝奈斯总统的“新斯拉夫政治”（New Slavic Politics）。

在捷克社会学家中，1945 年以后没有人公开质疑新政治路线。相反，他们毫无保留地支持由社会学家贝奈斯总统领导的国家和社会革命。两份社会学杂志分别于 1946 年和 1947 年重新创刊，加入了全社会颂扬新制度的大合唱之中。在战后第一期《社会学杂志》（*Sociologická revue*）的介绍中，伊诺森·布拉哈称“社会正义”和“民族和道德净化”是当前社会学的主要任务。奥塔卡尔·马乔特卡是 1945 年 5 月布拉格起义的反对纳粹领导人，在战后成为捷克国家社会党的政治家。他在小册子《捷克人的社会主义》（*Socialism of the Czech man*）中采用了马萨里克历史哲学的基调，阐释捷克的历史和民族性格与社会主义的关联性，认为这将不可避免地诞生出一种“抒情的”“温和的”社会主义新模式。

类似于第一次世界大战后的扩展，布拉格和布尔诺的社会学研讨会在战后几乎立即恢复了教学。由于当时的进步主义气氛和人们普遍认为社会科学将为社会和政治改革的成功提供必要的指导，在社会科学领域建立了两所公立高等教育机构：布拉格政治和社会科学学院（1945）和布尔诺社会科学学院（1947）。作为洛克菲勒基金会代表访问布拉格的美国经济学家诺曼·布坎南

(Norman S. Buchanan) 记录了当时捷克社会学的基本状况:"广义上讲,捷克社会学在所有社会科学中最为活跃。由于政府改革提供了大量的社会福利和社会保障,因此愿意从事社会学工作的知识分子群体规模较大。政府部门致力于诸多社会学问题的解决,对城市化问题、家庭问题、农村组织问题、道德问题等都给予了极大的关注。"① 同时,二战后,捷克的高等教育处于迅速恢复时期。学生人数激增,所有在德国占领时期被剥夺上大学机会的人都被允许学习。这些年轻学生将在新成立的社会科学机构建设中成长为基层干部群体,推动20世纪60年代捷克斯洛伐克社会学的复兴。

然而,1948年发生的二月政变给第二次世界大战后刚刚起步的捷克社会学画上了一个句号。社会学因为关于社会结构和社会动力学的研究与阶级分析理论不相符,成为政治干预的目标。在变革过程中,捷克社会学家在学术研讨会上发生了激烈讨论和争论。马乔特卡和乌尔里希成为第一批被查理大学开除的教员。布拉格和布尔诺的社会学研讨会负责人被强迫退休。这些年轻的社会学家选择移民海外。9月,社会学灵魂人物内奈斯的辞职使社会学失去政府高层的支持,被宣布为"资产阶级伪科学",禁止进入国家政治和社会生活。捷克社会学被逐出大学,期刊停止发行。捷克社会学创始人马萨里克的社会学思想也成为学术禁区。

第五节 捷克社会学的复兴期

1953年斯大林和哥特瓦尔德相继去世。1956年苏共第二十次代表大会启动"去斯大林化"进程,在苏联的卫星国之间引起了强烈反响。波兰波兹南事件和匈牙利十月事件导致卫星国国内政治动荡,并与苏联关系处于极其紧张的状态。在政治局势急剧变动的时期,中东欧知识界萌生了"复兴"正统马克思主义的现象。捷克斯洛伐克的社会学理论重新进入马克思列宁主义知识分子的辩论活

① SKOVAJSA M, BALON J. *Sociology in the Czech Republic Between East and West* [M]. London: Palgrave Macmillan UK, 2017: 41.

动。辩论主题涉及恩格斯的《家庭、私有财产和国家的起源》、芝加哥社会学派的主要理论、贝奈斯的“今天和明天的民主”、金博尔·杨（Kimball Young）的领导理论。

到1964年，社会学研究被广泛认为对捷克斯洛伐克的经济、社会和政治重建有用。捷克斯洛伐克没有经历震撼匈牙利、波兰的政治剧变，“去斯大林化”进程相对温和，但短暂的自由化也改变了国内的思想氛围，出现了由以经验为导向的官方马克思主义社会学。捷克社会学的第二次制度化发生在很短的时间内，捷克斯洛伐克社会学协会、科学院社会学研究所和几个大学系都成立于1964—1966年。由于新的国际交往和共产主义改革者的支持，社会学迅速发展起来。但是在1968年苏联入侵后，这种学术繁荣骤然结束。

一、捷克社会学的组织建构

20世纪50年代，捷克共产党组织创造了一个新的制度矩阵，捷克社会学在这个矩阵内得以重建。这一矩阵由三种类型的机构组成：科学院研究所、大学和政府各部门赞助的专业研究所。

位于奥洛穆茨（Olomouc）的帕拉茨基大学（Palacký University）成立于1946年12月。1948年后，捷克斯洛伐克大学采用苏联大学系制，取代了由教授个人担任的传统教席。这些部门隶属教育部。附属于各部的专业研究所是与社会学相关的第三类机构。这些中心在工业关系、城市规划、社会医学或农业经济等领域培养了某种形式的应用社会研究。1952年，政府建立了一个庞大的研究机构——捷克斯洛伐克科学院（Academy of Sciences），与苏联学术模式完全接轨。这与其他共产主义集团国家的苏联式研究同时进行。学院的规模迅速扩大，直到1969年，包括138个研究所和其他研究中心以及超过13,000名成员。捷克共产党中央委员会高等党校和军事政治学院都成立于1953年，总部设在布拉格。马列主义高等教育学院成立于1957年。这是一所精英学院，目的是不断提高全国高等院校马列主义教师的素质，保证马克思列宁主义的教学不偏离党强加的正统观念。社会科学和人文科学从这一发展中受益匪浅，但政府对科学院的所有研究有严格的意识形态控制。

1956年后，捷克斯洛伐克的新马克思主义社会学在与哲学密切相关的情况下得到发展，这一过程与二战前情况极为相似。与社会学不同，哲学在 1948 年后并没有被完全废除，而是分化为准哲学学科——马克思列宁主义哲学和“辩证唯物主义与历史唯物主义”。数年后，这两个学科开始向标准哲学进化。1957 年，捷克斯洛伐克全国共有 68 个马克思列宁主义院系，雇用了近 800 名各级学术机构的教师，其中 80%的教师不到 35 岁。① 大学哲学系和科学院哲学研究所的大部分新成员是 20 世纪 20 年代出生的年轻人。他们的左翼政治观点是由二战经历形成的共产主义理念，完全接受了官方的马克思主义意识形态，并在任何情况下都忠于共产党。他们是“改革一代”，经历了一个复杂的成熟过程，从 1945 年后对马克思列宁主义思想的信仰，到 20 世纪 50 年代形形色色的马克思主义修正主义，再到 20 世纪 60 年代对“民主化进程”和“社会主义人文主义”（Socialist humanism）的支持。这一代人几乎占据了欧洲所有的马列主义谱系。

20 世纪 50 年代末，社会学在苏东地区重现生机。苏联社会学在第 20 届党代会后的新氛围中恢复了合法性。1956 年，第一个苏联代表团出席了在阿姆斯特丹举行的国际社会学协会大会。随之，苏联社会学协会成立。紧接着，波兰率先在中欧国家中恢复了社会学，成立国家社会学协会。在捷克斯洛伐克，“社会学”作为学术概念重新出现在某些马克思列宁主义哲学家关于历史唯物主义的性质和任务的辩论中。社会学的学术解放是由关于历史唯物主义的主题和方法和科学共产主义的高度学术交流促成的。科学共产主义成为备受青睐的学科，反映了党对根据马克思列宁主义理论分析当代政治和社会发展必要性的认识。

同年，马克思列宁主义哲学的官方杂志《哲学评论》（*Philosophical Review*［英］，*Filosofcký časopis*［捷］）发表了一篇题为《关于大型社会主义建设项目工作环境研究计划》（*On the program for the study of the working environment at large socialist construction projects*）的文章，其中波兰马克思主义理论家朱利安·霍赫菲尔德（Julian Hochfeld）概述了在他的指导下正在进行的关于波兰工人阶级结构和意识的实证研究。这对捷克斯洛伐克社会科学重新引入实证社会学提供了一个有力的佐证。

在对霍赫菲尔德文章的评论中，瓦茨拉夫·克洛弗瓦奇（Václav Jaroslav

① URBASEK P, JIRI P. *Vysokoškolský vzdělávací systém v letech* 1945—1969（*Higher education system in* 1945—1969）［M］. Olomouc: Palacký University. 2012: 204-205, 222-224.

Klofáč）当时是高等党校历史唯物主义的讲师，后来成为20世纪60年代社会学复兴的核心人物，也是捷克国家社会党的创始人之一。他认为，“尽管在历史唯物主义的主题和方法上还没有一致立场，但是没有对具体社会生活的了解，就不可能向前发展。获取社会现实生活知识的一个重要途径就是实地调查。因为从事历史唯物主义研究的人大多很年轻，没有社会学研究技术方面的经验。有必要审查和重新评估捷克社会学的理论和方法前提。虽然捷克斯洛伐克在这方面的知识非常缺乏，但并非对西方现代社会学一无所知”。① 马克思主义哲学著作中采取的这一立场和类似立场证明，社会学不再被认为是不可接受的，至少不再被认为是抽象学术讨论的主题。

一些马克思主义理论家转向社会学是因为他们认识到，社会主义的社会重组需要对实际社会现实的准确了解，而不是意识形态和哲学的主观推测。但是，这一观点显然没有被党的所有成员所认同，也没有被所有的马克思主义学者所接受。例如，拉迪斯拉夫·赫尔扎尔（Ladislav Hrzal）和卡雷尔·马查（Karel Mácha）在1961年著作《历史唯物主义的主题和方法》中对实证社会研究表现出一定程度的宽容，从而反映了苏联发生的巨大变化，但他们仍然认为没有必要建立一个新的马克思主义社会学学科，并明确地指出，实证研究必须服从于正统的马克思列宁主义理论。“调查必须有一个以阶级为基础的方向，就其对我们的无产阶级专政形式的作用而言。”②

二、捷克社会学的复兴

20世纪50年代末捷克社会学复兴的特点是马克思主义思想继续占主导地位，为该学科在1964—1966年制度化的发展奠定了基础。1958年，一些马克思主义哲学家在国家哲学协会内设立了一个社会学部门，为国际社会科学院秘书处编写捷克斯洛伐克在社会学领域的活动报告，希望通过效仿苏联和波兰，创造长期被忽视的国际合作机会。这项研究工作形成一种新的社会学研究方法，

---

① KLOFAC J. K možnosti a potřebě sociologického výzkumu v ČSR (On the possibility and need of sociological research in Czechoslovakia) [J]. *Filosofckýčasopis*, 1956 (3): 449-452.

② KLOFAC J. On the possibility and need of sociological research in Czechoslovakia [J]. *Filosofcky casopis*, 1956 (3): 449-452.

其基本特征是对真实的、实际发展的社会关系的直接认识和根据马克思列宁主义概念的深刻的理论方法之间的不可分割的统一。研究参与者并不认为他们的研究是一门特殊的社会学实证科学，而是一门辅助的启发式学科；从性质上看，它涉及哲学层面，具有唯物主义历史观，与马克思列宁主义理论完全融合，并从属于正统的马克思列宁主义理论。这种认识一直持续到20世纪60年代后半期的官方文件和出版物中。

制定社会的发展目标需要社会、文化和经济思维的创新，当然，还需要实现目标的政治意愿。在苏联，社会学得到复兴是因为党和政府的官员在思想和实践中认识到学科的重要性和必要性，而在捷克斯洛伐克，丧失活力的政府只能被动地受到致力于发展社会学的学术界人士和官员的推动。这显然需要高超的政治资历和党内权力核心的良好关系。符合这些标准的两个最重要的人物是共产党改革派成员米洛什·卡拉布（Miloš Kaláb）和帕维尔·马乔宁（Pavel Machonin），他们都在马列主义高等教育学院工作。在马乔宁的领导下，该学院专门研究捷克斯洛伐克社会的社会结构，成为捷克主要的社会学中心之一。

在20世纪60年代初，为挽救不景气的经济，共产党内的改革派倾向终于出现了。具有中央经济计划的各级组织需要为其运行提供“意识形态愿景”，明确地制定更一般和更具体的方向和目标。捷克斯洛伐克迫切需要采用新的经济管理体系和指导社会发展的科学理念。这种新方法要求有经验数据。因此，实证社会研究和社会学变得越来越受欢迎，不仅受到社会主义国家组织和企业中具有改革思想的管理者的欢迎，也受到科学共产主义理论专家的欢迎。1961年，哲学协会的社会学部门发起了建立社会学协会的倡议。

一旦能够获得党、政府和科学院的足够支持，社会学复兴的前景将大大改善。捷克社会学的重生首先发生在党和军事院校。1964年，在雅罗斯拉夫·克洛弗瓦奇的指导下，布拉格高等党校（Higher Party School in Prague）成立了社会学系，反映了该校拥有更大的学术活动空间。政治军事学院也享有类似的特权。正是在这些学校，学员可以读到第一批从西方社会学翻译过来的作品，包括颇有争议的马克斯·韦伯被归类为“内部研究材料”的作品，并得以出版。这两所院校成为捷克斯洛伐克改革思想的重要发祥中心和主阵地，因此成为苏联入侵后受到政治清算的主要部门。

1965年3月，党中央委员会秘书处通过一份关于捷克斯洛伐克社会学发展的报告。11月，科学院的最高管理层主席团批准了成立新社会学研究所的指导方针。社会学研究所（Institute of Sociology）的正式成立标志着捷克社会学制度化的一个里程碑，因为这是捷克社会学有史以来第一次完全由公共资金资助的专门研究机构。米洛什·卡拉布担任第一任领导。他认为，马克思主义具有明显的社会学特征。社会学研究将产生国家科学管理所需的知识体系，同时保持其在马克思主义理论中的立足点，从而使其成为一门平衡的理论——实证科学。马克思主义社会学的发展前景是美好的，可以利用科学共产主义的成就，从阶级斗争理论发展成为对社会规划和管理更加科学的学科研究。他特别关注美国经验社会学（Experience Sociology）的发展，对意识形态的教条主义导致过去15年中与西方社会学断绝联系以致马克思主义社会学在捷克斯洛伐克的发展不尽人意表示遗憾。

社会学官方复兴过程中的关键人物是帕维尔·马乔宁，他成为科学院哲学和社会学学术委员会（Academy of Sciences Academic Collegium for Philosophy and Sociology）中最有影响力的成员之一。该委员会是监督人文学科工作的中央机构。同年，在委员会的赞助下，社会学研究所发行了一份新的全国性社会学杂志《社会学评论》（Sociological Review［英］，Sociologický Časopis［捷］）。到1968年，该所已经拥有近70名员工和23名研究生或实习生，并设立了5个部门，分别研究普通社会学理论（包括社会主义和资本主义社会的社会学）、社会学方法论、群体社会学、生活社会学、宗教社会学等领域。社会学已经成为最有声望的国家级研究机构的组成部分。另外，科学院在1967年成立了一个小型公共舆论研究所，反映了政府机构对社会舆论越来越重视，以及公众渴望对社会发展发表观点。早在1946年，信息部就曾经建立过类似机构，但不久就关闭了。然而，1967年至1969年的短暂开放使得该研究所和其他学术机构、媒体能够进行大量民意调查，为布拉格之春时期的政治氛围提供了独特的见解。

1965年也是捷克斯洛伐克高校社会学的转折点。那一年，各大学涌现出大量新的社会学系和中心：布拉格高等经济学院、布拉格新闻学院、布拉格和布尔诺的医学院、布拉格和奥洛穆茨的教育学院，以及布拉格技术大学，开设了三个社会学项目。每个学校每年分配到15名新生的配额。在布尔诺艺术学院，社会学教学的恢复与新社会学系的建立同步进行，很快发展成为一个社会研究实验室，并与国家电视台合作开展民意调查合作。尽管有些困难，1969 年查理大学社会学课程的学生人数上升到 200 人，布尔诺大学上升到 140 人。

捷克斯洛伐克社会学协会（Czechoslovak Sociological Association）成立于 1964 年，马列主义学者中最早支持社会学的雅罗斯拉夫·克洛弗瓦奇当选为首任主席、社会学杂志编委会成员。协会最初有 400 人参加，成员总数很快达到 1200 人（包括斯洛伐克）。该协会有 13 个研究委员会和 6 个区域组织。当然，绝大多数成员都不是专业的社会学家，因为只有极少数人在 1950 年前接受过社会学培训。两次世界大战之间幸存的少数学术社会学代表中的大多数都被吸收进了新的协会。在政治上，该协会支持布拉格之春的改革计划，在 1968 年 5 月召开了特别会议，公开宣布支持“民主化进程”，并呼吁进一步的自由改革，包括取消对无党派成员职业发展的限制。该协会赞助国内和国际社会学家的讲座，并为公众举办社会学方法课程。1968 年后，随着“正常化”政权的到来，它受到了反改革措施的沉重打击。

这里试以回顾，20 世纪 60 年代中期捷克社会学的第二次制度化非常快，但并不突然。自 20 世纪 50 年代末以来，它的知识分子群体和政治前提就一直在酝酿之中。尽管政治动荡导致了重组和更名，但创建的主要机构从那时起一直保持在该学科的中心地位。

就相关性而言，如果社会学没有获得部分党内有影响力的实权者青睐，这种新的制度化水平是不可能的。在被称为布拉格之春的短暂政治自由化时期，从 1968 年 1 月改革派共产党领导人亚历山大·杜布切克当选为该党第一书记一直到 1968 年 8 月 21 日苏联入侵后不久。布拉格之春被描述为党内外知识精英对党内官僚的一次失败的反叛。①

对社会学能够为社会主义社会做出积极贡献的认识在很大程度上是受过良好教育的、以改革为导向的共产党人所为，他们分布在党、政府和科学院中有影响力的各个职位。社会学和其他社会科学地位积极变化的一个明显标志是社会学学术代表被邀请向 1966 年举行的第十三次党代会提交官方材料。社会学家

---

① SKILLING H G. *Czechoslovakia's interrupted revolution. Princeton* [M]. NJ: Princeton University Press. 1976: 611-613.

和其他社会科学家的政治参与在 1968 年 4 月达到顶峰，他们在起草捷克共产党行动纲领中发挥了关键作用，这是布拉格之春的基本政治文件。在导致 1968 年事件的政治两极分化中，那些最积极参与社会学复兴的人站在了改革的一边。

社会学通过活跃在媒体辩论和自主公民倡议中的代表而成为“公共社会学”(Public Sociology)。知识分子、政治家、经济学家和公民在社会主义革命之后，努力寻找新的社会概念，以改革或废除教派与西方的社会渗透，使“复兴社会主义”（Revitalizing socialism）更加现代化和人性化。他们意识到，对社会主义社会现实的更深入了解和对意识形态教条主义的彻底限制是必要的，特别是后者严重阻碍了社会科学和自然科学思想的发展。这种教条主义将社会科学与官方意识形态等同起来，没有将社会学与历史哲学明确区分，而仅仅区分了两种社会知识形式，即解释“法律”“历史”的知识与在社会实践中应用的知识。人们越来越意识到，那些历史规律知识不足以可靠地作为具体决策的有效依据。大到社会主义社会的经济和区域规划、总体管理，小到家庭结构的人口再生产、人口消费行为和生活方式的改变，出现的困难往往是强制执行人为计划造成的。这是捷克精英对历史反思的深化和自我反思的过程。从 1956 年到 1969 年布拉格之春的失败，与苏联斯大林主义意识形态的斗争一直是捷克斯洛伐克学术界讨论的主要话题。

20 世纪 60 年代社会学领域的另一个变化是重新建立了与各国社会学学术界的联系。当涉及政府对国际交往的容忍程度时，与波兰的对比尤其鲜明。西方推进波兰社会学发展主要是 1957 年至 1961 年间开展的福特基金会项目。该项目为大约 25 名社会学家提供了在西方学术机构长期停留的机会，其中包括许多很快成为其领域领导者的人。福特基金会未能与捷克斯洛伐克开展类似的交流项目，归因于捷克斯洛伐克学术结构被政权体系强化的程度更高。在 20 世纪 60 年代后半期，捷克斯洛伐克对出境和入境旅游的限制都有所放松，从而结束了社会学长期与西方学术生活隔绝的状态。越来越频繁的是短期会议访问和长期出国研究或学习。加上常规的全国性社会学协会的成立推动了与国际联系的显著增加。特别是 40 多名捷克斯洛伐克与会者出席了 1966 年在法国埃维昂（Evian）举行的世界性大会，扩大了捷克社会学家的国际联系。

政府授权允许捷克社会学家主持许多大型国际会议和项目会议，包括 1966

年由保罗·拉扎斯菲尔德（Paul Lazarsfeld）主持的社会学数学方法研讨会。其他社会学家包括塔尔科特·帕森斯（Talcott Parsons）、约翰·加尔东（Johan Galtung）、哈德利·坎特里尔（Hadley Cantril）、欧文·舍赫（Erwin Scheuch）、西奥多·阿多诺（Theodor Adorno）、彼得·伯杰（Peter L. Berger）和皮埃尔·布迪厄（Pierre Bourdieu）。

捷克社会学开始从波兰寻找灵感。他们通过1967年举行的捷波双边学术会议，与波兰社会学界建立了特殊的联系。到1970年，波兰学术界对西方社会学的书籍有20种新译本。捷克学界虽然有翻译出版的计划，事实上没有实施。不过，查理大学的杨·塞德拉克（Jan Sedláek）和米洛斯拉夫·彼得鲁塞克（Miloslav Petrusek）为捷克学界介绍了大量波兰社会学的作品。波兰学者在帮助捷克斯洛伐克发展社会学方面起到重要的助推作用。其中，“后现代性的预言家”齐格蒙特·鲍曼（Zygmunt Bauman）、工业社会学专家玛丽亚·赫索维奇（Mária Hirszowicz）、东欧新马克思主义代表亚当·沙夫（Adam Schaff）、社会学理论家扬·什切潘斯基（Jan Szczepański）、文化社会学专家安东尼娜·克沃斯科夫斯卡（Antonina Kloskowska）的书籍成为捷克斯洛伐克大学两代社会学学生的标准读物。鲍曼在“社会主义社会的社会结构”一文中提出社会规划的局限性和可能性，以及知识分子在“新社会”社会结构中的地位。此外，他对“社会平等”进行了概念分析，认为“完全平等”和“最大限度的财产再分配”的梦想不符合社会现实。他的观点受到捷克社会学学术界的热捧。1965年，他的《日常生活社会学》（*Sociology for Everyday Life*）捷克译本出版。不久，他的《社会学》在捷克斯洛伐克成为该领域的基础教科书。1967年，他的著作《职业生涯：四个社会逻辑草图》（*Career: Four Sociological Sketches*）出版，并以斯洛伐克语出版了《人类世界的愿景：社会起源和社会学功能研究》（*Visions of a Human World: Studies on the Social Genesis and the Function of Sociology*）。

这一时期的捷克社会学家们大开眼界，且收获颇丰。第一，他们从“修正主义哲学家”（revisionist philosophers）那里学会了社会学思维。主要的波兰社会学家经常在捷克的主要会议上发言。但是这种跨国学术协同关系在1968年后就终止了。[①] 第二，他们从自然科学家那里学会了方法论，涉及亨利·庞加莱（Henri Poincaré）、路德维希·贝塔朗菲（Ludwig von Bertalanffy）、尼尔斯·玻尔（Niels Bohr）、欧内斯特·内格尔（Ernest Nagel）和托马斯·库恩（Thomas Kuhn）。1964 年，关于“社会主义捷克斯洛伐克的社会结构”的会议第一个使用社会学方法对社会结构进行大规模研究，使社会学和“社会技术”功能进一步合法化。第三，他们接触到了现代西方社会学思想的基本知识，主要有拉扎尔斯费尔德（Lazarsfeldian）的“方法—逻辑新实证主义”（methodo logical neo-positivism）、帕森斯（Parsonian）和默顿（Mertonian）的“结构功能主义”（structural functionalism）、激进的法兰克福学派社会学（Frankfurt School）等。

随着国际合作的显现，捷克斯洛伐克的公共生活中开始出现了有限的民主化趋势。同时，经历了相对活跃的发展，捷克斯洛伐克社会学逐渐上升到可与中欧各国相比的水平，特别是在实证研究领域，并实现了学术体系的制度化。为解决国家社会学发展的基本问题，政府在社会科学领域建立了大型研究团队，分四个专家组来展开工作，分别是“社会主义经济改革”“社会主义政治体制改革”“科技革命对社会和人类的影响”“捷克斯洛伐克的社会结构”。特别是后两者，具有真正的社会学意义。从团队会议上可以看出，“社会主义政治体制改革”与“科技革命对社会和人类的影响”之间存在紧张关系，“社会主义经济改革”与“社会主义政治体制改革”则相互支持。

“社会主义经济改革”专家组由奥塔·锡克（Ota Sik）主持。他在第二次世界大战后曾参与《资本论》捷文版的翻译，曾为苏联模式的笃信者。苏联式体制的主要特征是采取行政管理方法，下达命令性计划指标、对物资统一分配、在计划经济中排斥市场机制。1955 年后，捷克斯洛伐克经济遇到了困难，他开始对苏联社会主义经济体制提出质疑。1968 年 4 月，身为捷克斯洛伐克科学院经济研究所所长奥塔·锡克被亚历山大·杜布切克（Alexander Dubček）被任命为副总理兼经济部长。他全面地审查现行社会主义经济理论对正统马克思主义经济学说的偏离，批判斯大林对正统马克思主义的简单化、教条化的理解及其对实践的危害，试图将“人性化的社会主义”（socialism with human face）带给

① SKOVAJSA M. Editor’s Introduction：Placing Contemporary Czech Sociology in a Historical Context ［J］. *Polish Sociological Review*, 2008（162）：128.

捷克斯洛伐克。作为捷克经济改革的设计师，锡克先后发表了《社会主义制度下的商品货币关系》和《社会主义的计划与市场》，在分析了传统社会主义经济体制的弊端之后，描述了一种被称为“社会主义的计划性市场经济”模式，即自由市场资本主义和苏维埃式计划经济之间的“第三条道路”（Third Way），从而推动了20世纪60年代的东欧经济改革。计划性市场经济模式，亦称“锡克模式”。他的这些思想对中国经济学界和中央决策层探索改革的目标模式，起了直接的启示性作用。

“社会主义政治制度改革”专家组由中央委员会委员兹德涅克·姆林纳日（Zdeněk Mlynář）领衔。姆林纳日是捷克共产党第一书记亚历山大·杜布切克的有力支持者与智囊、布拉格之春的主要思想家。他坚持民主社会主义的思想，主张扩大言论、集会和讨论自由，提名若干候选人和替代选举，使选举立法民主化，发展公民倡议和自治原则，提议从宪法中删除关于人权理事会作为“无产阶级专政工具”的规定。这些想法在其文章“迈向社会的民主政治组织”中得到了具体阐述。他在其中呼吁建立多元化社会，并小心翼翼地将自己与苏联政治制度分开，同时与多党制保持距离，因为这意味着捷克共产党权力的丧失。

马克思主义哲学家拉多万·里奇塔（Radovan Richta）带领下的“科学对社会和人类的影响”的研究始于1965年，由60名社会科学家组成。这个项目团队的主要成果是1966年出版的《处于十字路口的文明》（*Civilization at the cross-roads*）一书，得到了党内最高层的正式认可，该书很快被翻译成多种语言。其主要论点是工业革命即将被科学技术革命所取代，科学作为一种生产源泉在无所不包的社会合作基础上运作；全自动化生产的到来为人类打开了自由和创造力的新视野。里奇塔的理论基础基于这样一种信念，即预期的社会生产基础的彻底变革及其积极的社会和人类影响只能在社会主义条件下发生。里奇塔团队的研究深刻地阐述了科学和社会主义改善人类状况的力量，并为社会主义制度的技术官僚改革提供了哲学基础。凭借其对未来的展望，它在20世纪60年代技术乐观主义的氛围中引起了强烈的共鸣。丹尼尔·贝尔在《后工业社会》一书中大量引用了里奇塔等人的话，称赞里奇塔是苏联集团中第一个正确理解后工业时代的社会后果的社会学家。然而，这本书的中心前提，即捷克斯洛伐克正站在技术革命的门槛上，与该国日益落后于西方的经济困境形成了鲜明对比。

虽然研究基于大量的经验材料，并提出了有价值的分析，但没有超越传统社会管理的狭隘视野，只是提供了大量人文主义典型的大胆措辞和模糊承诺。

相比之下，在帕维尔·马乔宁的领导下进行的“捷克斯洛伐克的社会结构”研究中，经验主义者对实际事实的关注是最重要的特征。这个项目代表了来自布拉格和布拉迪斯拉发不同机构的社会学家的共同努力。起初，他们在1964年组织了一次关于社会主义社会的社会结构的开创性会议，鲍曼和其他主要的东欧马克思主义社会学家出席了会议。该项目得到了科学院主席团的正式批准，并由捷克斯洛伐克政府经党中央委员会批准直接提供资金。政府委托国家统计局收集13,000名男性户主的抽样数据。这项调查是在1967年末进行的，就在布拉格之春事件之前。然而到1969年，这本书的发行被阻止，公共图书馆持有的所有副本都成为“机密资料”。虽然有一个英文译本，但从未出版，只有摘要出现在社会学杂志上。

在20世纪60年代捷克社会学的著作中，马乔宁的《捷克斯洛伐克与社会》将捷克斯洛伐克的社会学研究方法论达到了前所未有的高度。该项目并不能与当时西方正在进行的最先进的分层研究相提并论，然而，这种分析框架一直是捷克社会学的主要方法。考虑到当时的环境，它仍然对现实中的捷克斯洛伐克共产主义社会进行了独到而大胆的分析。它的核心是一种社会分层的类型学，显示出与捷克斯洛伐克近代史改革派观点的明显相似性，区分了以下反映捷克斯洛伐克社会发展的阶段分层类型，包括“资本主义”（直到1948年）、“无产阶级专政”（20世纪50年代初）、“官僚主义”（斯大林主义和后斯大林主义）、“平等主义”（1945年以后）、“技术官僚主义”（20世纪60年代）和“社会主义”（对应于“成熟社会主义”的规范概念）。马乔宁确信在捷克斯洛伐克引入的“社会主义的现实形式”应该代表一个“工业社会的变体，基于成就和分层，因此在利益和观点上也有所区别”，主张在捷克斯洛伐克社会中进行更大范围的社会分化。通过提供利益分化的空间，马乔宁的精英主义概念为政治多元化的引入埋下了伏笔。

小结

1950—1968年间，捷克社会学的总体发展是极其矛盾的。一方面，政府重新打造了社会学研究的组织结构，这个结构比1948年以前广泛得多，资金方面也要慷慨得多。另一方面，社会学在一个自上而下的学术集权体系中运作，从属于政治权力。20世纪50年代后期政治和思想环境的变化使得一些以经验为导向的社会学分支得以复兴。20世纪60年代的捷克社会学开始解决关键的社会问题，在当时吸引了一些国际关注。然而，除了马乔宁关于捷克斯洛伐克社会分层的研究之外，捷克社会学没有产生任何具有国际重要性的理论、实证研究或方法论创新。这一时期还出版了第一批手册和西方社会学译本，西方和波兰的社会学理论、方法和实践带来了现代实证研究，向捷克学者提供了国际社会学论文。这些因素共同为捷克社会学的西方化、专业化奠定了基础。

第六节 捷克社会学的“正常化”

“布拉格之春”是捷克斯洛伐克力图摆脱苏联模式，独立建设符合捷克斯洛伐克国情的社会主义的尝试，符合当代社会主义发展方向。改革触动了苏联的切身利益，并引起其他社会主义国家效法的连锁反应，因而遭到苏联和华约组织的武力干涉，捷克斯洛伐克的民主改革就此中断。1968年8月华约入侵捷克斯洛伐克之后，直到1989年后苏联东欧推行自由化的20年，被称为捷克斯洛伐克的“正常化时期”（Normalization Period）。

一、“正常化时期”捷克斯洛伐克社会学的主要特点

第一，苏联军事干预后，外来的政治压迫对捷克社会学进行了再意识形态化。对1968年改革运动的官方解释被编纂成一份名为《十三大后党和社会的危机发展的教训》的文件，该文件于1970年底在全国各地传播。根据这份文件，社会学是改革派党员屈从于资产阶级意识形态和反共产主义的学术领域之一，列出了许多政治性错误行为，如“修正主义”“反社会主义”“反苏联主义”“小资产阶级倾向”或“犹太复国主义”。社会学的实践者不得不面对这样一个

事实，即与真实社会现实的联系是一个禁忌。①

“正常化时期”的政权很快关闭了不符合苏联路线的大学院系。马克思列宁主义的所有部门被解散，并被亲苏联分子控制的新马克思列宁主义研究所取代。布拉格和布尔诺的社会学系在1971年被取消了。布拉格艺术学院社会学被归入该系的科学共产主义和社会研究部门，与辩证唯物主义和历史唯物主义、哲学史、逻辑学和政治经济学部门并列。1977年，社会学得到重建，被重新命名为“马克思列宁主义社会学”。布尔诺的发展与首都相似，但意识形态相对宽松。1971年，社会学成为马克思列宁主义哲学系的分支，1980年升级为马克思列宁主义社会学系。

第二，社会学家实现了高度政治化的更新换代。20世纪60年代社会学复兴的中心人物马乔宁被列为党内“右翼机会主义”最危险的代表之一。党的高等政治学院更名为高等党校，彻底清除了“机会主义”分子。哲学与政治学院的党组织被解散，72%的党员失去了他们的党员证。180名员工中约有70名员工的工作合同被终止。查理大学政治和社会科学研究所（前马克思列宁主义高等教育研究所）被取缔。捷克斯洛伐克科学院社会学研究所被关闭，其所长米洛什·卡拉布和其他以改革为导向的成员被解雇或被降到学术等级的最低级别。大多数雇员被转移到1970年新成立的哲学和社会学研究所的社会学部门。在60年代社会学主要代表中，只有拉多万·里奇塔保全了学术和政治地位，成为“正常化时期”社会学的领军人物，他的“科学技术革命概念”得到了广泛的国际认可，并担任了重组后的哲学和社会学研究所的所长，一直到1983年。卡雷尔·加拉自20世纪40年代一直支持斯大林主义，即使在60年代自由化期间也没有改变。由于他的忠诚，在1968年苏联入侵后，他被任命为高度政治化的布拉格艺术学院院长。年轻的弗兰季谢克·沙尔瓦特（Frantiek Charvát）被提拔为该研究所社会学部门的负责人。他对社会学的贡献是应用数学统计方法对当代社会结构的建模和验证经验主义理论，同时从逻辑历史的角度认识社会理论的起源，将“社会”理解为“经济”的延伸，并强调辩证法的作用。他的开创性著作《社会结构理论与社会理论结构》（1975）具有方法论性质，另外还著

① Ceska sociologie v letech 1965—1989 [J]. *Czech Sociological Review* 2004, 40 (5): 695-740.

有《社会主义社会的社会结构及其在捷克斯洛伐克的发展：比较分析、再生产、展望》（1980）、《经济与公共伦理》（2006）。

第三，捷克社会学的唯一国家级平台仍然在运作。捷克斯洛伐克社会学协会失去了它在20世纪60年代末短暂享有的自治，包括失去了50%的老会员和大部分政府成员。老一代的社会学主要代表不得不让出学术权威的职位，从而实现了学科领导权的代际交换。该协会活动的恢复和扩大是一个逐步趋稳的过程，每三年举行一次的大会报告记录了历史的细节。成员人数从1969年的1044人陡然降到1970年的526人。1980年，成员回升到700人，1988年增加到919人。1976年，该协会出版年度时事通讯。它的12个分部和6个区域分部每年举办约20次讲座、研讨会和会议。方法论部门通常是协会中最活跃的部门，它组织了关于一般方法论、科学哲学、研究技术的课程和研讨会，并且在20世纪80年代越来越频繁地使用计算机和统计软件进行数据分析。相比理论部，方法部的人数也是最大的。1988年，方法部有356名成员，其次是工作和工业社会学和青年社会学。这些数字与该协会成员最频繁的隶属关系相对应。34%在政府各部下属的应用研究所，30%在工业界，20%在大学，其余在科学院或各种党政机构。20世纪80年代的数据显示了值得注意的现象——会员的女性化和老龄化。协会中女性成员的比例从1982年的34%增加到1988年的41%，而管理机构中女性官员的比例一直保持在25%。在同一时期，40岁以上成员的比例从58%上升到68%。这表明，20世纪70年代初进入该学科的人并没有被年轻一代的社会学家所继承。

第四，在正常化的早期，社会科学的管理者仍然致力于代表马克思列宁主义原则发展的社会学概念，但是在后来只要求符合意识形态规定，学术权力集中在极少数人手中。① 在1970—1989年间，卡雷尔·雷赫塔日克（Karel Rychtařík）一直担任捷克社会学官方杂志《社会学评论》（Sociologický časopis）的主编。他认为马克思列宁主义社会学最紧迫的任务是向社会决策机关提供有效和有代表性的信息，用理论和方法解决社会学与社会实践之间的关系。社会学和社会实

① OATES-INDRUCHOVA L. The limits of thought? The regulatory framework of social sciences and humanities in Czechoslovakia (1968—1989) [J]. *Europe-Asia Studies*, 2008 (10): 1767-1782.

践的相互联系使社会学家的工作和整个社会学理论的发展具有意义。社会学是一门通过服务于人民社会世界的革命性变革的、政治上致力于社会科学的学科。① 查理大学社会学领域最有影响力的人物是瓦内克·安东尼（Antonín Vaněk），他曾担任该校马克思列宁主义研究所所长和文学院社会学系主任。他完全按照捷共官方路线的精神在意识形态上构思，积极参与消除右翼和修正主义力量。同时，他对布尔诺学派给予积极评价，否定布拉格学派。安东尼的代表性著作包括《1945年至今捷克和斯洛伐克社会学史概述》（1981）、《马克思主义社会学思想史导论》（1981）、《捷克斯洛伐克社会学史》（1985）、《捷克斯洛伐克社会政治思想家和社会学家词典》（1986）。

第五，捷克斯洛伐克社会学既处于与西方学科发展的隔离之中，也切断了与东方集团其他国家社会学家的联系。"正常化时期"社会学的领军人物虽然参与了国际社会学协会（ISA）的活动，或教科文组织和其他国际组织赞助的各种研究项目，但是从未发挥过可与波兰或苏联社会学家相比的作用。②

在20世纪七八十年代，绝大多数捷克社会学家接触到的西方文献相当有限，任何对非马克思列宁主义社会学的接受都被禁止。得到官方认可的社会学是一种完全倒向苏联意识形态的社会学。在20年的正常化过程中，参考西方社会学文献的数量一直处于下降趋势，在1977—1982年最少；苏联出版物的数量急剧增加，苏联的话语理论被频繁引用，这意味着与苏联当局保持一致。同时，以1965—2015年为时间限制，对《捷克社会学评论》（Czech Sociological Review［英］，Sociologický časopis［捷］）杂志分别用术语"列宁"和"马克思"进行全文搜索。在1989年前，"列宁"的出现频率始终高于"马克思"，在1971年达到峰值。但在1989年之前的数年内，"马克思"的出现频率有了较大提升，证明了捷克共产党在思想上对马克思主义学理正统性的维护，对俄国马克思主义的抛弃。

---

① RYCHTAŘÍK, K. Otevírat a Řešit Rozpory Sociálního Světa Lidí: K Aktuálním Úkolům Marxisticko-Leninské Sociologie Po XXVII. Sjezdu KSSS a XVII. Sjezdu KSČ[J]. *Sociologický Časopis / Czech Sociological Review* 1987, 23 (3): 235-249.

② MARTA B. *Sociology in Poland* [M]. Basingstoke: Palgrave Macmillan. 2016: 50-52.

二、"正常化时期"捷克斯洛伐克社会学的发展

该学科的经验社会学虽然受到意识形态控制，但还是出现一定程度的发展。主题包括社会结构和工人阶级、社会主义的生活方式、科学和技术革命、青年、社会规划和预测、自动管理系统和工业社会学的其他问题。这一学科以半官方的模式运行，其规模远远超过 1948 年后的 20 年。

（一）社会分层研究

马乔宁的社会分层（Social stratification）研究处于捷克斯洛伐克社会学的中心地位。研究表明，国民受教育水平、职业地位和收入之间存在着巨大差异，由此出现社会权利与地位呈现不均衡的现象，并将这一趋势解释为捷克斯洛伐克分层体系中亲精英化的转变迹象；与其他社会群体相比，人口中的某些群体受到持续的地位不一致的影响更大，因此更有动力支持改革进程。①

随着"正常化"的开始，马乔宁的研究被禁止，但执政党对绘制捷克斯洛伐克社会分层模式演变的持续兴趣导致了两次更大规模的分层调查，分别在 1978 年和 1984 年，由于是在思想严密的监督下进行，其效果差强人意。但马乔宁早期的结论在 1989 年后得到了验证：捷克教育系统仍然是社会不平等再现的强大机制；中等教育限制进入高等教育领域的障碍持续存在；新经济精英（Neo economic elite）的成功是基于他们支持政府亲欧盟政策的结果。②

（二）城市和区域社会学

经验社会学在应用工业研究、计划和预测、卫生保健、体育和文化等领域为低意识形态的实证研究提供了一个相对安全的空间，使社会学能够保持与现实相结合的形式，在专业化的道路上取得一些进展，掌握了一些定量的方法。一个有明显持续性的研究分支是城市和区域社会学（Urban and regional sociology）。与官方意识形态保持一致，伊里·穆西尔（Jiří Musil）在这一半官方的

---

① KREJCI J. MACHONIN P. Czechoslovakia, 1918–1992. A Laboratory for Social Change [M]. Houndmills: Macmillan. 1996: 170–184.

② MACHONIN P, Tuček M, Nekola M. The Czech Economic Elite after Fifteen Years of Post–socialist Transformation [J]. Sociologický časopis/Czech Sociological Review, 2006 (3): 537–556.

学术领域深耕了近半个世纪，提供了一个实践非意识形态社会学的鲜活案例。城市和区域社会学摆脱敏感的政治价值判断，推向纯技术性研究领域，有了一定程度的发展自主性。同时，这种专业化给社会学家提供了一个研究与社会政策直接相关问题的机会，为评估地方政府的绩效提供了多样化的指标体系。[①] 然而，这种学术领域的发展未能成为完全开放的讨论，出版物的发行量也较低。

三、“正常化时期”末期的捷克斯洛伐克社会学

1985 年戈尔巴乔夫在苏联掌权后，在苏联推行“改革与新思维”，很快就传递到中东欧各国。反对派团体“77 宪章”成员以哲学家、作家、演员和神学家为主，而不是社会学家。在捷克斯洛伐克共产党政权的最后几年，该党对社会学的控制略有放松。西方自由化思想和知识进入了捷克斯洛伐克官方的社会学，各种半官方学术圈和小知识群体相继浮出水面，还成立了地下出版物社会学杂志《社会学视野》（*Sociologický Obzor*［捷］），并对经济和社会的严重问题进行了分析和预测研究。参与这些活动的一些社会学家和经济学家成为 1989 年后政治和经济精英中有影响力的成员。《捷克社会学评论》的编辑委员会有了新的任命，该杂志开始发表苏联社会改革家的文章。在 1988 年捷克斯洛伐克社会学协会大会上，出生于 20 世纪 30 年代或 40 年代的年轻成员进入领导层，标志着新一代社会学家的崛起。他们对西方社会学充满热情，开始主导捷克共和国社会学的研究。在 1989 年的政治转型之后，国家经济体系从指令性经济模式转变为自由市场，消费模式、社会心理和价值观等发生前所未有的转变。由此，捷克社会学理论也同步转型，涌现出大量新主题的研究成果，如关于社会群体的划分、公民社会与新精英、非政府组织、经济伦理、社会价值观冲突以及古典社会学历史等，使捷克社会学的研究领域大为拓展，进入一个高度分化和多元化的阶段。

小结

社会学对捷克斯洛伐克“正常化时期”的社会贡献相对有限。除了极少数

① SKOVAJSA M. Editor’s Introduction：Placing Contemporary Czech Sociology in a Historical Context［J］. *Polish Sociological Review*，2008，162（2）：130.

例外，20 世纪 70 年代和 20 世纪 80 年代捷克官方社会学的著作在相关的国际讨论中几乎没有受到关注。这种情况可归因于下列因素：一是多数代表性社会学家成为 1968 年后清洗运动的受害者，失去了学科的积累和传承；二是意识形态的严格控制严重削弱了原创理论和研究的深化；三是该专业的主要代表受政治功利主义的影响而对提供任何原创性的学术贡献完全不感兴趣；四是建立在墨守成规基础上的学术体系无助于提升学术水平。

第四章

捷克民族国家的法律

捷克法律的历史发展是断断续续的矛盾产物。本土斯拉夫法律从最初基于习惯法的原始形式受到邻国法律体系的极大影响，主要来自德国和奥地利各省法律，以及教规和罗马法，最终转变为成文法。几个世纪以来，捷克法律一直是中欧法律文化的一部分。它与卢森堡、亚盖隆王朝以及主要是哈布斯堡君主国的发展密切相关。同样，捷克斯洛伐克法律在封建时期的起源概述反映了国家地位和民族文化演变的兴衰。

第一节　摩拉维亚帝国的法律

公元4—6世纪，斯拉夫人进入部落联盟时期。由于匈奴人引发的民族大迁移，斯拉夫人逐渐分化为三大分支。其中，西支在波希米亚和摩拉维亚定居下来，放弃了游牧生活方式，完成初步的“斯拉夫化”。捷克重要的斯拉夫国家结构是在8世纪与大摩拉维亚帝国相联系的。帝国的建立有力地推动了部落的统一，发展出自己的法律体系，并引进了拜占庭基督教。这一时期的法律体系大致基于传统的斯拉夫习惯法，与其他斯拉夫部落的法律体系相当。有一个例外就是摩拉维亚帝国保存了一个重要的成文法来源，被称为“判例法”（case law）——受拜占庭的启发，由法官为外省制定的法律。① 它由33条法律条文组

① DITTRICH Z R. *Christianity in Great Moravia* [M]. Groningen: J. B. Wolters, 1962: 208.

成，主要涉及刑法、财产法和婚姻法，作为一个辅助来源，用于解决原始习俗的传承过渡问题。

在摩拉维亚王子罗斯蒂斯拉夫统治时期，拜占庭皇帝向摩拉维亚派遣了一个基督教使团。他们在西里尔和美多德的领导下制定了斯拉夫礼仪。然而，罗斯蒂斯拉夫的继任者否定了斯拉夫礼仪，并转向拉丁仪式。作为教会改革的结果，引入了婚姻法的新规则，基督教对原有的旧斯拉夫家庭法的变化产生了影响。

捷克国家及其法律的起源与8—9世纪大摩拉维亚被马扎尔部落摧毁后统治的斯拉夫家族之间的冲突有关。10世纪末，以布拉格为中心形成捷克的国家核心区域。瓦茨拉夫被奉为圣徒，作为国家的庇护人，成为捷克国家的象征。973年，布拉格主教区成立。布拉格的第二任主教阿德尔伯特（Adalbert）提倡基督教生活的基本原则，也影响到法律领域。① 在这种情况下，波列斯拉夫二世颁布了一套教会特权，即教会被授予对婚姻事务的管辖权，并被赋予征收主教什一税的权利。这是已知的王朝统治者通过的最古老的立法。

捷克王国逐渐成为神圣罗马帝国的一个自治部分。普什米塞王朝一直统治到1306年。新兴的捷克国家接管了大摩拉维亚时期发展起来的文化和法律。法律制度以习俗为基础，其大部分内容基于旧斯拉夫法律。例如，所有权是基于大家庭传统形式的“共同所有权”；家庭法受到异教传统的影响；刑法主要基于个人的主动性，包括所谓的“血仇”（blood revenge）和作为法庭程序的“神判”（iudicium dei，judgment of God）。后来，决斗被引入捷克法律。

“神判”程序同样存在于其他欧洲法律体系。然而，捷克的特殊之处在于只用冷水，而德国、法国和盎格鲁撒克逊的法律体系则用热水和热铁考验。被告被迫遵循与案件性质相应的神判规则。12—13世纪，热铁的“神判”更普遍，要么是赤脚走在热的犁头上，要么是用手指在炽热的铁棒上发誓。法院遵守为每种类型的严酷考验规定的详细程序，并根据有争议的严酷考验的结果做出判决。“神判”的结果由在场的牧师证明。

在10—11世纪，基于基督教原则的第一次立法出现了。从9世纪开始，这

---

① KLANICZAY G. Saints of the Christianization Age of Central Europe［J］. *Central European Medieval Texts*，2013（6）：77-182.

个国家逐渐在西方的拉丁仪式中被基督教化。① 基于基督教原则立法的最重要的例子是1039年布热季斯拉夫二世法令（Decrees of Prince Břetislav）。这些法令引入了基于教会法原则的婚姻和其他基督教原则，如必须在基督教墓地埋葬或保留星期日和教会假日。② 法令文本的确切措辞不得而知，但这些法令被僧侣科斯马斯（Kosmas）以检索的形式记录在《波希米亚编年史》（*Chronica Boemorum*）中。从中可以看出，家庭法尤其受到了教会法原则的严重影响。从11世纪初开始，居住在波希米亚领土上的捷克人采用教会形式的婚姻，遵循一夫一妻制的原则和教会法对婚姻的限制。婚姻法的基本原则部分基于罗马法，包括关于缔结有效婚姻能力的要求和障碍。教会获得了与婚姻法有关的所有事务的管辖权。

布热季斯拉夫二世的另一项立法与巩固捷克国家有关。他在1054—1055年提出了"论资排辈"法案（Seniority Rule）。该规则规定，波希米亚的统治者应该永远是普什米塞王朝最年长的成员。这一原则导致普什米塞王朝成员之间的一系列争论；王朝的年轻成员经常被给予一小部分领土作为他们的领地。1189年，王子康拉德二世·奥托（Conrad II Otto）召集贵族代表大会宣布了一套规则，被称为康拉德王子法规（Statutes of Prince Conrad）。根据这些法规，新兴贵族的成员被宣布为自由的和世袭的土地所有者，有可能建立一个贵族领地的系统，拥有自己的法律领域和管辖权。法令确认了重要习俗的有效性，对习惯法的解释进行了一些修改。例如，如果没有男性继承人，继承法可以有利于女儿。

在13—14世纪，新的定居者被捷克国王、教会和贵族邀请到波希米亚和摩拉维亚人口密度低和边境地区。在早期，德国人和犹太人受到国王立法的管制和保护，包括国王普什米塞·奥塔卡尔二世授予的犹太特权（Statuta Judaeorum）。法令授予犹太人特别许可进行金融业务，并免除当地法院的管辖。他们直接隶属于国王。1268年，定居在摩拉维亚的犹太人也获得了类似的特权。

来自萨克森、巴伐利亚、斯瓦比亚（Swabia）、奥地利甚至莱茵兰的德语移民不仅带来了先进的农业技术和贸易技能，还带来了法律。因此，捷克土

---

① SOMMER P. The Christianisation of Bohemia and Moravia [M]. *Annual of Medieval Studies*, Budapest: CEU Press, 2007: 153.

② WOLVERTON L. *Hastening toward Prague*, *Power and Society in the Medieval Czech Lands* [M]. Philadelphia: University of Pennsylvania Press, 2001: 28-29.

地上的法律发展在很大程度上受到来自邻国法律模式的影响。这主要体现在国内法的发展和内部殖民时期地主出租土地的新方式上，这被称为永佃权（purkrecht）。它的主要作用是推动了新村镇的建立。来自德国的新来者获得了大量的救济。封建领主与他们的代表签订合同，将指定的区域（例如未来的村庄）划分为田地，并安排建造住宅供殖民者使用。新移民者的权利和义务由地主以书面形式规定下来。新移民在几年内可以免税。此后，与土地的关系建立在定期支付固定金额的基础上，通常一年支付两次。殖民者也获得了对他们财产的继承权，条件是他们继续耕种土地。这种“德国法律”（Ius Teutonicum）不同于原始的“斯拉夫法律”（Ius Slavicum）。而根据最初的斯拉夫法律，农民的土地必须放弃，因此在最初的佃农死亡后，土地不能够继承，要归还给封建领主。

与此同时，另一种典型的封建制度的法律形式在捷克王国也发展起来。除了自由保有制（freehold），还有各种形式的封地（fiefs）。一方面，在封地中，封建领主和他的封臣（vassal）之间形成了一种特殊的关系。封臣有义务忠于他的主人，保护他的城堡，并履行荣誉服务；另一方面，封建领主必须保护他的封臣。后来，法律发展了领主和他的封臣之间所有权划分的特殊理论。这一法律领域也受到了邻国法律的影响，尤其是萨克森。同时，封地的客体不仅涉及土地，还有尊严、官职或某些权利。

13世纪初，皇家城镇（royal towns）由捷克国王直接建立，将其结构发展成为特殊的法律实体（公司）。到19世纪末，城镇公司的数量达到40个。中世纪的城镇是作为贸易和手工业中心而建立的，其中大部分是从靠近重要城堡的早期定居点发展而来的。国王通常授予城镇特权，如经营常规市场、生产啤酒或拥有各种其他产业、征收关税和修筑防御工事的权利。例如，国王瓦茨拉夫一世授予布尔诺镇称为原始法（iura originalia）的特权。城镇居民个人是自由的，但受城镇的管辖，享有许多法律和经济权利及特权。他们唯一的主人是国王，他通过警察对城镇行使权力。市政当局缴纳的税款成为皇家国库的重要收入。由于皇家城镇有权以成文法的形式对许多问题进行立法，他们建立了自治的行政机构——城镇议会和法院。皇家城镇的自治成文法处理各种问题，如行会中个体手工业的管理、建筑和发展活动的管理和公共秩序的维护。

一些被称为“嫁妆镇”（dowry towns）的城市，如赫拉德茨·克拉洛韦是为女王的利益服务于经济目的而建立的。其他城镇由当地贵族或教会建造，这些城镇的居民被视为城镇创建者的臣民，其法律地位通常低于皇家城镇居民的地位。

实际上，每个重要的城镇都有自己的法律体系。然而，波希米亚北部和摩拉维亚的大多数城镇都是按照马格德堡（Magdeburg）的模式由萨克森法律管理的。在波希米亚和摩拉维亚的其他地方，可以追溯到巴伐利亚、施瓦本或奥地利市政法的影响。布拉格老城是从先前的定居点发展而来的，这些定居点起源于国王授予特权的殖民时期，还受到“纽伦堡法律”（Nuremberg law，即“施瓦本法律”Schwabian law）的影响，因为当地商人与这个南德城镇保持着密切的贸易联系。

布拉格老城和摩拉维亚首都布尔诺在原有模式的基础上逐渐发展出自己的法律体系，并辅以市政机构的法规，以及由国王扩大和批准的习俗和特权。国内法成为将罗马法机构引入捷克法律体系的工具，特别是在自然人法、财产法和债法方面。这种发展与大学的罗马法和教会法的教学密切相关，也与为市议会工作的抄写员和公证人的作用密切相关。罗马法适用于城镇法律的原因尤其在于要解决的贸易和财产问题。商业或市场谈判通常在城镇贸易中心进行（有时甚至成为国际性的）。罗马法被用于发展所有权、地役权、人的法律（包括法律行为能力）、继承法和家庭法的财产方面的概念。

在奥塔卡尔二世统治期间，捷克王国获得了奥地利和阿尔卑斯山的土地，准备编纂土地法，然而被哈布斯堡王朝的罗马国王鲁道夫阻止。在瓦茨拉夫二世国王统治期间，国王试图编纂土地法的另一次尝试失败了，但是编纂了采矿法。这项法律与市政法密切相关：伊赫拉瓦镇（Jihlava 或 KutáHora）是天然的采矿中心。因此，采矿法被视为国内法的特殊部分。在1300—1305年间，采矿法被编纂成文。该法典是罗马法对捷克法律影响的典型例子，标志着成功地编纂了促进扩大采矿活动的现有法律、商业、技术甚至劳工规定。诉讼以罗马教会法诉讼为基础。从中世纪法律的角度来看，它的一些条款是现代的。例如，为采矿活动成立的公司将其资本分成股份，用于资本积累、利润分配和补偿被迫在其土地上遭受采矿作业的土地所有者。

西里西亚、斯洛伐克和匈牙利的采矿中心以及萨克森的弗赖贝格镇也使用这种法令。当瓦茨拉夫二世引入新的银币时，采矿法的编纂与货币改革相关联。新硬币象征着捷克国王的最高地位，发行硬币的权利被视为统治者的另一项主权权利。

第二节　卢森堡时期的法律

中世纪欧洲最重要的统治王朝之一——卢森堡王朝在1310年至1419年间统治了这个国家。第一任国王约翰娶了普什米塞王朝的公主伊莱斯卡（Eliška）。他取得了巨大的成功，尤其是在外交政策方面。这个王朝最重要的成员是查理四世（1316—1378），他在1355年成为“神圣罗马帝国皇帝”，推行了一系列改革。他的宪法——《民族宪章》确立了“捷克王冠”（Koruna česká）一词，意指波希米亚和摩拉维亚为主要土地，西里西亚公国、上卢萨西亚和下卢萨西亚为毗邻土地。查理四世下令在卡尔施泰因城堡（karlštejn castle）保存一个新的圣文塞斯拉斯王冠，作为国家政权的象征。

查理四世在1355年确立了捷克王国和神圣罗马帝国之间的王位继承关系。该法规定捷克国王应被视为神圣罗马国王和皇帝的第一选举人。他把布拉格作为王国的首都，利用他的政治影响力在1344年建立了布拉格大主教区。

1348年4月7日，布拉格大学得以创建，即所谓的综合大学。该大学由四个学院组成，法律系是其中之一。其他三个学院分别是神学院、医学院和文科学院。最初，布拉格大学遵循巴黎和博洛尼亚大学的模式。这是阿尔卑斯山北部和巴黎东部最古老的大学。不仅住在波希米亚的人成了大学学术团体的成员，而且许多外国教师和学生也从中欧来到布拉格加入大学。法学院教授的主要科目包括的法学即教规和罗马法。在1409年颁布库特那霍拉法令（Decree of Kutná Hora）之前，四个民族——撒克逊人、波兰人、巴伐利亚人和捷克人都是法律专业的学生。1409年之后，瓦茨拉夫四世国王（1361—1419）的决定加强了国内学生和大学教师的地位。

从1372年起，布拉格有了一所独立的法学家大学——“圣徒大学”（universitas iuristarum）。当时，许多杰出的律师在法学家大学任教，同时经常在教会或王室中担任要职。只有一小部分学生获得了正式学位——学士或博士，这是由于非常昂贵和漫长的学习，通常需要七年以上。法律系的建立影响了罗马法律在捷克和摩拉维亚城镇的行政办公室和法院的引入。罗马法教学有助于捷克的律师理解私法领域的罗马法术语和制度。

1355年，查理四世为整个捷克王国提出了第一部成文法典《卡罗林法典》（Maiestas Carolina），即查尔斯国王法典。这部法典的编纂受到了1231年霍亨斯陶芬王朝的罗马皇帝腓特烈二世为西西里王国颁布的《西西里宪法》（*Constitutiones regni Siciliae or Liber Augustalis*）的启发。它基于教会法，在一定程度上也基于罗马法，特别是在处理捷克国王的地位时。这是该国传统习惯法和新规定的结合，涉及国王的地位、宗教事务，包括关于迫害异教徒的规定、中央和地方各级的行政事务、法院诉讼、土地登记、财产、家庭和刑法。该法典还规定，在不保护邻近森林的情况下，不得出售或以其他方式处置王室土地和最重要的城堡。法典规定，如果一个贵族家庭绝后了，终身保有的财产将作为王室遗产归还给国王。关于法庭诉讼，《法典》提出了适用酷刑的限制。在起草法典时，查理四世在布拉格大主教的协助下，已经将这些限制付诸实施。《法典》中的刑法条款倾向于由皇家财政部征收财产惩罚和罚款，而不是体罚；贵族对其臣民的刑事管辖权受到限制。

然而，由于来自捷克贵族主要代表的压力，查理四世被迫拒绝该法典。因此，他郑重宣布，该法典的提案已被一场大火烧毁。贵族反对正在起草的法典，抵制传统造法方式的改变——通过贵族法庭的裁决。他们担心法律加强国王的权力，贵族的特权将受到限制，权利减少到仅仅是“自由寻求法律和正义”。

尽管卢森堡王朝未能编纂土地法，但它体现了捷克法律体系的深刻变化。这些变化与法律制度的多样化有关，符合社会阶级归属和其他个人标准，即基于特权和个人及社会地位的法律。捷克法律的主要包括土地法①、天主教教会法（Canon law of the Catholic Church）、城镇居民市政法（municipal law for inhabitants

① 土地法又名“省法”（law of province），包括贵族法（law for nobility）、公众法（public law）。

of towns）、臣民法（peasant law for subjects），以及一些特殊的法律分支，如采矿法（mining law）或葡萄园法（law of vineyards）。

在14世纪，成文法的新来源第一次被引入捷克法律体系。在此之前，变化主要基于习俗。所谓的法律书籍——法官和其他执业律师的私人书面辅助工具——代表了那个时期捷克法律最重要的书面来源。它们是用捷克语和拉丁语写成的，代表了法庭上适用的习俗和程序的私人记录。第一本用古捷克语完成的法律书籍写于13世纪末14世纪初。现代版于19世纪出版，将正文分为289篇。法律书籍收集了该省所有法律分支的习俗，包括财产法、刑法和法院程序。到了14世纪下半叶，另一部法律著作《土地法的秩序》诞生了，这是上述查理四世编纂法律失败的直接结果。文本用捷克文和拉丁文写成。这本书不仅包括习俗，还包括贵族法庭的判决，涉及法院程序，包括各种类型的证据。

到14世纪末，捷克律师兼省法院首席法官杜巴·安德鲁（Ondřej Dubar）写了一部关于土地法的法律手稿，侧重于法院诉讼、法院和办公室组织以及土地登记。罗马法术语和教会法的一些影响可以在他的书中找到，然而作为一个整体，捷克的土地法抵制了罗马法的影响。他就土地法制定一些初步定义，包括关于土地法优先于国内法和其他特别法的观点。

另一个重要的书面法律来源是土地登记册（zemské desky），出现在奥塔卡尔二世统治末期。这些不仅是贵族拥有的不动产的公共土地登记册，而且包括被称为省法院（zemský soud）的贵族法院判例。这种判决在当时捷克法律体系中的作用可以与英国普通法中判例的地位相比拟。贵族法产生了一些具体制度，特别是在财产法和债法领域，体现了独特的捷克法律文化。例如，捷克土地法承认贵族家庭作为一个整体的集体财产所有权，而不将财产分割成单独的部分（nedíl）。这种集体所有权由动产和不动产组成，并因其代表所有权实体的人而异。有些单位由一家之父、祖父，甚至在某些情况下由一家之母领导。

与罗马法相比，不同的规定适用于继承法或嫁妆法。在法庭诉讼中使用了特别的正式条款，在胡斯运动爆发之前，酷刑不再适用。

许多法律著作和与法律适用有关的其他形式的书面来源起源于波希米亚和摩拉维亚城镇。具有法律内容的最古老的文件是1310年至1518年间形成的布拉格老城手稿，根据其拉丁文名称“Liber vetustissimus statuturum et aliarum rerum memorium Veteris Urbis Pragensis”而闻名。手稿由至少 16 个抄写员完成，大部分是用拉丁语，但也有德语和捷克语。在中欧，这是已知最古老的市政法手稿，包含了布拉格老城的特权、市政委员会成员名单、法规、自然人法律契约、接纳城镇公民的决定，以及许多其他关于适用国内法的个人事项。

1413—1419 年间，布拉格老城代表起草了另一份关于土地法和市政法的手稿，内容还涉及在胡斯战争前基于德国模式的封地法（law of fief）和葡萄园法。这份手稿说明了尽管存在人格原则（principle of personality），但许多不同的法律分支却是重叠的。它由 268 页用古捷克语写成的法律组成，包括上述罗姆贝克和杜巴·安德鲁的法律书籍，以及捷克和摩拉维亚其他城镇的部分法律。如今，这份手稿被保存在布拉格档案馆。在大部分页边空白处的手写笔记证明，在后胡斯时期，市政法院经常使用这份手稿。

捷克各省最著名的法律书籍是 14 世纪中叶基于以前收集的国内法、布尔诺镇法律的汇编，其中有 730 篇文章主要集中在市政机构的调查结果。可以看到有人试图根据摘要使用更一般的法律定义。该书论述了布尔诺镇法律的所有重要方面，特别是市政官的管理和地位、镇法院的诉讼程序、自然人法、财产法和执行法院裁决的方式。这本书通常被称为“抄写员约翰之书”（*Book of Scribe John*），以其作者公证人命名为“*Schoeffenbuch*”，即市议会代表使用的书，由于是用拉丁文写的，因此有时被称为“*Sententiae Brunensis*”。15 世纪 50 年代，这本书在库特纳霍拉镇（Kutná Hora）被翻译成捷克语，并于 1498 年出版。

《抄写员约翰之书》启发了另一位市政法专家。15 世纪初，他根据布尔诺的市政法以及罗马法和教会法的资料、查士丁尼法学摘要[①]（Justinian's Digest）的定义和原则，编写了一本关于市政法的普通教科书，被称为“*Manipulus vel directorium iuris Civilis*”。该书内容在伊赫拉瓦镇（Jihlava）成为市政法的主要来源得以实施。由此，伊赫拉瓦和布尔诺创建了自己的法律圈，对波希米亚城镇法的整体发展发挥了重要影响。

如前所述，在胡斯时期之前，罗马法对捷克法律的影响可以追溯到瓦茨拉

① 即东罗马帝国的《法学汇编》。公元 6 世纪，东罗马帝国皇帝查士丁尼（Justinian）下令将罗马法学家学说的摘要汇编出版，全书共 50 卷，英语称该书为 Pandects，又名 Digest。

夫二世的《采矿法法典》。这部法典是由奥维多的意大利律师戈齐乌斯（Gozzius of Orvieto）编写的，它受到了教规和罗马法的启发，特别是受到了盖尤斯和查士丁尼划分法的启发。该法典分为四个部分——人的法律、财产的法律、采矿的技术规定和法院诉讼的法律。由于其罗马化的内容，该法典在其他城镇都被列为市政法律的一部分。

第三节 胡斯时期的法律

15世纪初，捷克土地上的社会和法律发展因社会和政治危机而中断，随后出现了胡斯宗教运动。胡斯派要求对教会、社会和法律进行彻底改革。胡斯和他的追随者耶罗尼穆斯（Jeronymus）被视为新宗教改革运动的殉道者。这些事件导致了胡斯派和天主教之间的紧张局势加剧，不仅体现在宗教层面，也有民族和社会层面。

1420年，胡斯派通过了一项名为布拉格四条计划（Four Articles of Prague）。该方案要求改革教会和社会符合上帝的法律原则，宣布没收教会的不动产，对致命的罪和所有违反上帝律法的行为要根据当地法律受到惩罚。该派的激进势力在1434年被击败；温和派，尤其是新贵族和胡斯特城镇，与天主教徒达成“布拉格契约”（Compacta of Prague）。波希米亚王国的成年居民可以选择信奉胡斯派或天主教。西吉斯穆德（Sigismud）被公认为捷克国王，高级教士不再代表捷克王国的省议会。

由于胡斯运动的影响，独立的法学大学在1418年和1419年期间被关闭。战争结束后，法学大学和布拉格大学法学院都没有重新开放。法律研究只能在国外大学进行，就像1348年布拉格大学建立之前一样。布拉格大学文学院举办了关于罗马法和国内法的讲座。同时，它为一个新的法律时期准备了历史条件，这一时期的特点是三个等级的社会和法律制度。胡斯时期的主要法律结果是教会和国王失去了大部分土地财产，尤其是天主教教会失去了其在波希米亚大约五分之四的农场。①

从胡斯战争结束到17世纪三十年战争期间，捷克王国有两个官方教会。这个王国经历了一段相对宗教宽容的时期，或者至少是不同宗教信仰共存的时期。有趣的是，关于宗教宽容的立法的第一个例子可以在那个时期的捷克法律中找到。早在1485年，捷克省议会就通过了一项关于宗教容忍的法令，即所谓的"宗教和平"（Religious Peace），该法令与前面提到的契约有明确的关系。② 捷克王国的两大宗教，以及后来在16世纪出现的新教，影响了捷克法律的发展，主要是在家庭法、婚姻法和人身法的部分。

激进的胡斯运动结束后，温和的胡斯派信徒波德布拉迪（Poděbrady）于1458年被捷克省议会选为捷克国王。他的统治与《关于在整个基督教世界建立和平的条约》（*Tracta tus pacis toti Christian ATI fiendae*）有关。该提议的内容主要包括：建立一个建立在平等和主权基础上的主要基督教欧洲国家的联邦；由法国国王路易担任联盟主席；联邦大会应该通过共同规则；各省领导人理事会作为行政权力的代表；建立一个特别法庭来解决欧洲国家之间的冲突，保证欧洲的永久和平；联合基督教国家反对奥斯曼土耳其。虽然提案被否决，但这可以视为近代包括联合国组织甚至欧盟在内的一体化项目的前身。

第四节　王室时期的法律

在15世纪下半叶和整个16世纪，一个新的社会和法律体系在捷克王国逐渐发展起来，被称为庄园君主制（Period of Estates）。国王的权力被大大削弱，天主教会的政治权力也是如此。庄园是封建社会中拥有相同或相似的政治、法律、经济和社会地位的自由特权群体。然而，这个国家的大多数居民不属于庄

① KAMINSY H A. *History of the Hussite Revolutio* [M]. Eugene: Wipf and Stock, 2004: 484-485.

② HEYMAN F G. *George of Bohemia: King of Heretics* [M]. Princeton: Princeton University Press, 1965: 275.

园；他们被视为法律行为能力有限、社会地位低下的主体。法律的适用是根据财产来区分的。有三种官方认可的等级——贵族（高级贵族）、骑士（低级贵族）和皇家城镇的自由居民。整个社会是以等级制的方式组织起来的，这种等级制也适用于庄园本身。

1500年，强大的贵族形成了一个封闭的高阶层。其严格的准入标准是由罗森博格家族王朝（Rožmberk Dynasty）领导的47个传统贵族家庭组成的内部等级制度。最重要的机构是省议会、中央和地方各级的省级官员以及省法院。贵族控制了政府和整个法律系统，包括省法院的裁决和通过的立法。贵族们获得了所有最高省级职位、省级法院及其对等机构分庭法院的大部分司法职位。贵族代表决定了省议会的大多数决议，而下层绅士只能表示同意。骑士作为较低的贵族，在16世纪中叶制定了进入其庄园的规则，并世袭了其等级。贵族和骑士法律地位的主要基础是所谓的“世袭财产的自由保有”（freehold of patrimonial property）。

波德布拉迪国王统治后，与匈牙利王室争夺捷克土地控制权的战争结束，一个新的王朝登上了捷克的历史舞台。捷克王国与波兰、匈牙利实现了统一。由于这种政治发展，捷克法律开始更多地受到邻国法律体系的影响，并为建立中欧帝国开辟了道路。

法律和司法系统是根据等级划分的。捷克各省的土地法不仅成为贵族和骑士的法律，而且成为整个国家的“普通法”。第三等级，即市政当局，有自己的法律和法庭。臣民大多是农民，他们不被视为自由人，直接受地主的管理和管辖。由波希米亚王国、摩拉维亚、上西里西亚和下西里西亚、上卢萨蒂亚和下卢萨蒂亚组成的整个国家在司法领域是去中心化的。每个省都有自己的议会和法庭，法律也有一些与众不同的特点。在各个土地上，等级的构成有所不同。

捷克的土地法仍然以习俗和法院裁决（先例）为基础，但新的、书面形式的法律逐渐盛行。尤其是波希米亚王国，国会从16世纪初开始发布法令。贵族法院的裁决加强了其作为法律渊源的重要性，而习俗的重要性逐渐降低。1500年，波希米亚省议会通过并出版了第一部法典。国王直到1502年才正式确认这部法典。不幸的是，案文并不系统，第一份出版物甚至没有个别条款的编号。2008年出版的现代版守则包括576篇文章。

编纂委员会由省议会于1487年设立，由贵族控制，主要使用早期的习俗、国王授予的特权、先例性的法院判决和省议会的公告。编纂的成果称为《弗拉季斯拉夫的土地规则》（Vladislav's Land Order），这并不是一个排他性的法典。该国法律的其他来源仍然有效，可以在法庭上使用。由此可见，省议会的新公告可以修正土地法令，省法院可以继续提出新的判例。

《弗拉季斯拉夫的土地规则》被视为捷克历史上第一部成文宪法，但它也涉及土地法的其他分支。它不仅是宪法和行政法的编纂，也是贵族私法和刑法的编纂。从法令的第一部分就可以看出其宪法性质，因为它涉及王国行政和司法机构的权限。贵族私法涵盖部分家庭法、财产法，包括继承法、土地登记和相关的法院诉讼程序。刑法方面可以在处理当时最典型的犯罪和刑事诉讼的部分中看到。有关于主人与其臣民之间关系的规定，以及关于维持公共秩序的一般规则。

这部法典于1502年由弗拉季斯拉夫国王批准；然而，土地秩序导致了与皇家城镇的冲突，皇家城镇感到他们的权利和特权受到了侵犯。以布拉格老城为首的波希米亚城镇联盟拒绝法典化，拒绝参加省议会。紧张的局势在一些地方导致了市政当局和当地士绅之间的武装冲突，直到1517年达成妥协。

这部法典向后在1530年、1549年和1530年修订出版了三次。1549年的“修订和更正”版是最重要的，它是由哈布斯堡王朝的国王斐迪南一世（Ferdinand I，1503—1564）在镇压了捷克庄园反对他统治的第一次叛乱后下令修订完善的。新版本的案文加强了国王的权力，增加了所谓的“危害国王陛下罪”（crimen laesae majestatis）。后来，国王下令在没收反叛者的财产并剥夺皇家城镇的一些特权时，使用的就是这一条法令。

一方面，土地命令附有一些其他重要文件作为附件。其中值得一提的是1517年的《圣瓦茨拉夫协定》（*Agreement of St. Václav*），该协定结束了贵族和皇家城镇之间关于解释土地法以及政治和经济权利的政治争端。该协议由51条组成，涉及市法院的管辖权，包括贵族庄园在市法院出庭的可能性，特别是在涉及他们在城镇的财产的案件中。

另一方面，市政当局就其经济权利达成了妥协。1534年，国王和庄园之间就“矿山和金属”达成协议，修订了采矿法。这些文件承认国王对贵金属的权利，但允许贵族所有者在所有其他情况下参与采矿业务。法典所附的最后一份文件是由雅库布·门西克（Jakub Menšík）起草的关于陆地边界争端的法律文书，于1600年出版。尽管有人提议修改土地法令的文本，但1564年的最后一个版本直到1618年仍然有效。

在15世纪末，维克托里·柯内琉斯（Viktorin Kornelius）用捷克语写成关于土地法的法律书籍。作品中高质量的捷克语不仅影响了律师，也影响了人文主义时代的捷克文学。法律书籍主要涉及贵族法院的诉讼程序、土地登记、省级法院的裁决以及土地法的所有重要方面。虽然手稿质量很高，但没有被视为正式的法律来源。

摩拉维亚的情况有所不同。1535年，摩拉维亚土地法开始编纂。尽管它们是由私人编纂的，但特定的法律文件被用作摩拉维亚法律的官方来源。15世纪下半叶，由摩拉维亚政治家和律师撰写的法律书籍是最重要的来源，包括近200篇关于法庭程序和摩拉维亚省办公室、继承法等的文章。这本书至少有10个附件，具有官方来源的权威。

1535年，摩拉维亚省议会通过了与捷克模式一致的土地法令。然而，这不是同一类型的编纂，因为它只有138条，其大部分内容涉及法院诉讼、贵族私法和刑法。1545年摩拉维亚庄园颁布了新的法典，然而，哈布斯堡国王费迪南并不承认这一点。

在捷克土地上，市政法也逐渐被编纂和统一。1523年，波希米亚省议会通过了一项关于统一波希米亚王国市政法的公告，这是朝着这个方向迈出的重要一步。1534年，来自利斯科的捷克律师布里西乌斯完成了编纂市政法的提案，并于两年后出版。然而，他的建议没有被正式采纳，只是作为私人援助用于市议会和法院的实践中。布里西乌斯使用了罗马法中被庸俗化的部分，并在多个场合提到了查士丁尼法学摘要。

另一个法律事例是在1548年成立了一个特别皇家上诉法院。① 这是一个新型法院，永久运作，由专业律师组成。他们不仅根据有效的国内法，而且根据教规和罗马法原则来裁决案件。通过司法实践，国内法正在变得统一。科尔

---

① EVANS R J. W. *The Making of the Habsburg Monarchy*, 1550—1700［M］. Oxford: Clarendon Press, 1979: 150-151.

丁·帕维尔·克里斯蒂安（Pavel Kristián of Koldín，1539—1589）是那个时代最杰出的律师之一，也是《国内法》的起草者，他也是布拉格大学的赞助人和顾问、普拉圭镇议会代表。他编写了《市政法法典》（*Bohemian town law*），即《科尔丁法典》（*Koldín's Codex*）。这部法典深受罗马法的影响，体现在私法（自然人法和财产法）和罗马法术语的使用中。但是这部法典也处理了城镇生活中许多其他重要的法律问题，因此也体现了有效的捷克法律，特别是布拉格老城的法律。

科尔丁提供了国内法和整个法律体系的主要定义。该法典的第一部分侧重于城镇的管理，随后是关于民事诉讼及其各个阶段的章节，包括上诉和执行法院判决的条件。《自然人法》主要集中在监护和监管以及婚姻的财产方面，包括嫁妆。物权法首先涉及国内法中不同的所有权概念，包括占有和奴役形式，以及继承法。遗嘱继承的条款非常详细。关于合同的部分受到了查士丁尼法学摘要的影响，包括合同的划分及其类型，如双方同意的销售合同、雇佣工作或服务合同、委托或合伙合同以及真实合同，如使用和消费贷款或存款。自然人法和财产法都是以罗马法传统为基础的。《市政法》涵盖了一些特殊领域，如城镇中的建筑项目。《刑法》的最后一部分专门涉及实体刑法和刑事诉讼程序；实体刑法涵盖了市政当局特有的犯罪，例如针对人身的犯罪——谋杀、过失杀人，针对财产的犯罪——纵火、抢劫或盗窃，以及性犯罪。

这部法典的重要意义在于确保了市政法的统一，最初是在波希米亚使用，后来是在摩拉维亚和西里西亚。1610 年法典的引入最终结束了萨克森国内法在其捷克中心利托姆涅日采城（Litoměřice）的使用。16 世纪末，《科尔丁法典》可被视为将罗马法传统引入捷克法律体系的一个重要里程碑。17 世纪期间，《科尔丁法典》与罗马法一起，开始被用作土地法和庄园法院的辅助来源。经过某些修正，该法典的私法部分在 1811 年通过的《奥地利民法典》之前一直有效。

1526 年，捷克王室将哈布斯堡王朝的奥地利大公斐迪南一世推上捷克王位，捷克土地成为中欧新兴哈布斯堡帝国的一部分。这决定了捷克后来的命运，直到第一次世界大战。捷克王国不再作为一个独立的实体存在，成为由奥地利、捷克和匈牙利组成的中欧多民族帝国的一部分。不同的国家和法律机构之间的和解进程开始了。直到1618年，新的哈布斯堡统治者试图削减原有的权力和特权，这些努力集中在非天主教徒和皇家城镇。

哈布斯堡家族试图加强天主教会的地位，例如，邀请耶稣会来到中欧，他们主张中央集权的优势。当时，温和的胡斯派改变了他们的信仰，变成更激进的新教（福音派）信仰。特定的非天主教宗教——捷克弟兄会开始出现。宗教问题再次成为整个中欧意识形态和政治斗争的一部分，也成为具体立法的目标。国王马克斯·米利安（Maxmilian，1527—1576）在1575年承诺的宗教宽容被称为“波希米亚忏悔”（*Confessio Bohemica*）。[①] 1609年，国王鲁道夫二世（Rudolf II，1552—1612）批准的最后文件不仅对贵族，而且对捷克社会更广泛阶层的宗教信仰自由做出了长远的让步。

新教阶层试图形成与天主教“国王”政府和省议会平行的权力结构。他们建立了“辩护机构”和庄园等级制。这两个宗教和政治阵营进入最后的对决只是时间问题。宗教问题在三十年战争期间变得极其重要，捷克新教阶层参加了公开反抗哈布斯堡国王的活动。战争开始于1618年，新教叛军将两名亲哈布斯堡的高级官员扔出布拉格城堡的窗户，提议在捷克王国的5个独立地区建立新教领地联盟。哈布斯堡王朝被剥夺了王权，新教庄园选举了一位新国王。1619年7月，捷克各省议会颁布了联邦宪法，它由序言和100条组成。[②] 联邦是基于所有土地的平等，在某些事务中给予波希米亚王国优先权。联邦的首脑是捷克国王，对庄园负责。如果国王滥用权力，庄园有权用武器反对他。行政权掌握在董事会手中，由所有三个阶层的代表组成。大会是整个联邦的最高立法机构。联邦支持非天主教宗教，天主教徒被限制担任某些职务，包括市政府的职务。

---

① REICH E. *Select Documents Illustrating Mediaeval and Modern History* [M]. London: P. S. King & Son, 1905: 630-631.

② PURSELL B C. *The Winter King: Frederick V of the Palatinate and the Coming of the Thirty Years' War* [M]. Aldershot: Ashgate, 2003: 80.

第五节　绝对主义时代的法律

1627年和1628年，波希米亚和摩拉维亚通过了省更新宪法，开启了一个主要由维也纳统治的绝对君主制时代。这一时期通常被称为专制主义时期（Age of Absolutism），但在许多方面，国王和贵族一起统治。哈布斯堡王朝将捷克国王的头衔视为世袭。庄园的特权大大减少，城镇受到并遭受限制和歧视。作为反宗教改革的结果，只有天主教被允许存在于捷克土地上。那些信奉其他宗教信仰的贵族成员要么被迫皈依，要么被流放。结果，波希米亚和摩拉维亚失去了数百名贵族，移民中也有来自皇家城镇的市民和知识分子，包括捷克哲学家和改革家夸美纽斯。

天主教教会法恢复了作为婚姻法唯一来源的地位，因此影响了整个家庭法。加入天主教会和天主教信仰成为拥有土地和高级职位的强制性先决条件。天主教高级教士，作为领主的神职议员（Lords Spiritual），恢复了在捷克临时立法机构的成员资格。

专制主义的实践导致了法律体系的深刻变革。哈布斯堡统治者成为最高和唯一的立法者。为了支持和证明他们的专属地位，哈布斯堡家族应用并享有罗马法传统的一部分，即罗马皇帝的立法。习俗和先例的重要性进一步下降，新的法律来源被引入，以国王颁发的专利证书、法令或授权为基础。捷克法律受到奥地利立法的影响，新法律的官方语言逐渐从捷克语变成了德语。在宪法中，捷克语和德语被宣布是平等的。然而，行省修订宪法的文本只以德文出版。

宪法内容主要涉及土地问题，特别是那些与国王、省议会和省法院的权力有关的问题，法院程序、财产法和刑法都相应发生了变化。例如，《宪法》终止了前面提到的家庭所有权的存在，引入了新的继承法，包括类似于英国费尾制度（限于特定继承人的土地完全保有权益），他们不能自由出售或赠送，以及遗赠信托的（fideicomissum）制度。1517年的《圣瓦茨拉夫协定》以及1575年的《采矿法协定》被附在《宪法》之后，再次公布。1640年，斐迪南二世修改并解释了宪法的原始文本。在一定程度上，这些修正案削减了该省新宪法最初尖锐的绝对主义措辞。在摩拉维亚，类似的解释于1650年出版，宪法的修订版于1573年出版。修正后的文本规定《市政法典》是《土地法》的辅助来源。这实际上意味着罗马法成为整个法律体系的辅助来源。

与1618年白山战役和三十年战争相关的政治发展导致了大规模的庄园转让。被击败的庄园被宣布为反叛者，而被起诉和定罪。根据法律，惩罚包括死刑、褫夺公权和没收财产。没收制度源于罗马法，意味着没收私人财产作为惩罚，没收的财产无偿移交给皇家国库。波希米亚贵族至少有一半在17世纪受到没收财产的影响，社会和经济地位明显下降。这种惩罚意味着剥夺他们的合法继承人继承贵族头衔和其他财产的权利。在某些情况下，皇帝允许以罚款代替没收，主要是当被告没有不动产时。尽管皇帝和他的官员努力获得足够的财政资源来维持他的军队，但没收的财产不足以填满皇家国库，因为在大多数情况下，财产是以低于成本价格出售的。被没收的财产经常被送给哈布斯堡家族的支持者。捷克王国几乎一半的新贵族土地所有者来自外国贵族家庭。1634年，瓦伦斯坦的阿尔布雷特伯爵遇刺后，出现了第二次财产再分配浪潮。

作为三十年战争的结果，捷克土地上的居民数量迅速下降。因此，农民被迫与地主和土地绑在一起。例如，没有主人（地主）的同意，他们不能自由行动，必须从事强制劳动或缴纳财政税。农民之间的婚姻只有在未来配偶的地主和他的臣民同意他们的婚姻（以及其他重要活动）后才能缔结。

17世纪下半叶，官方土地测量及主体登记制度被引进，以评估税收。所谓的“第二次农奴制”时期开始了。农民在恶劣的生存条件下进行了几次起义。1680年，利奥波德一世（Leopold I）颁布一项法令，对强制劳动做出了限制。该法令随后由查理六世（1685—1740）于1717年和1738年颁布。

17世纪的法律发展受到了布拉格大学恢复法律教学的影响。直到1622年，根据斐迪南二世（1578—1637）的决定，布拉格大学才恢复了法律系。两年后开始教学。由于三十年战争和与耶稣会学院的纠纷，法律系一直不稳定。然而，这种不稳定性随着耶稣会学院（Clementinum）和布拉格大学（Carolinum）的合并而消失，合并是由费迪南三世于1654年颁布的所谓联盟法令发起的。新成立的大学被称为卡尔—费迪南大学（Karl-Ferdinand University）。

17 世纪下半叶的教学主要基于罗马法（Roman law）和教会法（Canon law）。教授们被分成四个部门——机构部、文摘部、法典部和教规部。除了由国王直接任命的正规教授之外，杰出教授也逐渐参与教学。直到 17 世纪末，学法律的学生人数一直在增加。教学以公开讲座的形式进行，在卡罗琳娜大学大楼的一个房间里举行。与此同时，教授们提供私人辅导来赚钱。学习课程通常需要 3 年时间，没有考试。在此之后，任何希望获得学位的人都必须通过口试和笔试，随后是一场礼仪性的辩论。申请人必须支付要求的金额，并进一步为教授们安排一次晚宴。从 17 世纪开始，授予两种学位：较低的执照学位和较高的博士学位。

18 世纪初，现行的土地法和市政法成为整个法律体系现代化的主要障碍。统一波希米亚和摩拉维亚的法律势在必行。1709 年，皇帝约瑟夫一世（1678—1711）委托一个法典编纂委员会准备一份草案。这个机构的全称是捷克省法律编纂和波希米亚省和摩拉维亚省法律统一委员会。该委员会由上诉法院首席法官领导。事实上有两个独立的委员会，一个在布拉格负责波希米亚法律，另一个在布尔诺负责摩拉维亚法律。该建议与在布拉格法学院引入基于自然法理论的教学有关。这也与普霍尔茨的瓦茨拉夫·哈维尔·纽曼（Václav Xaver Neumann）的学术成就有关，他除了担任大学校长和法学院院长之外，还因参与上述编纂委员会而出名。

布拉格委员会起草的提案将设想的省法典分为九个部分。其中，五个部分与统一私法的新概念有关，包括自然人法、财产法、继承法和合同法。由于查理六世去世后的政治形势，这一提案并不完整，然而代表了哈布斯堡女皇玛丽亚·特蕾莎制定私法法典化的重要一步，目标是统一奥地利和捷克的土地法。

第六节　开明专制主义的法律

18 世纪初，哈布斯堡王朝的奥地利分支面临解决有关继承法的问题。利奥波德皇帝于 1705 年去世，由他的儿子约瑟夫继位。在短暂的统治后，约瑟夫一世于 1711 年 4 月 17 日去世，留下了两个未婚的女儿。一个是玛丽亚·约瑟夫（Maria Josepha），她于 1719 年嫁给了奥古斯都二世，萨克森未来的选帝侯和波兰国王；另一个是玛丽亚·阿玛莉娅（Maria Amalia），她于 1722 年嫁给了巴伐利亚选帝侯卡尔·阿尔巴切特。他的兄弟查尔斯成为神圣罗马帝国的皇帝，即查理六世，并根据所谓的继承协议继承了哈布斯堡家族的土地。1711 年，查理六世写了一份遗嘱，他把自己的女儿优先于约瑟夫或利奥波德的女儿，从而违反了 1703 年的家庭协议。枢密院的主要官员和皇帝的大臣们于 1713 年 4 月 19 日批准了这一修改。经公证的出版物后来被命名为“1713 年的务实制裁”（Pragmatic Sanction of 1713）①，成为奥地利哈布斯堡家族的法律。1720 年 10 月，它得到波希米亚、摩拉维亚和西里西亚的地方议会确认，并成为奥地利宪法的一部分，直到 1918 年。

查理六世很可能是哈布斯堡家族最后一个男性成员。因此，他参与了一场长期的外交斗争，为他的女儿玛丽亚·特蕾莎（Maria Theresa，1717—1780）保留了自己的继承权，并使这一务实的认可不仅为哈布斯堡帝国的王室领地所接受，也为其他欧洲强国所接受。查理六世缔结了几个国际条约来保证实际制裁，如 1725 年 4 月 30 日与西班牙的维也纳条约，6 年后与英国、荷兰的条约，以及 1738 年与法国的条约。然而，当查理六世于 1740 年去世时，法国、巴伐利亚、西班牙和萨克森争夺玛丽亚·特里萨的所有权。普鲁士还通过夺取西里西亚参加了所谓的奥地利继承战争（War of Austrian Succession）。约瑟夫一世的女婿，巴伐利亚的卡尔·阿尔巴切特（Karl Albrecht，1697—1745）于 1741 年 12 月被加冕为波希米亚国王，并于 1742 年 1 月被选为皇帝，即查理七世。但是当奥地利军队占领了他自己的巴伐利亚土地时，他失去了这些土地。他的儿子倾向于支持玛丽亚·特里萨的主张，以换取巴伐利亚的恢复。1745 年，玛利亚·特里萨的丈夫托斯卡纳大公被选为神圣罗马帝国的皇帝，也就是弗兰茨一世。哈布斯堡王朝转变为哈布斯堡—洛林家族（House of Habsburg-Lorraine）。根据 1748 年的《亚琛条约》（*Treaty of Aachen*），玛丽亚·特蕾莎继承的奥地利土地，包括捷克王国和摩拉维亚，得到了承认，条件是西里西亚的大部分被割让给普鲁

① Bernatzik E. *Die österreichischen Verfassungsgesetze mit Erläuterungen.* [M]. Wien: Manzsche k. uk Hof-Verlags, 1911 (2): 15.

士，奥地利失去了在意大利的一些领土。

在这段困难时期之后，玛丽·特丽萨决定建立一个能够与欧洲主要强国竞争的现代君主制国家。最初，她对国家行政进行了改革，目的是在奥地利和捷克各省建立一个统一的中央集权君主制核心。而在匈牙利，法律和行政差异依然存在。作为世袭土地，捷克土地与奥地利土地的联系越来越紧密。在维也纳，传统的捷克办事处被解散，新的中央行政和司法机构在奥地利和捷克同时成立。改革引发了国家行政的“官僚化”。他们为中央集权的国家行政系统奠定了基础，该系统由地区、省和中央各级的有薪公务员组成。行政改革伴随着司法制度改革，随后是地区和市政管理改革。于是，拥有自己的刑事司法系统的城镇数量减少了。1784 年，由于地方行政官的官僚化，布拉格的四个原本独立的城镇（老城、新城、小街区和城堡）被合并，一个市政当局委员会被任命在老城市政厅开会，取代各自的自治机构。

法律改革被视为整个改革运动的重要组成部分，新的立法成为中央政府实施改革项目的重要工具。因此，18 世纪下半叶，现代法律制度起源于捷克土地以及整个哈布斯堡王朝。这一时期的法律发展受到了所谓“开明专制主义”（Enlightened Absolutism）及其社会和经济改革的影响。启蒙运动与自然法哲学紧密相连，并带来了一个大规模和重大法典编纂的新时代。玛丽·特丽萨和她的儿子约瑟夫二世（1741—1790）将法律改革作为中欧社会现代化的主要工具之一。

作为起点，玛丽亚·特蕾莎在统治期间（1768）通过了包括刑事诉讼程序在内的新刑法。这部法典并不是编纂刑法的第一次尝试。约瑟夫一世早在 1707 年就颁布了刑法；该法典是为波希米亚、摩拉维亚和西里西亚制定的，其灵感来自 1656 年费迪南三世皇帝在下奥地利区制定的奥地利刑法典。这部法典比较简短，只有 23 条加上一些单独的段落，主要涉及刑事诉讼，被上诉法院用作该省新宪法和市政法典的辅助来源。它主要有助于在国内法院的实践中统一刑事诉讼。

《玛丽·特丽萨刑法典》（*Criminal Code of Marie Theresa*）分为两部分，共有 104 条。第一部分涉及刑事诉讼，第二部分涉及实体刑法。该法典统一了奥地利和捷克的刑法，并废除了以前的立法，包括该省新宪法和科尔丁市政法典的部分内容。虽然编纂和统一的影响可被视为法律发展的现代特征，但《刑法典》仍然基于早期现代甚至中世纪的刑法遗迹，如酷刑、在律师帮助下为自己辩护、对巫术的惩罚等。类比的应用是允许的，犯罪和惩罚仍然基于这样的假设，即惩罚在一定程度上是对所犯罪行的报复，体现了威慑和象征效果。实体法认为最严重的罪行是针对宗教、教会、皇帝和国家的罪行，而针对人身和财产的罪行不太重要。酷刑的使用受到了法律专家的批评，包括约瑟夫·索南费尔斯和他 1775 年出版的关于废除酷刑的小册子。一年后，即 1776 年，这种酷刑被废除。

最初在维也纳的大学以及后来在布拉格举行的讨论导致了整个刑法概念的变化。奥地利学术界受到意大利律师和哲学家恺撒·贝卡利亚（Cesare Beccaria）的影响，特别是他 1764 年的名著《论犯罪与刑罚》（*On Crimes and Punishments*）。贝卡利亚批评死刑和酷刑的应用，并要求惩罚应与所犯罪行相称。他决定了惩罚的教育、社会和经济作用，强调刑事诉讼中的应用合理性和有效性。

约瑟夫二世的兄弟利奥波德（1747—1792）于 1786 年颁布了所谓的利奥波德刑法典，将贝卡利亚的一些思想在托斯卡纳付诸实践。启蒙运动和自然法的思想吸引了奥地利律师、教授和高级官员约瑟夫·索南费尔斯（Josef Sonnenfels），他受皇帝委托不仅进行刑法改革，而且进行整个所谓的“警察科学”改革。

因此，1787 年约瑟夫二世的《刑法典》引入了现代刑法原则。一年后，一个新的统一的刑事诉讼程序随之而来。《刑法典》适用于整个哈布斯堡王朝，这是迈向现代统一刑法的重要一步。该法典由两部分组成，以德语颁布，并翻译成捷克语。除了统一奥地利和捷克的刑法之外，它还是一部排他性的法典，废除了所有早期的刑事立法。这是应用新的现代立法技术的一个很好的例子，包括颁布一般、简要和明确的规定，首次提出了法无明文不为罪（没有法律就没有犯罪）和法无明文不罚（没有法律就没有惩罚）（no penalty without a law［英］，nulla poena sine lege［拉］，ǿdný trest bez zǻkona［捷］）的原则。该法典基于一种新的惩罚方法，反映所犯罪行对社会或个人造成的伤害的程度和性质，试图运用上述新的惩罚职能，包括社会、教育和经济职能。①

第一部分涉及罪行和相关惩罚，分为七章。一项罪行的法律定义是一项或一系列行为，可依法惩处，为法规所禁止，并与有罪的精神状态和自由意志有关。犯罪必须是故意、明知和故意实施的。承担刑事责任的年龄限制定为 12 岁。不仅罪犯，而且共犯或从犯也要对所犯罪行负责。一旦采取了实施犯罪的实质性步骤，犯罪未遂本身就是犯罪。第二章规定了法官适用刑罚的条件。一方面，法官必须考虑罪犯的年龄，或者他是否是第一次犯罪等；另一方面，要让罪犯考虑罪行造成的损害程度。

《刑法》限制判处和执行死刑。死刑只适用于紧急状态下的叛国罪。服刑是在一个严格的监狱里进行的，这个监狱叫作教养所。有三种类型的监狱，监禁通常伴随着强迫劳动或监禁。监狱看守还拥有一系列其他工具来管教他们的囚犯。有残酷和公开执行的体罚，包括殴打、在示众台上诽谤性展示或焚烧罪证。

《治罪法》第一部分后几章涉及各种犯罪。危害国家、特权和公共秩序罪排在第一位；第二类侵犯人身罪（谋杀、过失杀人、攻击、殴打和强奸）之后是第三和最后一部分，包括侵犯财产罪，如纵火、盗窃、抢劫或伪造。

守则的第二部分分为五章，重点是所谓的“政治不端行为”。他们对社会的危害较小，会受到不同的惩罚。这种轻罪的一个例子可以是由粗心大意的工艺或贸易行为造成的损害，对财产的轻罪，以及对公共秩序的轻罪。

1788 年 6 月，刑事诉讼法典被采纳为普通刑事诉讼程序。如果与玛丽亚·特丽萨的法典相比，可以看出该领域的某种现代化。然而，调查程序仍然是刑事诉讼的基本类型，包括在大多数情况下不公开的书面程序。

私法改革也始于玛丽亚·特蕾莎统治时期。私法变化中最重要的是试图制定一部新的普通民法典。② 该法典旨在将奥地利和捷克土地上的有效私法（包括习惯法和成文法）与基于罗马法和理性自然法理论的原则结合起来。在编纂过程中，布拉格大学的律师约瑟夫·阿佐妮（Jozef Azzoni）发挥了主导作用。

---

① PADOWER S K. *The Revolutionary Emperor. Joseph the Second* 1741—1790［M］. New York：Ballou，1934：193-195.

② STRAKOSCH H E. *State Absolutism and the Rule of Law*：*The Struggle for the Codification of Civil Law in Austria*，1753—1811［M］. Sydney：University of Sydney Press，1967：12.

他建议纳入捷克土地上有效的法律，主要是市政法规；奥地利法律传统的代表是约瑟夫·霍尔格。新法典的提案被称为普遍法典，分为三个部分：自然人法、财产法和债法。有人提议增加第四部分——处理民事诉讼。然而，第四部分没有包括在内，而是编写一份单独的程序法。该法典草案是一个庞大的现行私法汇编，这是各私人领地之间的妥协。罗马法与自然法原则相结合，主要用于界定私法制度和加强皇帝作为立法者的地位。

由于该草案不适于实际应用，政界、行政部门和个人都出现抱怨。他们认为，整个草案是高度诡辩的。一些专家认为这是一本法律教科书，而不是一部法典。还有其他政治和法律方面的反对意见，尤其是在国务委员中。因此，由约翰·霍顿领导的一个特别委员会对其进行了审查。他们和奥地利律师、维也纳大学罗马法和自然法教授卡尔·马丁尼一起修改，并缩短了整个草案。草案也受到了德国自然法哲学家和法律理论家克里斯蒂安·沃尔夫的影响。

法典编纂的过程受到自然法理论的影响。这些理论主要与各种法学系的新发展有关。不仅在维也纳，而且在布拉格，法律教育都经历了巨大变化，特别是在结构上。自 1740 年以来，关于捷克判例法和诉讼程序的讲座定期举办。1748 年，公共和封建法律部门成立。1755 年，最初的期末考试制度被严格的考试所取代。1761 年后，法学博士是唯一授予的学位。1774 年规定了三种严格的考试，其内容反映了法律教育中发生的变化。第一次考试由自然法、国家法和教会法组成；第二次考试包括罗马法和刑法；第三次考试包括德意志封建法、帝国法律史。1784 年，新的政治科目被纳入考试，即国家行政、警务、商业和金融。诸如统计学等新科目被引入法律教育体系，扩大了未来律师的专业资格。德语成为教学语言，整个学习过程历时 4 年。法律教育越来越重要，这与上述法律制度变革的重要性相一致，法律制度变革是集权化、官僚化和提高国家官员效率以及深刻的社会变革的工具，受到开明皇帝的高度赞赏和实施。

1780 年玛丽·特丽萨皇后去世后，约瑟夫二世统治期间对于法典编纂的准备工作顺利完成。约瑟夫二世发起了一场更加激进的法律现代化和统一运动。首先，他于 1781 年 5 月 1 日最终制定了《民事诉讼通则》。如前所述，民事诉讼最初是作为整个私法总法典的第四部分，民事诉讼法典草案于 1776 年完成。该法典分为 34 章，以德语、拉丁语和意大利语出版，还安排了捷克语翻译。它基于新的民事诉讼原则，包括执行判决，并与刑事诉讼分开。其第 1 条规定，民事诉讼应由争端（诉讼）的一方主动启动，只有在有明确的法定授权时才允许启动当然诉讼。诉讼各方基本上是平等的；立法机关的主要意图是减少手续，实施高效快捷的诉讼程序。不过，这一意图失败了，特别是因为有三起诉讼分两个上诉阶段。另一个重要变化是为律师代表当事人提供了更多的机会。这部法典给司法部门带来了变革。要成为一名法官，必须证明一个人的专业知识，这需要通过帝国法律学院的国家考试来承认。1786 年，约瑟夫二世下令为各个庄园引入专门的职业法官。

《西加利西亚民事诉讼法典》（Westgalizische Gerichtsordunng——WGO）颁布于 1796 年，激发了奥地利其他领地民事诉讼程序的变革。1781 年，约瑟夫二世颁布了宗教宽容法令。根据这项法令，不仅天主教，而且新教（路德教和加尔文教）和东正教都被允许信奉。该文件主要影响了家庭法的变化：新教徒之间在牧师面前缔结的婚姻，甚至跨宗教的婚姻都是允许的。信奉犹太教的人仍未享有充分的权利。1726 年，所谓的“家族制度”被引入，以限制哈布斯堡王朝中犹太人的数量。只有长子才被允许结婚，并建立自己的家庭。犹太婚姻法中的歧视并没有消除。

1781 年，捷克颁布了废除农奴制的法令。根据这项法令，臣民，特别是农民，可以自由结婚、迁徙、在城镇学习或获得手工艺知识。然而，农民对他们的主人有某些封建义务，特别是在土地上劳动或支付一定数量金钱的义务，直到 1848 年仍然有效。这两项法令都修改了私法法典。1783 年 1 月，一项关于婚姻的特别法令颁布，第一次规定了领地法律缔结婚姻契约的规则。由此，由婚姻法和所有与婚姻有关的事项引起的纠纷从教会转移到领地民事法院。1786 年 5 月，改革的继承法统一了几乎所有居民阶层的继承权，唯一的例外是贵族家庭的特权。

约瑟夫二世利用现有的部分改革来修改民法法典化，促进并加强了自然法的作用。皇帝决定该法典的各个部分应该逐步实施。1786 年 11 月 1 日，民法典的第一部分以第 591 号正式发表在新出版的司法法律集中。这一部分涉及自然人法、家庭法以及监护和监管。约瑟夫二世死后，新皇帝利奥波德二世和弗朗茨一世（1768—1835）中止了法典其余部分的编纂。哈布斯堡家族回到了更加专制和保守的政府模式。

随后，私法的编纂项目转变为更加分散的形式。个别省份试图尽可能多地保留自己的法律，这导致了法典编纂进度的减缓。各领地建立了自己附属于上诉法院的协调委员会，将其结果提交给由帝国法院建立的中央委员会。中央委员会决定编写一份法典草案，仅在一个省付诸实施。会议决定，只有在对奥地利和捷克各省执行这种单一法规的情况进行评估之后，才会制定奥地利和捷克土地的统一法规。该提案起草于 1797 年，当时皇帝弗朗茨一世批准了西加利西亚地区的民法典，成为普通民法典的直接前身。

刑法的编纂有了一些变化。一方面，利奥波德二世根据贝卡利亚的观点继续使刑法人性化。因此，示众、公开执行殴打或焚烧的标志被废除；另一方面，刑法更严格地适用于政治罪。1795 年，新皇帝弗朗茨一世恢复了对叛国罪和其他政治罪的死刑，并下令修改刑法典。修订委员会由主要法官、国家官员和大学教授组成。他们也参与了私法的编纂。《刑法》的修订完全是在尊重各省历史传统的情况下进行的。1797 年颁布的修订刑法适用于奥地利和捷克全境，但仅适用于西加利西亚地区。

考虑到执行西加利西亚刑法典的经验，1803 年 9 月颁布了新的刑法法典。这部法典分为两部分，第一部分涉及犯罪，第二部分涉及轻罪；这两部分都包含刑事诉讼程序的特别细分。该法典适用于奥地利和捷克，但不适用于匈牙利。法典编纂的最后阶段受到德国著名犯罪学专家保罗·费尔巴哈的影响。

《治罪法》第一部分载有犯罪的法律定义，再次使用了法无明文不为罪的原则和所谓的正式犯罪概念。犯罪必须是故意、明知和故意实施的。14 岁以下的儿童对其犯罪行为不负责任。不仅罪犯，而且共犯和从犯都要对犯罪负责。如果采取了实施犯罪的实质性步骤，犯罪未遂本身就是犯罪。有可能以年幼、精神错乱、被胁迫或迫不得已为由声称自己没有刑事责任。

法无明文者不罚的原则适用于判刑。首先是《刑法》恢复了将死刑作为绞刑执行的可能性。死刑只适用于最严重的反国家罪、叛国罪以及某种程度的谋杀或纵火罪。其次是在省级监狱服刑，根据囚犯的条件和日常制度，监禁的刑期分为三级。其他惩罚还有没收财产、强迫劳动、剥夺荣誉称号、收回奖励和军衔或流放。体罚没有被明确禁止。

第二类犯罪行为，即轻罪，被处以不同类型的刑罚，包括长达 6 个月的监禁、软禁、罚款或禁止从事专业活动、放逐或禁止在特定城镇甚至省份逗留。轻罪在法庭上以不同的方式处理，关于犯罪和轻罪的刑事诉讼模式也不同。该法典涉及一些现代量刑原则：法官有义务考虑犯罪者的个人和社会条件，以及犯罪对犯罪者有利或不利的危险或后果。

然而，该法典对特定类型的犯罪，特别是危害皇帝、国家或公共秩序的犯罪，规定了更严厉的惩罚。例如，《刑法》使用拉丁语 vis publica（公共权力）来涵盖几种不同的罪行。这些类别被认为是对社会最危险的。《刑法》对谋杀和过失杀人进行了更详细的区分，侵犯财产罪主要包括抢劫、盗窃和欺诈的定义，还界定了反宗教罪、重婚罪、通奸罪和诽谤罪。

第七节　奥地利帝国的法律

一、奥地利民法的编纂

1804 年 8 月 11 日，奥地利王室弗朗茨二世皇帝获得了世袭皇帝的称号。当神圣罗马帝国最终在 1806 年解体时，一个新的奥地利帝国宣告成立。帝国的所有范围，包括捷克的土地，除了匈牙利的某些例外，仅仅被视为帝国的行政省份。这种做法加强了集权主义倾向，这也自然地在法律中得到体现。

尽管政府的形式是专制的，但中欧法律史上最重要的民法法典于 1811 年通过，即所谓的《奥地利民法典》。该法典受到 1804 年法国民法典（民法典或拿破仑法典）和 1794 年普鲁士省法法典的影响。《奥地利民法典》源于罗马法传统和罗马法制度，以及自然法的概念。在民事诉讼中，如果《民法典》中没有任何条款可以直接适用，或者不可能类推适用《民法典》的条款，法官可以使用自然法的原则。这种方法与普通法原则的引入相联系——如将正义、常识或公平纳入有效的法律实践。该法典规定，人生而自由，在法律面前人人平等；在奥地利君主国的领土上禁止奴隶制。

《民法典》导言部分规定的基本原则普遍适用于整个法律体系，为奥地利和捷克土地上的所有居民提供了统一的私法，但不适用于匈牙利。该法典废除了所有旧法律，包括《约瑟夫二世民法典》和《西加利西亚民法典》的第一部分，提供了将私法分为民法和商法的可能。然而，设想中的商法典是在很久以后，即 1862 年颁布的。这部法典被分成三册，1502 节。第一本书是关于人的法律。它提供了自然人和法人的定义及其在私法中不同类型的能力。这一概念基于人的三种身份——自由身份、公民身份和家庭身份。第一种地位与自然法概念有关，即人生而自由，在法律面前人人平等。第二种身份导致了关于国家公民身份规定的颁布。第三个地位涉及婚姻和家庭法。婚姻仍然是在教会之前缔结的，但它是一种契约形式，法典规定了婚姻的财产问题。第 51/1870 号皇家法令颁布后，允许公证结婚。该法令规定不属于法律承认的任何宗教的人也可以公证结婚。婚姻契约的双方是不平等的，因为妻子必须服从丈夫，而丈夫在家庭事务和对子女的权力方面有更高的地位。虽然允许跨宗教婚姻，但对犹太人婚姻有特殊规定。离婚的可能性只对非天主教人口开放，并且有严格规定的理由。该法典对天主教徒规定了“合法分居”的概念。然而，在所谓的有缺陷的婚姻的情况下，无辜的一方可以通过法院诉讼依法宣布婚姻无效，因此，双方将恢复其未婚者的地位。对婚姻有许多限制，如一夫一妻制原则、血缘关系、年龄不足、精神错乱等。这些限制被解释为缺乏缔结婚约的能力。

家庭法的整个概念是基于家庭之父（patria potestas）的权力制度。它规定了父亲与合法结婚的父母所生子女之间的关系，包括抚养、教育、代表子女行事的授权以及对他们婚姻的同意。如果家中的父亲去世，有严格的监护规则。法典的第一卷规定了年龄和精神健康方面的法律行为能力。如果行为能力受到限制，则引入了一种所谓的监护制度，由监护人照顾无行为能力者的利益。

《普通民法典》的第二本涉及物（财产）法。其导言部分提供了有关物品的基本定义和类别：a. 公有物品，国家、自然资源、海洋、河流等的所有权；b. 私有物品，细分为有形物品（可触摸，是有形的）和无形物品（无形的，如权利、版权）、可移动和不可移动的东西。

导言一章之后是两个部分，一部分侧重于财产法，与所谓的物权有关，另一部分侧重于债法。财产部分涉及占有、所有权、共有、役权（地役权）、抵押和继承法等制度；债法部分规定了合同和民事不法行为（损害赔偿）产生的义务。所有权的概念基本上是基于罗马法。然而，某些封建残余反映了对封地所有权的划分或为农民使用土地和教会财产规定的特殊条件。自然法在界定征用权方面的公共利益方面发挥了重要作用。所有权不能被削减或限制，除非是为了公共利益，以及在发生任何限制的情况下，根据法律规定给予适当补偿。

罗马法的地役权制度在现代中欧法律中留下了明显的印记。作为个人奴役的用益权是创造生活权益的经典方法，真正的地役权用于与村庄和城镇邻近房屋的土地使用有关的地役权。一方面，对土地法定抵押权形式的规定对于设立登记的不动产抵押权至关重要；另一方面，担保物权的设立适用于动产。继承法制定了非常详细的条款。这部分法规是基于约瑟夫二世以前推行的改革，包括遗嘱继承和无遗嘱继承。

合同法不仅规定了订立有效合同的一般条件，还规定了最重要的合同类型，包括销售合同、捐赠合同、雇佣工作或服务合同、委托合同、合伙合同、使用和消费贷款合同以及存款合同。它为匿名合同的使用开辟了一条道路，有助于法律实践更加灵活。法典中涉及合同的部分也用于商业和劳工法的新兴分支。

《普通民法典》第三卷以第一部分和第二部分的共同条款开始，如与设定时限有关的法律后果、罗马法中的用益权概念作为善意行使占有并在法律确定的一段时间后构成所有权的一种原始方式、合同的终止、债权担保等。

总之，尽管有一些封建残余，《民法通则》仍可以被描述为一部现代法典，一直到1918年奥匈帝国末期。此外，1914年至1916年间帝国还颁布了三项重要的部分修正案，根据1900年《德国民法典》修改或增加了180项条款。然而，应当指出，由于罗马教廷和奥匈帝国之间缔结的一项国际条约，规范婚姻法的部分不适用于1855年至1870年间的天主教徒。

《奥地利普通民法典》是私法领域大学教育和法律科学发展的自然基础。起初，法典的采用导致了奥地利法学的停滞和衰落，其视角很快缩小到解释法典并使其发挥作用的实际任务。在19世纪下半叶，约瑟夫·昂格尔成为奥地利民法学派的主要人物，安东宁·兰达在财产法领域发挥了重要作用。

《普通民法典》的解释也受到法院判决的影响。1863年，奥地利高等法院和上诉法院推出民法判决私人版（登记册）。由于捷克接受了奥地利法律，奥地利《民法通则》在捷克一直有效到1950年。这就是为什么捷克斯洛伐克法律可以被视为基于中欧法律文化和大陆罗马法传统法律的主要原因。

19世纪50年代的奥地利法律也用以处理最初留在民法典之外的私法领域。1859年的《制造商和个人所有权法令》禁止劳动合同中的虐待行为，这与社会立法的发展有关。1855年，帝国引入了11小时工作制。1867年，工会被允许存在。1889年，帝国委员会颁布了涵盖疾病和残疾的社会保险法。

二、奥地利宪法发展（1848—1914）

自1848年始，奥地利见证了哈布斯堡王室内部宪政进程的开始。除了保守的贵族，社会大多数人不再满足于哈布斯堡王朝内部持续的专制主义趋势。[①] 这种社会困境主要与新的自由主义社会观念的出现有关。因此，大多数人要求建立君主立宪制，作为统治者的最低让步，并要求纳入基本的公民权利和自由。1848年革命不仅发生在奥地利，而且席卷整个欧洲。多民族哈布斯堡君主国领土内的公民权利与民族权利问题密切相关，尤其是与民族语言和文化有关的权利。捷克也感受到了压力。

1848年，捷克政治家组成了圣·温瑟拉斯委员会（St. Wenceslas Committee）。3月14日，该委员会起草了一份请愿书，包括要求语言和公民权利、社区自治、投票权、新闻自由和出版法庭诉讼。请愿书被送到了维也纳。皇帝承诺将考虑捷克语和德语平等的问题和其他要求。第二份请愿书于3月29日提出，要求所有居民，无论其社会和财产状况如何，都有权投票选举省议会代表。捷克政治家们形成了自己的现代政治纲领，要求承认捷克王国的传统权利，特别是民族权利，包括捷克语和德语的平等，捷克学校、捷克组织和协会的存在等。他们将这些与民权和自由的自由主张结合起来。重要的问题是这两类要求之间的平衡，即恢复捷克宪法传统的要求和确立公民权利和自由的要求之间的平衡。主要的捷克政治家拒绝参加法兰克福德国国民制宪会议的活动。

与此同时，维也纳起义导致了政府的变动。奥地利第一部宪法是由皇帝费迪南五世于1848年4月25日颁布的。皇帝在整个帝国各种革命事件造成的巨大

---

① TAYLOR A J P. *A History of Austrian Empire and Austria-Hungary* [M]. London: Hamish Hamilton, 1948: 47-57.

压力下行事。4月宪法被称为“皮勒斯多夫宪法”（Pillersdorf Constitution）。这部宪法是临时性的，只宣布了有限的公民权利，并对皇帝的统治设定了某些宪法限制。它的文本相对简短，只有七个部分和59个简单条款。宪法承诺帝国各民族平等、宗教自由、言论自由、行动自由、保护家园、保护邮政秘密和改革法庭程序。设想中的两院制议会（帝国议会）由众议院和参议院组成。皇帝的行政权力受到限制，虽然他可以提名和罢免大臣，但大臣们只对议会负责，以皇帝的名义主持正义。宪法有时被称为“强加的”宪法，因为它是由皇帝颁布的，而不是由议会通过的。不过，《宪法》没有得到普遍认可，也从未作为一个整体在实践中应用。

1848年5月，第一届奥地利议会——帝国议会，或称国会大厦——选举。帝国议会宣称自己是一个制宪会议，但是只包括一个下院。由于1848年维也纳的革命气氛，议会于10月搬到了摩拉维亚主教镇。① 有人提议将奥地利君主制改为君主立宪制，并在平等的基础上建立各民族和人民的联盟。然而，在宪法草案完成之前，奥地利新皇帝弗朗茨·约瑟夫一世（1830—1916）先发制人地解散了制宪会议，并于1849年3月7日颁布了宪法制宪会议活动的唯一成果，确保所有公民在法律面前平等，并废除一切形式的封建奴役。然而，宪法逐渐开始向中央集权和专制回归。

三月宪法的第一部分涉及奥地利帝国。奥地利帝国由波希米亚、摩拉维亚和上下西里西亚组成。宪法也适用于匈牙利和意大利领土（伦巴多—威尼斯王国）。帝国的所有民族都获得了平等的正义，以及保留和维护自己民族属性和语言的权利。帝国内部的地方议会被废除，这是走向中央集权的又一步。

三月宪法的第二部分是关于皇帝个人的。帝国的王冠在哈布斯堡—洛林家族内部是世袭的，这与家族的国内法律相一致。皇帝有义务遵守宪法，他的继任者将在加冕典礼上宣誓。皇帝是神圣不可侵犯的，不需要对任何人负责。皇帝是行政、立法和司法部门的首脑，亲自或通过他的将军指挥整个武装部队，拥有宣战或媾和的专属权利。他接待和派遣大使，与外国势力缔结条约，颁布法律和必要的条例，但条例须经负责相关问题的部长会签。皇帝有权任命和罢

---

① KANN R A. *The Multinational Empire*, *Nationalism and National reform in the Habsburg Monarchy* 1848—1918 [M]. New York: Columbia University Press, 1950: 21-39.

免大臣。司法是以皇帝的名义执行的，法官是根据皇帝的意愿任命的。皇帝有权给予完全赦免，减轻处罚或给予赦免。

第三部分涉及奥地利国家公民身份和基本公民权利。所有奥地利公民在法律面前一律平等，并应受到同样的法律待遇。公民被许诺人身自由、离开国家的权利，仅在服兵役的义务方面受到国家的限制。各种农奴制和各种封建制被永远废除了。例如，规定“只要接触奥地利的土地，或一艘奥地利船的甲板，每个奴隶就获得自由”。为国家服务的公职和职位向所有有能力的人开放。财产受国家保护；除非为了公共利益和法律规定的某些补偿，否则不得削减或限制这一权利。每个奥地利公民都有权在帝国的任何地方定居和进行贸易。

第四部分涉及社区事务，包括自治。市镇公司自治的基本权利在于选举其代表、接纳新成员加入市镇公司以及独立管理其事务。这些规则的细节，包括建立区作为实施自治的行政单位，将通过一个示范社区法案颁布。

《宪法》第五部分和第六部分划分了帝国和各省的权限。各省被许诺能够拥有自己的农业立法，用公共资金管理公共建筑，经营慈善机构，从土地中获得收入，并为公共目的征税。此外，他们可以在自治事务，或教会和教育事务中立法。然而，他们的法律必须在整个帝国立法规定的范围内制定。

根据三月宪法，立法权由皇帝与议会共同行使，议会处理帝国事务；在各省事务受立法制约的地方，皇帝与各省议会一起充当立法机构。上院由从各自直辖领地的省级议会中选出的成员组成。下议院是选举产生的。每个 30 岁的奥地利公民都拥有投票权，并充分享有其政治权利。选举权将由选举法进一步确定，根据设想，投票权将基于一个人每年的直接税数额。《宪法》规定，各省应由其省议会代表，并应颁布省宪法。宪法的其余部分涉及授予皇帝及其大臣的行政权、枢密院、司法部门、税收和武装部队。

三月宪法在实践中从未完全实施。特别是，斯拉夫和匈牙利的政治家不接受新的中央集权趋势。1851 年 12 月 31 日，宪法被西尔维斯特法令（Sylvester Patents）所废除。随后的时期被称为新绝对主义时期（Neo-absolutism），或巴赫的绝对主义时期，因为其主要人物是内政部长亚历山大·巴赫（Alexander Bach）。哈布斯堡帝国的统治没有适当的宪法基础，实际上，宪法中承诺的所有公民权利和自由都被中止，只有公民在法律面前平等、有限的宗教自由和以民政管理取代庄园管理除外。

作为一种悖论，巴赫政权支持商业和贸易活动，并为随后的几十年奠定了自由资本主义的基础。正如米兰·赫拉瓦奇卡指出的那样，经济繁荣有助于进一步整合奥地利帝国的各个地区，是对限制政治活动的补偿。① 从 1852 年起，公民可以根据《皇家结社法》建立经济和金融法律实体。例如，1853 年成立了下奥地利贴现银行，随后成立了作为股份公司的奥地利特别信贷协会。该政权还发起建立商业和贸易商会，作为企业家和商人咨询经济立法的自治机构。巴赫政权在 1859 年颁布了一项新的"制造商和个人所有权法令"，以便在特殊的国家许可证和贸易税收规则下扶持中小型企业发展。

这些规则涉及新的行政单位，并介绍了司法系统的 3 个实例。一方面，法院诉讼不再公开，通常参与有关新闻和言论自由案件的陪审团被废除；另一方面，引进了一些改革。例如，在刑事诉讼中，国家第一次由一种新型的国家公务员——检察官来代表。立法方面最重要的变化是，奥地利法典和法律第一次在匈牙利领土上有效并适用。

新专制主义时期在 1859 年内政部长巴赫被免职时结束。奥地利军队在法国支持的统一意大利的战争中遭受了毁灭性的失败。军事上的失败伴随着国家财政的崩溃，皇帝被迫颁布了所谓的 1860 年十月法令（October Diploma），承诺退回到一个有议会的宪政形式，以及一个更加分权的奥地利国家。他召开了帝国议会，资产阶级的金融和商业界的代表参加了会议。这是恢复议会代表制的开端，而这对于税收的合法化至关重要。捷克政治精英抓住这个机会，建立了一个由中上阶层为主的捷克国家党（Czech National Party［英］，česká Národní strana［捷］），目的是在一个被移交或可能是联邦的奥地利内实现捷克土地的文化和政治自治。② 新的爱国主义和文化团体也出现了。

二月宪法不是一个单一的宪法法案；它由 3 项法令（第 20-22/1861 号）和 48 个附件组成，包括波希米亚、摩拉维亚和西里西亚的土地法令。在许多方面，

---

① AGNEW H L. *The Czechs and the Lands of the Bohemian Crown*［M］. Palo Alto：Hoover Institution Press，2004：127.

② CARER B M. *The Young Czech Party* 1874—1901 *and the emergence of a multi-party system*［M］. New Haven：Yale University Press，1978：30-31.

它是基于1849年三月宪法所体现的原则。

宪法的组成部分之一，即帝国的法令代表制，为整个奥地利组成了一个两院制的帝国议会（Reichsrat），有可能在包括捷克土地在内的个别省份更新。

议会由一个众议院和一个贵族院组成。众议院代表由选举产生的省议会任命。哈布斯堡家族的成年王子、贵族和教会显贵有权坐在贵族院中。皇帝有权任命某些杰出人士成为上院终身贵族，根据他们在公共生活、教会、艺术和科学方面的成就。贵族院的院长和副院长以及众议院的院长和副院长都是由皇帝任命的。二月宪法没有规定任何议会豁免权。

有人提议众议院以两种形式开会，一种是有匈牙利和伦巴第代表出席的"大"众议院，另一种是不包括匈牙利和伦巴第代表的"小"众议院。由于帝国东部代表的抵制，帝国议会从未以更广泛的形式召开过会议。匈牙利有自己的结构，法律和行政体系也各不相同，在奥地利帝国中享有特殊的地位。

皇帝作为国家元首，掌管军队，宣战并缔结和约。如果议会不开会，皇帝和他的政府一起发布具有法律效力的法令。作为二月宪法的结果，捷克和摩拉维亚的省议会选举于1861年3月举行。选举后，各省议会任命了他们在帝国议会众议院的代表，议员任期6年。帝国议会和省议会之间的权限划分与前面提到的1849年三月宪法的规定非常相似。

捷克和摩拉维亚省议会的大多数代表从1863年6月起拒绝参加帝国议会的会议，因为他们声称，捷克土地的历史权利没有得到考虑。捷克政治家（主要是捷克国家党和捷克省议会中保守的贵族地主的新联盟）主要关注所谓的捷克"历史国家权利"，即在捷克王国继续存在的基础上在奥地利内部实现更大政治自治的方案。在实际政治中，他们积极参与1860年后重新引入的地方、市和区自治政府，成功地促进了捷克的工业、语言、学校和文化，但是捷克的政治代表没有参与帝国关键问题的重要讨论。因此，新一代更务实的捷克政治家批评了这种做法，并主张在奥地利政治框架内积极捍卫国家主权。

二月宪法中没有关于公民权利和自由的具体规定。然而，《宪法》规定，这一领域的立法属于帝国议会的职权范围。1862年，帝国议会决定保证个人自由和住宅不可侵犯。理事会于1862年10月27日通过了两项法案，规定保护个人自由和保护个人住宅。1862年12月，议会还投票通过了新的新闻法案，以保证有限的言论自由，尽管印刷受到许多限制和规定，包括官方许可、警察监督和编辑的责任。

1867 年是 19 世纪奥地利法律发展的转折点。这一进程始于 1865 年，由于匈牙利政治家要求君主制“二元化”的压力，二月宪法被中止。1866 年，普鲁士在赫拉德茨·克拉洛韦战役（Battle of Hradec Králové）中惨败奥地利军队后，内部动荡和政府改组（由弗里德里希·贝乌斯特伯爵取代理查德·贝尔克雷迪伯爵领导）导致了奥地利帝国整体结构的变化。它被分成两个相对独立的部分，并形成了一个联盟，称为奥匈帝国。这一发展被称为“奥地利—匈牙利和解”（Austrian-Hungarian Settlement）。这个联盟接近于一个邦联，除了哈布斯堡君主作为奥地利皇帝和匈牙利国王统治的共同国家元首之外，欧盟还拥有共同的外交政策、共同的国防和共同的财政。安德拉希伯爵于 1867 年 2 月 17 日被任命为匈牙利总理。奥地利皇帝弗朗茨·约瑟夫于 1867 年 6 月 8 日接受了匈牙利国王的加冕，并正式批准了关于奥匈和解的匈牙利第 XII/1867 号法律，在奥地利议会和匈牙利国民议会的代表中建立了一个共同代表机构，以处理共同事务。关于关税、税收、铸币和征兵的协议必须每十年达成一次，并得到双方议会的批准。

捷克土地属于奥匈帝国的奥地利部分，也被称为“Cisleithania”（即莱塔河这一边的土地）。匈牙利被类比称为“Transleithania”。与奥匈妥协有关的变化反映在呼吁修改 1861 年 2 月宪法中，特别是反映在呼吁宪法保障公民权利和自由中。1867 年 11 月，两项关于结社自由和集会自由的重要皇家法令（第 134 号和第 135 号）通过。1867 年 12 月，一部全新的宪法出台，只适用于奥匈帝国的奥地利部分，并一直有效到 1918 年。它由五部所谓的“国家基本法”（奥地利 RGBl 第 141-144/1867 号法令）组成，由一部关于奥地利—匈牙利妥协的特别法令补充。1867 年的 12 月宪法确立了奥地利为真正的君主立宪制国家。《宪法》的基础是两院议会、皇帝及其政府和司法部门之间的分权。《宪法》设立了宪法法院（称为王国最高法院）和独立的司法机构。然而，皇帝的地位实际上是如此强大，以至于能够限制宪法的许多民主和自由特征，包括暂停议会和公民权利。

《宪法》的第一部基本法涉及立法部门。十二月宪法实际上修改了 1861 年 2

月26日关于帝国代表性的法令。正如二月专法令所规定的，维也纳帝国议会由贵族院和众议院组成。帝国委员会的权限包括议会中各省共同关心的所有事项，包括共同预算。奥地利议会首次有权就税收问题进行年度投票。帝国议会和省议会之间的权限划分规定得更加详细。然而，有关外交政策、国防、国家行政管理、经济、财政和司法的最重要事务仍然保留给帝国议会。贵族院的主席和副主席由皇帝任命，而众议院有权自行选举其议长。1867年12月，宪法首次颁布了国会议员豁免权的规定。管理行政和行政部门的国家基本法涉及授予皇帝及其大臣的行政权。皇帝再次被宣布为"神圣不可侵犯，无须负责"，有权任免大臣。部长对议会负责终于得以实现。第一届政府于1867年12月31日成立，由卡尔·奥尔斯伯格（Karl Auersperg）领导，爱德华·塔菲（Eduard Taafe）任副首相。这个政府的所有大臣也都是帝国议会的成员。这被认为是自由主义的一大成就。在最高法院，弹劾部长需要两院中的三分之二多数。部长有义务回答议会的常规问题。

关于公民一般权利的国家基本法是宪法中最自由的部分。基本法保障广泛的公民权利和自由，如自由结社和集会的权利、家庭权利不可侵犯的权利、获得不动产和动产的权利、私人所有权受到保护的权利、请愿权、邮政保密、指导和教学自由、言论和科学研究自由、宗教自由等。由于个人权利的行使与实施，这些权利所需的自然人法律和国家行政部门做出的决定密切相关，最高行政法院于1873年成立。一方面，它被视为公民权利的重要保障，可以裁定行政机构的个别决定违反法律，从而提供了有效的补救办法。另一方面，1869年第60号特别帝国法律允许帝国政府在战争或严重国内动乱的情况下宣布紧急状态（由皇帝批准，当议会两院开会时）并全部或部分中止宪法保障的政治权利（包括自由结社和集会的权利以及言论自由）。这项法律在19世纪80年代和90年代经常被政府用来对付政治动乱和反对活动，包括与捷克政治生活或奥地利社会民主党的政策有关的活动。

十二月宪法规定了居住在奥匈帝国内的各个民族的权利。它规定了各民族和各语言社区平等的原则，这意味着使用其民族语言的可能性和为各语言社区引进学校。事实上，宪法在这方面的承诺在实践中没有得到落实。德意志民族被认为比生活在奥匈帝国奥地利部分的其他民族优越；在帝国的匈牙利部分，马扎尔人被认为是优越的。语言权利受各省通过的特别规定管辖，如奥地利政府通过的关于波希米亚的政府法令（特别是1880年的斯特勒迈尔法令和1897年的巴德尼法令），该条例是基于定期人口普查的结果。① 例如，捷克土地上的捷克语不等同于德语，只有在严格的条件下，并且只有在20%以上的捷克人口居住的地区，才可能在处理国家行政事务时使用捷克语。在以捷克人为主的地区，自治机构的情况更为便利，为建立和资助捷克学校规定了条件。所谓的双轨政府制度，即中央集权的国家机构与省、区和地方各级选举产生的自治政府之间的分权，最终于1862年由第18号敕令确立，1868年由第44号敕令修订。

长期以来，捷克的司法、帝国官僚、警察和军队都深受德国的影响。德语被用作军队以及外交、邮政和铁路内部管理的唯一指挥语言。1905年，摩拉维亚采取了一种更加自由的做法，即在《摩拉维亚条约》中增加等级制、在国家行政管理中使用捷克语、确保自治。

国家关于司法部门的基本法是基于1849年3月《宪法》所体现的理论，例如司法独立和法院诉讼的基本原则，包括公开和口头听证、刑事诉讼中的指控原则，以及针对某些类别罪行的陪审团制度，例如谋杀或媒体犯罪。

随后的立法对1867年12月宪法的某些部分进行了修改。例如，1868年5月，帝国法律废除了1855年与罗马教廷的协约，并引入了对天主教会财务和财产的国家监督，实现了国家和教会的部分分离，包括在教育方面。

然而，最重要的变化体现在立法权和选举权方面。即使在1867年12月之后，议会下院仍然是通过省议会选举产生的。奥地利总理爱德华·塔菲在1873年引入的改革（有时被称为四月宪法）使得帝国议会的选举直接进行。然而，投票权仍然受到财产资格（人口普查）的限制，选民被分为四个等级。据估计，尽管取得了进展，但24岁以上的男性人口（170万人）中只有6%的人有投票权。在1882年和1896年，选举权被赋予了更广泛的社会范围。1896年，总理费利克斯·巴德尼建立了第五类选民。这是由所有无权在四个等级投票的人组成的。第五等级的选民不需要缴纳最低税额，但必须在选举前在奥地利某个省的一个社区居住至少6个月，男性选民人数增加到530万。直到1907年1月，

① BURIAN P. *The State Language Problem in Old Austria* (1848—1918) [M]. Cambridge: Cambridge University Press, 1970: 81-103.

为选举帝国议会众议院而通过的新选举法才引入了男子的普遍和平等选举权。这项改革包括通过选举法，有时被称为“贝克的改革”，以总理马克斯·贝克命名。改革废除了等级选举制度，24 岁以上的所有男子都享有普遍、平等和秘密的选举权，没有任何财产限制。在总共 516 名众议院议员中，波希米亚选出 130 名，摩拉维亚选出 49 名，西里西亚选出 15 名。所有 30 岁以上的男子都有被选入众议院的权利。但妇女和武装部队成员仍然被排除在选举权之外。省议会选举的最高选举制度保持不变。1907 年后，8 个民族（德国人、捷克人、波兰人、鲁塞尼亚人、罗马尼亚人、克罗地亚人、斯洛文尼亚人和意大利人）和 30 多个政党或政治运动派代表参加了维也纳议会。

1867 年，捷克政治家要求捷克土地获得类似匈牙利在奥匈帝国时期获得的地位。他们的政治要求基于波希米亚王国和捷克王室土地的历史权利。大型会议在波希米亚举行。1871 年，一份名为《基本条款》的文件中提出了一项关于奥地利、匈牙利、捷克三方和解的建议。然而，折中建议没有付诸实施，宪法保持不变。一方面，建立在捷克王国“历史权利”基础上的政治纲领的失败，逐渐改变了捷克政治家以及他们在接下来几十年里对奥地利的态度；另一方面，捷克政治家在 1879 年结束了抵制奥地利帝国议会的政策，集中精力积极鼓励捷克的政治主张，主要体现在教育、语言及促进工商业方面。另一个转折点出现在 1890—1891 年，当时捷克国家党由于捷克公众和“年轻捷克党”（Young Czech Party）的强烈反对，没有成功地与捷克土地上的德国政治家和维也纳政府达成一项欠考虑的妥协，即所谓的“点状妥协”（Punctations）。由于可能建立德语边境地区和波希米亚内陆地区的双语休息区，点状妥协对波希米亚的完整性构成了威胁。随后在 1891 年的选举中，“年轻的捷克党”凭借他们更现实的“真正进步”政策赢得了胜利，政治体系也见证了新政党的发展，包括社会民主党、国家社会主义党、平均地权派和牧师党。争取捷克国家地位的斗争进入了一个新阶段。第一次世界大战前，捷克与德国的关系引发了一系列政治危机，所有达成双方都能接受的解决方案的努力都以失败告终。①

① WISKEMANN E. *Czechs and Germans: A Study of the Struggles in the Historic Provinces of Bohemia and Moravia* [M]. New York: Oxford University Press, 1938: 31.

三、奥地利刑律的发展（1848—1918）

1848 年事件给适用于捷克土地的奥地利法律体系带来了重大变化。在许多方面，法律变革与帝国的宪法发展、社会的逐步自由化相互联系。例如，1848 年废除封建统治不仅使公民在法律面前平等，也使国家行政、自治和司法发生了根本变化。国家行政和司法首次成为适用于某些地区或省份的所有情况和居民的普遍制度。取消新闻检查、呼吁新闻自由与引入陪审团制度密切相关，最初是在与新闻有关的事项上，后来扩展到案件的各种主题。

口头和公开刑事诉讼，以及 1849 年 3 月宪法承诺的所谓指控原则，导致了公共检察官的设立，评估证据的新方法，以及在法官审判或陪审团审判之间的选择。1851 年，西尔威斯特法令（Sylvester Patents）废除了大部分新功能，之后引入了新的刑事诉讼原则。然而，检察官和诉讼公开原则仍然有效。

1852 年 5 月 27 日，奥地利颁布了新的《刑法典》（第 117/1852 号 RGBL Austrian Reichsgesetzblatt）。事实上，它的文本是对 1803 年刑法典的修正。新法典不仅适用于奥地利和捷克，也适用于匈牙利。该法典的概念被修改，由一个介绍性和两个部分组成。第一部分涉及重罪，第二部分侧重于不太严重的罪行和轻罪。这两部分又分为一般部分和具体部分。一般条款包括产生刑事责任的相关术语和条件的定义。例如，为青少年甚至社会弱势阶层的刑事责任规定了新的适用条件。

量刑改革主要侧重于监禁。在皇帝行使赦免权的情况下，无期徒刑被用来代替死刑。从 1853 年开始，只有两种类型的监狱。惩罚主要有四个目的：a. 阻止罪犯和其他人犯罪；b. 防止进一步犯罪；c. 代表社会为个人的犯罪行为寻求报复和惩罚；d. 通过改造、教育和培训来改造罪犯。为了实现这些目标，布拉格区建造了一座新的省级监狱。《刑法》对体罚做出了规定：允许用棍子打男人（限 30 下），鞭打妇女和青少年。《刑法》在 1854 年由一项名为“殴打法令”进行了补充；这项法令使高级警官和行政机构能够对危害公共秩序的轻罪规定更具体的条件，并设定相关的惩罚。

第一次世界大战前，在 1878 年和 1879 年匈牙利法典的影响下，奥地利起草了几个新的刑法典和新方法，包括从应用现代欧洲法典（如 1871 年德国刑法典）中获得的经验，以及社会学不同流派中出现的新思想。不幸的是，在19世纪70年代至90年代间首次讨论，在1909年至1912年间再次讨论的新法典草案最终没有被颁布。

新的立法迫使刑法逐渐发生变化，与帝国的宪法发展有关。1867年，随着12月宪法的制定，体罚被废除。然而，一些立法导致了对公民权利的限制。《警察监督（检查）法》于1873年颁布，随后在1885年通过了规定强制劳动的《教养院法》和《危险使用爆炸物法》。奥地利与德国一样，通过了几项反社会主义法律，其中最重要的一项于1886年通过。该法案的目的是将陪审团排除在政治罪的诉讼之外。1873年5月23日，奥地利颁布了新的《刑事诉讼法》（第119/1873号奥RGBL）。在许多方面，刑事诉讼回到了1850年的法典和1867年的十二月宪法。《刑事诉讼法》与1852年的《刑法》在1918年奥匈帝国结束之前，在第一次世界大战和第二次世界大战之间的整个时期，一直有效。

刑事诉讼程序建立在指控原则、口头和公开诉讼、不受限制的证据评估（证据手段）以及对危害国家和个人的最严重罪行进行陪审团审判的基础上。当命令由陪审团进行审判时，陪审员将决定有罪问题，而由三名专业法官组成的小组决定法律问题。允许的证明手段具体来说是证人证据、书面证据和实物证据。这给法官或法官小组带来了更多的自由裁量权。初步（预审）程序由一名调查（预审）法官主持。司法审前调查的记录被允许在审判期间作为证据使用。《刑事诉讼法》首次完全适用所谓的无罪推定，这意味着所有被控犯罪的人在被法院证明有罪之前，在法律上被推定为无罪。

刑事司法基本上建立在三种情况之上。它不仅允许向省高级法院提出普通上诉，还允许向维也纳最高法院提出翻案上诉。刑事诉讼法对检察官、被告及其律师在诉讼过程中的地位做出了更详细的规定，引入了保释制度。然而，刑事诉讼仍然相当复杂、漫长和昂贵。应当指出，《刑事诉讼法》的规定事实上为社会弱势阶层成员诉诸司法制造了实际障碍。

工业的快速发展要求商业法有效应对其需求。1863年《普通商业法典》的颁布标志着这一时期工业的快速发展。该法典由总则和四部著作组成，再细分为431条。第一部定义了与商业活动、公司法和商业实体以及商业登记或会计账簿相关的基本概念和术语。第二部划分了公司的类型，即无限责任公司、有限合伙公司和股份公司，规定了组织备忘录和章程条件，以及作为商业实体成立机构的条件。第三部是关于隐名合伙人的。第四部规定了适用于各种商业活动并由此产生的义务，有限责任私营公司不包括在《商法》中；实际上，这类公司是根据 1852 年《结社法》的模糊条款成立的，这代表了它们成立的法律基础相当薄弱。直到 1906 年，奥地利才颁布了一部关于有限责任公司的专门法律。从 1873 年开始，奥地利引入了另一种形式的商业实体，即合作社，不仅在农业中流行，而且在零售业和中小型储蓄协会中也很流行。

该法典范围有限，未能涵盖整个商业法体系。诸如支付令、有关证券的程序、商业实体的解散、其清算或破产等制度均被省略。应该指出的是，《商法典》第 1 条允许习惯法适用于《法典》或任何后续立法没有做出相关规定的情况。商业惯例是商业中使用不成文法的另一个来源，成为合同法的重要组成部分。因此，如果对两个分支进行比较，奥地利商法被认为比民法更加灵活。《商法典》相对于《奥地利普通民法典》而言是一部特殊的法典，允许在不存在《商法典》相关条款的情况下适用民法条款。此外，《商法典》规定适用自然法原则。

上述刑事诉讼改革以及德国民事诉讼法典化也影响了奥地利的民事诉讼改革。新法案是在弗朗茨·克莱因的监督下于 1891—1895 年间制定的。奥地利政府敦促改革诉讼程序，以便更加灵活、快捷和廉价。该提案被提交给议会两院作为一个整体，既可以作为一个整体颁布，也可以予以否决。因此，为了简化立法程序，议会禁止代表提出反对提案。四项单独的帝国法令于 1895 年 8 月 1 日颁布，并于 1898 年 1 月 1 日生效。改革的基础是所谓的第 110 号和第 111/1895 号奥地利皇家司法管辖法令、第 112/1895 号民事命令和第 113/1895 号奥地利皇家司法管辖法令。① 民事诉讼以三审为基础，适用关于上诉和所谓修正的特别规定。前两次审理是口头和公开的，而第三次审理是根据提交的书面文件进行的，引入了新的原则"掌握当事方"，即当事方，而不是法院，是其诉状的主人，其实质是保持当事方的平等。根据 F. Klein 的说法，整个改革具有重要的社会功能。

1848 年不仅是捷克一般法律发展的转折点，也是捷克法律教育的转折点。

---

① CAENEGEM R C. *International Encyclopedia of Comparative Law* [M]. Leiden: Martinus Nijhoff, 2011: 96-97.

这是布拉格大学和法学院历史上一个新时代的开始，与捷克公共生活和政治发展密切相关。法律系首次用捷克语授课。约瑟夫·弗里奇（Josef Frič）开始用捷克语阅读关于司法程序的讲座，温德林·格伦瓦德（Vendelín Grunwald）用捷克语讲授民法。1860 年奥地利恢复宪法制度后，捷克法律学术开始复兴。这种复兴与民法教授安东宁·兰达（Antonín Knight Randa）有关，他将学术和政治生涯结合在一起。斯拉维切克（Josef Slavíek）教授用捷克语讲解刑法。同时，学习法律的捷克学生人数也在增加。尽管该立法源于奥地利，但法律系为建立独立的捷克法律科学和现代捷克法律术语做出了贡献。

1882 年，皇帝弗朗茨·约瑟夫二世颁布法令，将布拉格大学分成两部分——捷克大学和德国大学。培养捷克民族认同和促进捷克科学的法律系成为新机构的基石之一。律师兰达成为捷克大学的第二任校长。直到 20 世纪 50 年代，法学院成员担任校长的情况变得相当频繁，任期仅持续一年。法律系为其杰出的教师感到自豪：如前面提到的兰达，他的年轻同事约瑟夫·斯图佩克，程序法专家埃米尔·奥特（斯图佩克和奥特都曾担任该大学校长），商法专家卡雷尔·赫尔曼·奥塔夫斯克，罗马法专家利奥波德·海罗夫斯克，法律历史学家雅罗米尔·埃拉科夫斯基和博胡斯拉夫·里格尔，行政法专家伊里·普拉查克，以及刑法专家阿洛伊斯·祖克。

四、哈布斯堡帝国的解体与捷克斯洛伐克的建立

第一次世界大战期间，奥匈帝国几乎普遍倾向于与德国的侵略政策合作，导致多民族帝国内部的紧张和摩擦，如议会被暂停、新闻受到严格审查、公共集会被禁止、涉嫌反奥地利活动和不忠的人被监禁。此外，代表波希米亚和摩拉维亚的德国政治家在 1916 年提出了一个所谓的复活节计划，该计划将打破捷克土地的历史实体，沿着语言和民族从属关系切割土地。然而，奥匈帝国战败，帝国解体。捷克斯洛伐克独立的想法并不是捷克政治家在第一次世界大战开始时考虑的概念，它是由一部分激进的政治家和流亡代表们构想出来的。马萨里克教授在流亡的捷克代表中发挥了主导作用。1915 年后，马萨里克与爱德华·贝奈斯、米兰·雷斯提斯拉夫·什特凡尼克，一起建立了捷克斯洛伐克国民议会（Czechoslovak National Council），获得了同盟国对捷克独立的支持。他们设法

组建了捷克斯洛伐克军团，由逃离奥匈帝国军队的捷克士兵组成。军团加入了在法国、意大利和俄罗斯的盟军，在对抗新布尔什维克政权的斗争中发挥了重要作用。西欧和美国的捷克和斯洛伐克同胞的合作社运动也发挥了重要作用，特别是在争取对一个统一的捷克—斯洛伐克国家的政治支持和为此倡议筹集资金方面。1918 年 5 月 31 日，在马萨里克出席的情况下，捷克人和斯洛伐克人在美国宣布结成政治联盟，该宣言被称为“匹兹堡公约”（Pittsburgh Convention）。①

1918 年，国民议会变成了捷克斯洛伐克流亡政府。盟国承认捷克斯洛伐克国是在被庄严宣布之前，甚至在它的形式和领土边界明确之前就已经存在了。捷克斯洛伐克临时政府发布了捷克斯洛伐克独立的宪法纲领，名为《捷克斯洛伐克民族独立宣言》，即所谓的“华盛顿声明”（Washington Declaration）。

捷克国内政治由捷克斯洛伐克全国委员会负责。该委员会于 1918 年初改组，包括捷克所有主要政党，其基础是 1911 年奥地利帝国议会的选举结果。该委员会由卡雷尔·克拉马日领导，他是捷克民族民主党人，也是一战期间捷克反哈斯堡运动的象征。委员会建议捷克和斯洛伐克应该联合起来。该委员会内还建立了一个社会主义政党的特别平台，以强调该政策不仅在国家层面，而且在社会层面的重要性。

1918 年 10 月 28 日，捷克斯洛伐克民族委员会在布拉格庄严宣布成立捷克斯洛伐克国。② 全国委员会颁布了第一部关于建立独立国家的捷克斯洛伐克法，作为新的国家法律汇编的第 11 号法。暂时在新成立国家领土上保持奥地利帝国法律和省级法律的司法连续性。国家行政机构仍在运作。司法连续性也适用于斯洛伐克，在那里匈牙利法律仍然有效。司法连续性原则也有例外，捷克斯洛伐克法律不接受与捷克斯洛伐克独立事实相抵触的奥地利法律。在出现争议的情况下，捷克斯洛伐克最高法院或最高行政法院将决定判决。这表明，第一次世界大战和第二次世界大战期间的捷克斯洛伐克法律与先前的奥地利和匈牙利

① MIKUS J. A. *Slovakia: A Political and Constitutional History* [M]. Bratislava: Slovak Academic Press, 1995: 156-157.

② MAMATEY V S. LUZA R. *A History of the Czechoslovak Republic* 1918—1948 [M]. New Jersey: Princeton University Press, 1973: 22-27.

法律传统密切相关。为此，捷克斯洛伐克建立了双重法律制度。

关于共和政体的决定被推迟，直到与流亡的捷克斯洛伐克政治家在瑞士进行谈判。捷克斯洛伐克国民议会转变为临时流亡政府，并得到盟国的承认。以爱德华·贝奈斯为首的临时政府代表团与以克拉马日为首的全国委员会代表就捷克斯洛伐克独立达成了协议。1918 年 10 月 30 日，斯洛伐克政党领导人通过国民议会确认了新生国家的存在。

捷克斯洛伐克全国委员会完全控制了国家，并接管了最高立法和行政权力。全国委员会颁布的第一批法律涉及建立独立的捷克斯洛伐克最高法院、最高行政法院和 12 个中央行政机构、部委。1918 年 11 月 5 日，全国委员会宣布赦免奥地利法院因战时条件而对捷克爱国者犯下的某些不公正案件。

然而，在实现独立的过程中，捷克斯洛伐克实际上留下了旧政权的残余。许多政治家、国家官员和法官仍然在职，并严格遵守维也纳的指导方针，直到第一次世界大战结束。因此，1918 年事件是作为革命原则的独立思想和某种程度的司法连续性之间的妥协，即使只是为了稳定。因为，新兴国家在当时历史背景下存在重大弱点，一方面受到俄罗斯布尔什维克革命思想的影响，另一方面受到激进左翼运动的压力和战争造成的严重经济状况的影响。

此外，新成立的捷克斯洛伐克国家被另一个重要因素削弱了。境内的德国少数民族与苏台德德国人合并，并不打算留在捷克斯洛伐克。相反，他们在波希米亚和摩拉维亚边境地区组成了四个省，并要求将这些省与奥地利临时国民议会所代表的新成立的奥地利统一。一些德国政治家计划建立一个更广泛的奥地利—德国—中欧实体（Austro-German Central European entity）。

捷克斯洛伐克代表机构立即宣称对全部领土拥有主权，即在其历史边界内和斯洛伐克境内的捷克土地。他们还使用政治、经济和军事手段。1918 年底，德国四个省的分离主义运动被击败，根据盟国的初步决定，捷克斯洛伐克获得了历史上属于捷克的领土。

在 1919 年至 1920 年的巴黎和会期间，新生的捷克斯洛伐克共和国得到了国际社会的承认，并明确了其国土边界线。与德国的边界由《凡尔赛和约》划定，而与奥地利的边界由《圣日耳曼和约》划定。1919 年，根据巴黎和会的决定，喀尔巴阡山罗塞尼亚（Subcarpathian Ruthenia）领土被并入捷克斯洛伐克国。根据捷克斯洛伐克和盟国缔结的一项特别条约，即《圣日耳曼少数民族条约》（*Minority Treaty of St. Germain*），喀尔巴阡山罗塞尼亚在捷克斯洛伐克共和国内享有自治地位。

然而，与匈牙利的边界成为公开军事冲突的借口，特别是 1919 年 6 月 16 日，在贝拉昆匈牙利共产主义政权的援助下，斯洛伐克苏维埃社会主义共和国在斯洛伐克东部的普雷索夫镇（Béla Khun）成立。1919 年 7 月，捷克斯洛伐克武装部队占领了斯洛伐克领土。与匈牙利的边界最终于 1920 年由《特里亚农和约》（*Trianon Peace Treaty*）第 27 条确定。① 第一次世界大战后，捷克斯洛伐克和波兰在西里西亚的特申（Teschen）地区也有领土争端。这一争端通过同盟国提出的妥协最终得到了解决。

① HRONSKY M. The Struggle for Slovakia and the Treaty of Trianon 1918—1920 [M]. Bratislava: Veda, 2001: 114-154.

第五章

捷克民族国家的文化

文化唯物主义认为，文化是社会进步的构成，它积极地创造了不同的生活方式。作为观念形态的社会文化，如哲学、宗教、艺术、政治思想和法律思想、伦理道德等，都是一定社会经济和政治的反映，且又对社会的经济、政治等各方面产生巨大的影响。捷克人生活在文化繁盛的国度中，在语言、文学、音乐、教育上都有独特的造诣，体现了人类文明的多样性，为世界人民提供了丰富多彩的精神食粮。

第一节　捷克语言的历史沿革

捷克语（Čeština）属印欧语系斯拉夫语族西支，分布于波希米亚和摩拉维亚。捷克语的语言人口有 1200 万人，他们大多数都居住于捷克共和国。捷克语的标准语是在中波希米亚方言基础上形成的，它保留了作为屈折语的共同斯拉夫语的基本特征：名词有格的形态变化，动词有人称、时和体的变化。词汇中有大量借词，主要来自德语。就其语言特点来看，捷克语可以分为规范捷克语和不规范捷克语。按不同时期，捷克语又分为古捷克语（12—15 世纪）、中捷克语（16—18 世纪）、新捷克语（19 世纪至今）。本节就规范捷克语的历史发展脉络做简要介绍。

一、捷克语言的早期产生

（一）最早的书面文字：教会斯拉夫语

捷克语由古斯拉夫语发展而来，它的产生与基督教的传播紧密相关。当时从东法兰克帝国来的基督教教士在捷克传教主要用拉丁语，不为平民阶层接受，而斯拉夫民族自己的语言文化仅保留在口头上，没有自己的文字。公元 863 年，来自拜占庭帝国萨洛尼卡城（希腊人和斯拉夫人的混居地）的传教士西里尔和美多德抵达摩拉维亚，他们在保加利亚—马其顿方言的基础上创立了教会斯拉夫语。教会斯拉夫语是第一个斯拉夫国家——捷克大摩拉维亚帝国（公元 9 至 10 世纪）的规范语言，在 10 世纪和 11 世纪又成为普舍米斯尔家族统领下的捷克国家的标准语言。

教会斯拉夫语为捷克民族文学及民间的宗教创作营造了前提。随着大摩拉维亚帝国的瓦解，捷克地区斯拉夫文化的优势地位被罗马拉丁文化取代，拉丁语自此作为标准语言在捷克一直统领到 19 世纪初。

（二）最古老的捷克语文献

11 世纪初在利多梅日采教堂的奠基文里记载有两句完整的捷克语句子。12 世纪下半叶，在部分拉丁文稿中逐渐出现捷克文的人名和专有名词，称之为“波希米卡”（bohemika），以及词句的译注“克劳西”（glosy）。《圣经·赞美诗》的捷语译本出现了。到 13 世纪末发现两首仿拉丁语的古捷克语圣歌，即《奥斯特洛夫斯基之歌》和《贡胡姐的祈祷》。当时没有正字法，直接用拉丁字母来标注捷克语。文学创作经历了两个阶段，先是从对教会和宗教的依附中解脱出来，随后捷克文学与拉丁文学展开竞争，造成并存的格局。

教会斯拉夫语、拉丁语及后来的德语对最早的捷克语发展都产生了重要影响。一方面，13 世纪中期德国对捷克的殖民登峰造极，在所有的捷克大城市实行捷—德双语机制，德语成为瓦茨拉夫二世（1278—1305）的宫廷语言，进而成为捷克的贵族语言。另一方面，该时期的捷克语又对波兰语产生影响，捷语大部分的宗教术语被波兰语吸纳。

二、捷克语确立主导地位

（一）14 世纪的捷克语

随着政治、经济、文化的发展，捷克语的发展迎来高峰。捷克贵族反对日耳曼城市新贵有助于增强捷克语的文化地位。14 世纪捷克语成为真正的文学语言，形式成熟，体裁多样，除出色的宗教诗、抒情诗和散文，还诞生了第一部捷克语戏剧《卖药人》，大部分拉丁文著作被译成捷克语。1348 年，中欧最古老的查理大学在布拉格建立，捷克语成为书面语和官方语言，相继推出了神学等专业学科的学术著作。根据拉丁文版本，第一部捷克语《圣经》在 1360 年得以问世，即“德累斯顿圣经”。这也是第一部斯拉夫语《圣经》，但手稿在第一次世界大战期间丢失了。

这一时期的正字法被称作“字母连写法”，即连用 2 至 3 个字母来标注拉丁文中没有的某些捷语读音（rs-r，chr-c）。捷克语在贵族和市民之间通用，但拉丁文化仍影响捷克语，宗教和公共生活的词语主要来自拉丁语，城市环境用语主要来自德语。同时，捷克语继续影响着波兰语的发展，特别是在法律和教学用语方面被大量借用。

（二）胡斯运动与捷克语的发展

1411 年，扬·胡斯用拉丁语撰写了《捷克语正字法》，这是捷克第一本纯语言研究的著作。他建议通过在元音和辅音字母上加点这种新的“区分正字法”来取代复杂的“字母连写法”，仅保留复合辅音字母“Ch”。

胡斯运动给捷克语增添了新的社会功能。第一，捷克语作为民族语言，成为宗教改革运动的宣传工具，胡斯运动打破了世俗文化和宗教文化的界限，产生了民族教会，捷克语正式走入教堂，并进入神学领域。胡斯信徒筹办学校，使普通人有了接受教育和文化的机会。从而奠定了书面捷克语的群众基础。第二，捷克语通过普及大众化，赋予了捷克文学新的内涵：用捷克语创作文学，为捷克人服务。这种思想在以后的几个世纪得到传承，成为新时期民族概念的一个基本特征。第三，在自然、医学和天文领域，捷克语成为与拉丁语并列的科学语言，并在很大程度上进入行政领域，法律术语得到完善。第四，捷克语的军事术语渗入欧洲其他语言。波兰语开始使用字母连写法。捷克行政语言通过波兰传播到东部的立陶宛、白俄罗斯和乌克兰，在匈牙利也有使用。

（三）捷克语的扩张期

1526年开始执政的哈布斯堡王朝，致力于集权和恢复天主教的统治，而市民阶层则推崇人文主义理想。捷克人文主义的特征就是保持胡斯运动赢得的捷克语地位，坚持用捷克语创作。1579—1593年由捷克兄弟会成员重译的《克拉利克圣经》，以其精致的文字受到后人的认同，代表了这一时期高超的语言水平，成为民族复兴运动时编纂新规范捷克语的参照。统一文法中的惯用法，修改“区分正字法”，把辅音上的点改为勾，这种“兄弟会正字法”一直沿用到民族复兴初期。这时期出现了关于捷克语的理论著作和语言词典，在词典中把捷克语和德语、拉丁语和希腊语分别对应起来。在1534年、1571年和1603年先后有三本最重要的语法著作问世，对捷克语做了全面的介绍和概述。自然科学著作也大量涌现。捷克语的扩张在16世纪达到极限，通过波兰语甚至影响到波兰以东的俄语国家，成为斯洛伐克地区的行政和文化语言。

（四）捷克语的“巴洛克化”

1620年白山战役的失败使捷克国家失去独立，捷克沦为哈布斯堡王朝的一个行省，哈布斯堡家族把此时盛行的巴洛克艺术流派带入捷克。天主教被宣布为唯一的国教，大部分异教知识分子、新教贵族和市民纷纷流亡国外，国内许多人被剥夺财产，沦为农奴和贫民，捷克进入“黑暗时代”（Dark Age）。捷克文化的发展遭受重挫，德语的地位迅速上升，逐渐成为主导语言。国外的流亡文学延续人文主义的创作，而国内的文学创作受教会操纵，成为宣传天主教的工具，创作主要面向广大的民众阶层，文学语言力求接近民间大众口语，人文传统逐渐被天主教思想替代。拉丁文学兴起后，捷克语创作仅限于宗教文学（religious literature）。

随着讲德语的外国贵族大量涌入，捷克语的地位每况愈下。天主教贵族排斥捷克语，使捷克首先在语言上被日耳曼化。捷克语退出了科学和行政领地，仅维持在民间和半民间的创作中，如歌曲、民谣和戏剧。严峻的形势昭示了语言的濒危，人们开始保护这一语言，出现了许多捷克语的著作。

三、现代捷克语的形成发展

（一）民族复兴时期的捷克语

18 世纪 70 年代至 19 世纪下半叶是捷克的民族复兴时期。随着奥地利君主玛利亚·特蕾西亚和约瑟夫二世实施开明改革，尤其是在 1781 年废除农奴制后，使得争取捷克民族独立、复兴捷克语言和文化有了可能。当时，捷克出版了大批弘扬民族传统的古捷克语著作和报纸，上演了捷克语的剧目。科学著作摈弃了拉丁语和德语，采用捷克语撰写，语言被民族复兴者从日常交流的工具抬升到国家主权的象征地位。1774 年，捷克学术会成立后，借鉴德国同行的学术方式，从事各类科学研究，尤其是语言和历史方面的研究。

为了捷克语达到和其他欧洲语言同样的平等地位，成为正统的文学语言，确定和编纂规范的书面捷克语提到了日程上。史学家和斯拉夫学家约瑟夫·多布罗夫斯基提出，语言和文学是一个民族文化和政治发展的基础。他着力于提高捷克语的地位，在现代捷克语法和丰富捷克语词汇方面起到开山鼻祖的作用。“兄弟会正字法”被“新捷克正字法”取代，拉丁字母取代了古老的哥特体德文，捷克语字体逐渐简化，形成今天捷克语的雏形，从 19 世纪 40 年代一直沿用至今。

伴随着捷克语深入社会生活的各个新领域，其词汇量急需扩充。约瑟夫·约克曼（Jungman）承担了此重任，他和其兄弟一起修订了医学、人类学词汇，他的同事普雷斯尔（Preslovy）分担了植物、动物词汇的整理。帕拉茨基除了从事捷克语句法和文体方面的研究，还负责美学和哲学词汇的筛选。新词汇主要从古捷克语和相邻的斯拉夫语吸收，尤其从波兰语和俄语中吸收；在没有借鉴的情况下，按多布罗夫斯基的语法规则派生和复合新词；最后一种新词的构词法就是词义直译。直译的最大成果是生成了《捷德词典》，该词典在 1834—1839 年出版。

（二）19 世纪的捷克语

文艺复兴促使主动运用捷克语的人数激增，捷克语成为社会生活语言，尽管在当时德语仍然是国语。语言按自身规律演变，除保留必要的书面语和文言词外，日常口语逐渐进入规范捷克语的范畴，语言习惯逐渐偏离目前基于人文主义语言的标准规则，从而形成今天不规范的通俗捷克语，文学语言开始抛弃词语陈旧、句法复杂的文言文，接近真正的日常口语。1880 年，捷克语成为和德语拥有同等地位的行政用语。

19 世纪下半叶，语言学家扬·格鲍威尔（Gebauer）成为新的语言学权威。他秉承多布罗夫斯基的思想，奠定了新时期规范语言的基础。他创立的文法直接用于中学教科书，一直到第二次世界大战。他在 1902 年推出的《捷克正字法规则》具有很高的实用性。

随着捷克共和国工商和银行业的巨大发展，新词汇不断扩充。1882 年，查理大学划分成为捷语大学和德语大学。捷克语词汇中新增了一批法庭、法律、经济、音乐和体育等领域的专门术语，并被克罗地亚语和保加利亚语借鉴，捷克的手工艺人把一些捷克词语带入奥地利德语。

（三）20 世纪的捷克语

1918 年奥匈帝国瓦解，独立的捷克斯洛伐克共和国成立，捷克语成为国家的官方语言，并进入被德语掌控的最后领域：军事、铁路和邮政。文学语言有了飞速发展，风格、修辞异彩纷呈，古词、俚语、行话都出现在各类文学作品里。

通俗捷克语在 20 世纪迅速普及，相对保守的规范语规则与生活化的口语习惯产生矛盾。20 年代出现了以《我们的语言》杂志为中心的纯粹派，与之相对立的是竭力维护语言文化现代概念的“布拉格语言学派”。语言学家为了把规范的口语同书面语区分开来，在 30 年代引入了捷克口语规范。但在第二次世界大战以后，它逐渐被通俗捷克语取代。

1945 年以后，捷克外来语的主要源头不再是德语，而更多地从俄语中吸纳词汇。20 世纪 90 年代后，捷克语转向从美国英语接收新词。随着政治、经济、生活习俗、社交方式的变迁，新技术尤其是电脑的运用，众多新事物、新现象成为人们日常生活的组成部分，由此产生了一系列体现时代特征的新词语，或者赋予某些词语新的含义，狭隘的专业用语逐渐变为常用词。而捷克语和斯洛伐克语，作为捷克斯洛伐克共和国 1993 年解体前的官方语言，一直相互影响、相互渗透。

布拉格学派由查理大学的英语教授马泰修斯（Mathesius）于1926年创建，是第一个结构主义的语言学派，在语言学史上占有重要的位置。马泰修斯把瑞士人索绪尔（Saussure）的结构观、共时观和波兰人库尔德内（Conrtenay）的功能观结合在一起，创立了布拉格功能-结构学派。该学派成员均为捷克著名的语言学家和文学理论家，如哈夫拉奈克（Havránek）、穆卡肖夫斯基（Mukařovský）等。他们对历史语法学派和实验语音派持反对态度，认为语言是服务于交流的表达工具系统；主张以实用的观点，即从社会生活领域，特别从人类文化、文明和技术交流的角度来研究语言的规范问题，语言学理论旨在应用，在于改善语言的使用状况，促进语言的规范；强调语言现象的共时和历时研究；研究目标在于揭示各个语言系统的内在结构。他们还创建了新的语言学科——音位学。

近三百年来，捷克经历了四次规模较大的向外移民潮，分别在1620年、1848年至第一次世界大战、1945—1948年和1968年“布拉格之春”后。随之，捷克语越过国界，在旅居欧美各国的捷克侨民中使用，如美国、加拿大、乌克兰、阿根廷、塞尔维亚、克罗地亚、罗马尼亚、波兰、德国、奥地利等。最大的海外捷克语群体生活在美国，在欧洲主要集中在塞尔维亚。当今，捷克语正处在全球化浪潮中更快地演进当中。

第二节 富有民族主义的捷克文学

一、捷克文学的历史阶段划分

捷克文学始于9世纪，12世纪以后出现诗歌，13世纪初骑士文学开始兴起。14世纪下半叶，捷克市民文学兴起。15世纪上半叶，捷克文学开始广泛地表达下层人民的思想感情和斗争愿望。

（一）捷克文学的兴起

捷克成文文学最早的起源同9世纪圣西里尔与美多德为抵御法兰克人（日耳曼族）的影响而创造的旧教会斯拉夫文紧密相关，古斯拉夫文字是捷克9至

11 世纪时的书面语言。早期捷克文学除《圣经》和一些拜占庭文学著作外，还有许多传说、故事和宗教赞美诗是用古斯拉夫文字写的。其中以《摩拉维亚-巴龙尼传说》和颂诗《主啊，怜悯我们吧!》最为著名。

10 世纪后，由于拉丁文化的渗入，捷克形成拉丁和古斯拉夫文化并存的局面。在 11 世纪，拉丁文化占统治地位，出现了科斯马斯用拉丁文写的《捷克编年史》，这是一部描述自原始神话时代一直到作者逝世为止的捷克历史著作。12 世纪以后，开始出现用捷克文写的诗歌，如《圣瓦茨拉夫——捷克国的大公》。13 世纪初，捷克进入封建社会繁荣时期，骑士文学开始兴起。这时期的优秀作品有叙事诗《亚历山大》和《达利米尔编年史》等。14 世纪捷克文学作品层出不穷，主要有圣徒传记、传奇、史诗、编年史和骑士故事等，都是诗体作品。14 世纪末期，即查理四世帝国时代，市民文学兴起，出现了反映市民生活和封建社会矛盾的批讽刺诗和教诲诗。

15 世纪上半叶，胡斯倡导宗教改革，改革派（或称新教徒）展开反对神圣罗马帝国的天主教统治者的文化运动。文学开始广泛地表达下层人民的思想感情和斗争愿望。由此产生的弟兄团结会在此后的两个世纪内成为捷克文学的重要泉源。16 世纪捷克文学多属教诲性及学术性作品，反映欧洲文艺复兴时期的人文主义。1620 年白山战役失败后，捷克丧失了主权独立，被置于奥地利哈布斯堡王朝的直接统治之下。这个时期称为捷克的"黑暗时代"，知识分子大部分逃亡国外，波希米亚贵族（多数为新教徒）被镇压，取而代之的是很少懂捷克语的新来者。在哈布斯堡王朝的统治下，以往两个世纪的文学传统遭排斥，捷克文学仅仅幸存于政治流亡者之中。在这些流亡者里，著名教育家、哲学家扬·夸美纽斯发表的有关教育与神学问题的拉丁文著作及其捷克文著作为他赢得欧洲经典作家与思想家的地位。他的著作《世界迷津与心之天堂》（*Labyrint světa a ráj srdce*，1631）被视为捷克文学散文的重大成就之一。

（二）捷克文学的繁荣时期

18 世纪 70 年代至 19 世纪上半叶，是捷克民族复兴时期，文学重新走向繁荣，文学开始反映民族解放运动和人民民主运动。19 世纪下半叶，现实主义文学日益发展，创作的主题是反对外族侵略，争取民族解放，暴露统治阶级的罪恶与腐朽，反映劳动人民的痛苦生活，号召人民起来为自身的解放而斗争。以诗人扬·聂鲁达（Jan Neruda）和维·哈列克为代表的“五月派”，是当时文坛的生力军。他们试图创造一种既富于作家本身的自由主义，又具有实用的民族主义目的的捷克文学。聂鲁达的名诗《再前进》，斯·捷赫的《奴隶之歌》，都渗透着革命的政治热情。阿洛伊思·伊拉塞克（Alois Jiráek）是捷克现实主义历史小说的创始人。他创作的题材选择了捷克历史上三个最重要的时期——“胡斯运动”“黑暗时代”和“民族复兴运动”作为创作的主要题材，其中最著名的剧作是反映胡斯运动的《扬·齐日卡》《扬·胡斯》和《扬·罗哈奇》。在这些剧作里，伊拉塞克揭示了14世纪末15世纪初捷克社会中存在的种种尖锐矛盾。以宗教斗争形式出现的胡斯革命运动，实质上就是捷克人民反对异族统治、反封建、反天主教压迫的民族解放运动。19世纪70年代之前，捷克文学完全建立在诗歌与小说之上，而非戏剧作品。

在19世纪和20世纪交替之际，捷克的民族矛盾和社会矛盾错综复杂。反映在文学上的各种流派有自然主义、围绕在《现代评论》杂志周围的颓废派以及未来派。他们多从资产阶级观点出发，批评资本主义社会及其道德观。还有一些作家陷于无政府主义思潮中。被后世尊为现代文学的开山鼻祖卡夫卡就生活在这个时代，但在其有生之年并没有出名。

第一次世界大战后，捷克斯洛伐克第一共和国诞生。战后西欧和俄罗斯新思潮在捷克广泛传播，出现了军团文学、表现主义、意象主义和无产阶级革命文学等不同风格的文学潮流同时并存的局面。特别是在俄国革命文化的影响下，捷克文学得以繁荣，为无产阶级解放而斗争的作家和诗人成了文坛上的主力军。同时，以革命运动文学团体“旋覆花社”（Devětsil）为代表的捷克现代派诗歌开始兴起，叙事散文达到了新的高峰，使20年代捷克文学呈现一片生气勃勃的景象。“旋覆花社”是卡雷尔·泰格于1920年在布拉格发起和领导的先锋派青年艺术家的组织，成员有奈兹瓦尔、万楚拉、沃尔凯尔等人。弗拉迪斯拉夫·万楚拉（Vladislav Vančura）的史诗故事以不断变化的视角讲述，并将古老的语言与现代语言混合在一起，探索捷克文学的新领域。卡雷尔·恰佩克（Karel Čapek）用虚幻、象征的现代手法歌颂了工人阶级团结战斗、英勇献身的精神。雅罗斯拉夫·哈谢克继承了捷克古典文学的进步传统，以讽刺笔调揭露了奥匈帝国统治下捷克资本主义的制度之恶，同时塑造了帅克这个著名的文学典型，成为以厌战、反战为主题的军团文学的代表，使捷克现实主义文学发展到了一个新阶段。1929年末，整个资本主义世界的经济危机使捷克的经济大幅下降，社会矛盾迅速尖锐化，文化阵线也发生了分裂。

30年代，欧洲民主力量成为强大的反法西斯主义力量。捷克作家群体在左翼阵线形成后，重新组建全国作家协会。在苏联文学的影响下，捷克文学中的社会主义色彩进一步增强。这时涌现出尤·伏契克等马克思主义文艺批评家。他们始终坚持文艺批评中的党性、阶级性原则，成为反法西斯文学的代表。这一批捷克文学家一下子将捷克文学提升到了欧洲文学的高度。德国纳粹占领捷克之后，实行血腥暴政，镇压布拉格大学生的游行示威，捷克所有高等院校度查封，知识分子被残酷清洗。塞弗尔特和维捷斯拉夫·奈兹瓦尔源于对民族命运的担忧愤慨、对历史发展的乐观主义、对纳粹侵略的憎恨、对工人阶级历史使命的正确理解，创作了大量爱国、爱民和爱家乡的主题诗歌。在1942年“亨德里希事件”（Heydrich Event）后，捷克地下组织遭到重大损失，很多进步作家惨遭杀害，如伏契克、弗·万楚拉和贝·瓦茨拉维克。最具世界影响力的作品莫过于伏契克的《绞刑架下的报告》（1945）和扬·德尔达的短篇小说集《沉默的防御工事》（1946）。《绞刑架下的报告》是一部用鲜血和生命凝成的壮丽诗篇，记述了伏契克和他的同志们对纳粹分子的斗争经历以及自己被捕入狱的经过，表达了他对生活的热爱，对祖国和故乡的深深眷恋。反法西斯战争胜利后，《绞刑架下的报告》一书轰动世界，书中“我们曾经为欢乐而生，我们将要为欢乐而死，永远不要把悲伤同我们的名字连在一起”成为世界保卫和平者的口号。该书被翻译成90多种文字在世界上广为流传。

这一时期，捷克诗歌除了无产阶级流派以外，还有表现主义（如雷伊涅克、哈拉斯）、唯灵论（如弗拉基米尔·霍兰、弗兰季谢克·赫鲁宾、约瑟夫·帕利维茨）、存在主义（卡米尔·贝德纳日、伊里·奥尔登）、“42小组”（因特日赫·哈卢佩茨基）和“Ra小组”（兹登涅克·洛伦茨）。1943年，罗伯特·卡利沃达、兹比列克·哈弗利切克等与超现实主义者保持紧密联系。

（三）捷克文学的分化时期

第二次世界大战后，捷克文学被赋予更多的政治任务和阶级斗争色彩，分成国内官方文学（Domestic official literature）、地下文学（Underground literature）

和境外流亡文学（Literature in exile abroad）等三个流派。

1948 年 4 月，捷克斯洛伐克在民族文化代表大会提出以社会主义现实主义（Socialist realism）为创作的主要方法。拉·什托尔发表长篇报告《捷克社会主义斗争的三十年》，从无产阶级观点出发，肯定乐观主义精神的革命作品，否定哈拉斯等充满个人主义和唯灵论的作品。汉娜·赫尔扎罗娃撰写了《关于捷克当代文学》，成为用马克思主义文艺观（Marxist view of literature and art）解释捷克 1945—1948 年期间的文学创作。捷克文坛的政治抒情诗、歌颂无产阶级、赞美新世界创业者劳动者的文学作品成为主流，也出现令大众喜爱的形式新颖、主题鲜明、题材丰富的优秀作品。这场新时代诗歌运动的确在短期内繁荣了捷克文坛，也表现了解放后人民群众积极向上的精神面貌。如“建设者小说”现象。不过，随之而来的是极左思想的桎梏，使得文学创作逐渐公式化、口号化和空洞化。

1948 年 2 月到 1953 年初被认为是捷克文学史上悲惨时期。凡对社会主义现实主义持有怀疑态度者，凡对 20—30 年代先锋文学批判持同情者都蒙冤入狱、流放和处决。于是，捷克地下文学兴起，分为以埃贡·邦迪（Egon Bondy）为代表的“绝对现实主义”（Absolute realism）、受达达主义（Dadaism）和超现实主义影响的沃特塞·捷列克的“庸俗派”及以克拉热为首的“1942 年小组”（表达客观存在）。超现实主义诗歌代表人物是弗拉迪斯拉夫·伊本贝格。同时，一大批文学家流亡他乡，如米·苏奇科娃、伊·耶利内克、罗·弗拉赫等。

直到 1953 年 3 月斯大林、哥特瓦尔德相继去世，1956 年苏共二十大对个人迷信和 1956 年匈牙利事件对捷克的政治文化和意识形态产生深刻影响。捷克文坛的教条主义得到清算，出现较为宽松的局面。然而，1963 年捷克党内改革之声愈演愈烈，第三次作家代表大会上出现左右派激烈的争论，一直持续到 1967 年 6 月的第十次全国作家代表大会，发展成为政治冲突，两派都能在党内找到支持者，加上政治、经济因素的卷入，最后演变成 1968 年的“布拉格之春”。这一时期的文学创作从一个极端走向了另一个极端，文化作品从歌功颂德、粉饰太平转向揭露社会阴暗，从塑造高大高尚主人公到塑造小人物和反面人物，以监狱、反思为题材，采用西方现代派的手法，如存在主义、意识流、新小说派、荒诞派戏剧等。约·什克沃雷茨基（Josef Škvorecký）与昆德拉的小说、赫拉布尔（Bohumil Hrabal）与鲁斯帝格（Arnost Lustig）的短篇小说、霍鲁布（Miroslav Holub）的诗歌及哈维尔的荒诞派戏剧开始引起国际注意。哈维尔较著名的文章《1968年事件的意义》是由米兰·昆德拉《捷克的命运》引发的，与“七七宪章”有关。之后，哈维尔与卢·瓦楚力克、毕洽尔·贝特拉进行论争。

随着1968年苏联的入侵，这些作家中的许多人在捷克斯洛伐克遭到镇压，但是他们的声誉在国外仍在增强，形成了捷克的非官方文学。在移居西方国家的作家中，昆德拉与什克沃雷茨基很快就在接纳他们的国家里获得声誉。同一时期，国外还对捷克在两次战争期间抒情诗方面所取得的成就表现出迟来的兴趣。1982年，雅罗斯拉夫·塞弗尔特（Jaroslav Seifert）出版了散文体回忆录《世界美如斯》（Všecky krásy světa），记载了20世纪捷克文化发展的历程。由于他的诗充满了新鲜感、敏锐的感觉和丰富的创作力，为人类不屈的意志与无尽的智慧描绘了一幅自由奔放的图画，因此获得1984年诺贝尔文学奖。1989年“天鹅绒革命”后，捷克自由主义文学获得繁荣，曾是异议分子的剧作家哈维尔成为捷克斯洛伐克总统。

二、代表性捷克作家

（一）灵魂的城堡——理解卡夫卡

弗兰茨·卡夫卡（Franz Kafka），20世纪德语小说家，文笔明净而想象奇诡，常采用寓言体。卡夫卡是西方现代派文学的宗师和探险者，也是表现主义作家中创作上最有成就者。对社会的陌生感、孤独感与恐惧感是其创作的永恒主题。

卡夫卡一生的作品虽然不多，但对后世文学的影响却极为深远。卡夫卡生活和创作活动的主要时期是在第一次世界大战前后，家庭因素与社会环境，造成了他与社会及他人的多层隔绝，使得卡夫卡终生生活在痛苦与孤独之中。而社会的腐败、奥匈帝国的强暴专制、政治矛盾与民族矛盾的双重困扰、人民生活的贫穷困苦、经济的衰败，这一切更加深了敏感抑郁的卡夫卡内心的苦闷。德国文艺批评家龚特尔·安德尔（Günter Anders）这样评价卡夫卡：“作为犹太人，他在基督徒中不是自己人。作为不入帮会的犹太人，他在犹太人中不是自己人。作为说德语的人，他不完全属于奥地利人。作为劳动保险公司的职员，他不完全属于资产者。作为资产者的儿子，他又不完全属于劳动者，因为他把精力花在家庭方面。而‘在自己的家庭里，我比陌生人还要陌生’。”安德尔十分准确而形象地对卡夫卡身份属性的适当定位，概括了卡夫卡没有社会地位、没有人生归宿、没有生存空间的生活环境，同时也是对卡夫卡内向、孤独、忧郁性格特征的完整阐述。而这段话透露出来的最重要信息，也就是卡夫卡身上的跨文化属性和特征。然而，正是这种跨文化特征反倒使他顺理成章地成了一个超越了民族主义、帝国主义和宗教主义的狭隘性和局限性的伟大作家。

卡夫卡追随过自然主义，也受过巴尔扎克、狄更斯、易卜生、高尔基等作品的影响，但卡夫卡的卓越成就主要不是因袭前者，再去描绘丑恶的客观生活内容，而是逃避现实世界，追求纯粹的内心世界和精神慰藉，表现客观世界在个人内心所引起的反映。而那种陌生孤独、忧郁痛苦以及个性消失、人性异化的感受，正是当时社会心态的反映。他的小说揭示了一种荒诞的充满非理性色彩的景象，个人式的、忧郁的、孤独的情绪，运用的是象征式的手法。后世诸多现代主义文学流派都把卡夫卡奉为鼻祖。

诚然，卡夫卡不是哲学家，但他无疑是一个富有哲学头脑并进行哲学思考的文学家。他用艺术语言所暗示的对于人类存在的焦虑及有关问题的思考，与哲学家们通过理论语言所阐明的观点可谓是殊途同归。卡夫卡取得成功的重要标志是他把哲学引进了文学，并使二者成功地合二为一，难分彼此，不仅受到文学家的推崇，也受到哲学家的敬重。

卡夫卡对存在所独有的那种体验，那种异化感和荒诞感，蒙在现实表面的那层厚厚的覆盖层，使语言失去了其固有的传统功能，而产生“失语症”。因为在他看来，那种照相式的写实“不过是铁制的窗板”，阻断了人们去洞察那隐藏在表面背后的真实。而他要求创作的是“传达一种不可言传的东西”，是放纵地“同魔鬼拥抱”的行为，是挖掘那种“即使在光天化日之下你也看不到的东西”……为此他必须寻找新的表现方法。于是，用于影射和暗示的象征、譬喻的手法；引起联想和比附的梦幻手法；用以揭示假里藏真的荒诞手法；让人惊异、发人深省的怪诞手法；制造亦真亦假、似假还真的悖谬手法；令人含泪而笑的“黑色幽默”手法等，都纷纷到卡夫卡那里去报到了。无怪乎，德国著名文学批评家兼文学史家汉斯·马耶尔说：卡夫卡在“从文学外走到文学内”的过程中，他“改变了德意志语言”而建立了崭新的审美概念。因此，卡夫卡对文学观念和形式的变革是具有划时代意义的。

他与法国作家马赛尔·普鲁斯特、爱尔兰作家詹姆斯·乔伊斯并称为西方现代主义文学的先驱和大师。德国著名作家托马斯·曼“将出自卡夫卡深沉的笔触之下的作品列为最值得一读的世界文学名作”。卡夫卡生前默默无闻，孤独地奋斗，随着时间的流逝，他的价值才逐渐为世人所认识，作品引起了巨大的震动，并在世界范围内形成一股“卡夫卡”热，经久不衰。

(二)《好兵帅克历险记》的喜剧美学特征

捷克著名作家雅罗斯拉夫·哈谢克早期发表的一些短篇小说，大多反映了普通劳动者的悲惨境遇，发出反对压迫的呼声。如《女仆安娜的纪念日》《猪崽克萨威尔外传》《得救》《巴拉顿湖畔》等，都是当时捷克文学中批判现实主义的名作，这些小说充满维护正义和热爱普通被压迫人民的思想感情。

他曾经混迹于吉卜赛人和流浪汉的圈子当中，过着波希米亚式的生活。1906年，雅罗斯拉夫加入了无政府主义者运动，定期为无产者工人讲座，受到了警察的密切监视。之后，他参军入伍，后加入新成立的捷克军团，作为布尔什维克党员留在俄国。基于这段人生经历，哈谢克在生命的最后两年中完成了长篇小说《好兵帅克》。小说通过一位普通士兵帅克在第一次世界大战中的种种遭遇及他周围各类人物的活动，以谑而不虐，寓庄于谐，含怒骂于嬉笑之中的绝妙手法，将残暴腐朽的奥匈帝国及其一切丑类暴露在光天化日之下。《好兵帅克》所具有的浓郁喜剧色彩是显著的。这部四卷本的巨著中出现了各色各样的人物，他们分布于社会各个阶层，包括仆人、妓女、疯子、平民、酒店老板、政府密探、警察、神父、法医、士兵、军官、俘虏。每一个人都是一个喜剧因子。透过这些喜剧人物的组合，哈谢克诙谐而尖锐地讽刺了暴虐腐朽的社会现实、战争的实质与统治者的丑恶。

一战期间，奥匈帝国为了争夺欧洲霸权，让弱小的捷克人民去前线充当炮灰，捷克民众采取了各种绝妙的办法来抵抗帝国统治者，而帅克就是这样一位捷克民众的代表。当帅克入伍后，成为奥匈帝国军队里的一个普通士兵。一个表现得无限“忠顺”的帅克在风湿症严重得走不了路的情况下也要坐着轮椅去从军，“每次都是好心办坏事”，越帮越忙，闹得那些帝国走狗狼狈不堪，使得他的上级出尽丑相又对他无可奈何。作为受到压迫和欺辱的劣势民族中一个普通子民，帅克只能利用伪装、设圈套等方法与对手周旋，实现自己的愿望。正是这种巧妙的斗争方式不露声色地给统治者以莫大的嘲弄，赢得了捷克人民的喜爱。帅克经历了白痴、狗贩子、助祭、勤务兵、传令兵、俘虏最后回归先遣连，身份的不断转换，既是偶然性使然，也揭示了帅克命运的冒险性和随机性。

帅克本身具有的喜剧性格构成了整部作品喜剧性的核心，具体表现为乐观、豁达及幽默机智两个特性。在监狱里被罗列各种罪名的帅克觉得"跟玩儿一样有趣"，回忆疯人院的那段生活时赞叹不已，"是我最开心的日子"。在欣赏到帅克乐观精神的同时，世人能在他的机智幽默中见到深刻的思想和闪亮的精神火花。他以大实话来揭示本质，让形形色色的人无以遁形，丑态毕露，面对帅克"纯真无邪""温柔动人"的笑脸时，中尉"气得呼哧呼哧直喘气"，上尉"眼里充满了极其可怕的绝望神情"。别人提起斐迪南大公，他却联想起拣狗屎的小人物。帅克的机智让他化险为夷，使愚蠢的官僚们搬起石头砸自己的脚，哭笑不得。

这部作品中的否定型喜剧对象是作者要针砭的人物，有政府密探、警察、神父、法医以及军队里的这些军官们。他们"追求无价值的，不合理的或不道德的东西，其假恶丑的本质有悖于人们对美的理想，违反道德准则，从而遭到人们的嘲笑"①。在这些否定型的喜剧对象身上可以发现他们在言行中自动暴露出来的丑恶本质。统治者对人们言行的钳制无处不在，密探出没于酒店、军队、监狱，时刻监视着人们的一举一动。统治者愚蠢虚弱的本质在这里暴露得淋漓尽致。在军队里，很多士兵不愿意当炮灰，想出了包括装病等各种办法逃避，但是许多健康的兵士最后在法医的"治理"下变成了真正的病人。对无辜士兵的同情和对统治者的谴责在这一章节里化作了辛酸的"笑"。贯穿作品的"笑"实际上是以理性为原则，"让那些像是可靠而实际不可靠的原则或是一句貌似精确而空洞的格言显现为空洞无聊"②，对所要批判和讽刺的对象表达了嘲讽和否定情感。

如小丑一般的官僚们在战争前沿上演着一幕幕好戏，这种虚假性和荒谬感

① 黑格尔. 美学第 3 卷下册［M］. 朱光潜，译. 北京：商务印书馆，1981：291.
② 黑格尔. 美学第 3 卷下册［M］. 朱光潜，译. 北京：商务印书馆，1981：84.

又会激发人“以理性精神作为价值判断原则，来嘲笑违反理性的荒谬悖理行为”①。如果说主人公帅克的喜剧性格让这部巨著熠熠生辉的话，那么讽刺批判的主题则让这部作品成了经典喜剧。可以说，其价值和影响正如法国小说家布洛克所说言，“《好兵帅克》是当今最伟大的经典著作之一”②。

（三）生命中不能承受之轻：昆德拉的小说艺术

米兰·昆德拉（Milan Kundera）是捷克裔法国作家、小说家。他出生于捷克斯洛伐克的布尔诺。昆德拉早年是一个激进的革命者和爱国者，抨击了捷克国内的极权专制，作为“布拉格之春”的主要人物之一，其不仅失去了大学教学职位，他的书还被禁止在捷克斯洛伐克出版。1975 年后，他一直流亡法国。期间，他完成了《笑忘书》，奠定了流亡时期作品的基调。小说以编年史的风格描述捷克人在“布拉格之春”运动期间及被苏军占领时期适应生活和人际关系的种种困境。昆德拉一直在自己的小说中，形象地阐释着海德格尔的哲学思想，描绘出人类处于无家可归的精神放逐状态，而失去祖国的捷克人当然更不可能实现灵与肉的统一。但在后期，他的作品中关于政治的题材渐渐淡化而哲思的倾向更为明显。《无知》述说流亡西方的捷克人回乡寻根，却在现实巨大的落差中经历迷惘、失望及寻找自我的过程。

1984 年，昆德拉在其开创性文章“中欧悲剧”（Tragedy of Central Europe）中试图将“中欧”置于东西方二分法的背景下定义其概念。他认为，虽然由于第二次世界大战导致中欧在政治上属于东方世界，但从历史和文化上看，中欧一直是西方的一部分，是在 1945 年被东方所“绑架”。昆德拉将西方文明与俄罗斯进行了对比，有争议地声称共产主义符合俄罗斯历史的逻辑，因为它使俄罗斯有可能实现其帝国梦想，这从根本上与中欧的西方价值观相矛盾。这种分离被中欧国家视为对欧洲文明的攻击。他强调中欧作为文化中心影响整个欧洲大陆的作用。③。然而，这种文化统一性已不复存在。为世人对“中欧的欧洲身份”概念的广泛辩论奠定了文本基础。中欧在两种强势文化之间进行的集体身份选择，由此产生了强烈的思想震荡和巨大的精神磨难，其显著特征可以概括

① 陈瘦竹，沈蔚德. 论悲剧与喜剧［M］. 上海：上海文艺出版社，1983：388.

② 雅·哈谢克. 好兵帅克历险记前言［M］. 星灿，译. 北京：人民文学出版社，1983：1.

③ KUNDERA M. The tragedy of central Europe［J］. *New York Review*, 1984, 31（7）：33-38.

为一种焦虑与希冀、痛苦与欣悦并存的主体体验。简言之，没有文化自信的中欧本身就是一个悲剧，因为身份认同首先是建构自我同一性的一个过程。

建立在“存在主义”之上的小说观，是昆德拉小说创作的基础。1984 年，昆德拉发表了一生中最具影响力的作品《生命中不能承受之轻》（*Unbearable Lightness Of Being*［英］，*Nesnesitelná lehkost bytí*［捷］）。对人生命运与价值的关注是该书的主题，实质上探讨的是“不能承受的存在之轻”。昆德拉围绕着几个人物的不同经历，通过他们对生命的选择，对诸如回归、媚俗、遗忘、时间、偶然性与必然性等多个哲学范畴进行了思考。任何人都无法逃避生命的存在与价值的问题，生命只是一个过程而已。在他看来，人生是一种痛苦，这种痛苦来自人们对生活目标的错误选择。生命因“追求”而变得庸俗，人类成了被“追求”所役使的奴隶，突出了人类自身的生存悖论。

米兰·昆德拉对小说艺术的理解是独辟蹊径的。他认为，“小说家既不是历史学家，也不是预言家，而是存在的勘探者”。小说要发现自我，就得去发现存在。在昆德拉看来，存在就是当下时空中人的本真处境，是人的“生命世界”。小说不是研究“现实”，而是研究“存在”。昆德拉把现实与存在相对地分开来，现实是已经实现的可能性。它与人的关系是主客体关系，而存在则是一种尚未实现的可能性，世界的千变万化形成万千不同的现实，生活中总是有太多的可能性。

面对人类对绝对真理的盲目追随，昆德拉认为，现代小说“没有上帝的位置，没有道德的判官，有的只是相对的真理”。而“一个建立在唯一真理上的世界，与小说暧昧相对的世界，各自是由完全不同的物质构成的、极权的唯一真理排除相对性、怀疑和探询，所以它永远无法跟我所说的小说精神相调和”①。昆德拉对“小说精神”的概括和提炼，以至于其小说文本在人物塑造与叙述方式上都鲜明地突出了这种相对真理世界的不确定性。

在曼德拉的小说中，富有幽默与游戏精神。他的作品表面轻松，实质沉重；表面随意，实质精致；表面通俗，实质深邃而又机智，充满了人生智慧。昆德拉认为，幽默是小说智慧的灵魂，而且它对小说未来及人类的生存境况有密切关系。他将欧洲的小说分为上半时和下半时。上半时指的是以拉伯雷为代表的

① 米兰·昆德拉. 小说的艺术［M］. 董强，译. 上海：上海译文出版社，2004：18.

对自由精神的歌颂。下半时是以巴尔扎克为代表的艺术真实的描绘。在这一点上，昆德拉对欧洲小说的继承主要来自上半时。“狄德罗对于我是自由精神、理性精神、批判精神的化身。”① “人类一思考，上帝就发笑”。他认为小说的智慧就是上帝笑声的回响。小说是自由的，完全可以穿越真实性的界限，这正是小说的精妙之处。这句话原本是犹太人的格言。在 1985 年 5 月获耶路撒冷文学奖时，米兰·昆德拉在典礼演讲词中首次使用了它。这句如今广为流传的警言道出了昆德拉对生命和整个人类世界的全部感悟。人自身的渺小和微不足道以及人的自作聪明使得我们以为思考得越多，就越接近真理，最终却发现还是被上帝作弄了。这是在社会伦理道德的约束下无法打破的怪圈。由于不能摆脱，于是开始怀疑和否定，最终却陷入了一场狭隘卑微的人性悲剧。其悲不在于结果，而是在于整个过程中人类始终做不到自我超越。

在《不朽》（*Immortality*）中，他侧重于文化和存在的思考。人类自诞生至今，一直面临着一个终极问题，那就是在必死的旅程中寻得生命意义，达到“不朽”。作为小说中不朽追求的对位者，阿涅丝所经历的存在困境与《生命中不能承受之轻》中的萨宾娜类似，都要经历深刻苦痛的无限之轻。在《不朽》的第四部分，他对歌德理性、怀疑、有节制的思维方式进行了充分肯定，而把“追求崇高，追求激情，追求有意义人生”的一类人讥讽为“灵魂的恶性膨胀”，导致人的生命完全成为一种动物性和经验性的存在。从《不朽》开始到晚年写出的《庆祝无意义》，昆德拉都对永恒的不确定性问题做了过分确定性的回答。他坚信无意义才是这个世界的本质，生活的目的就是生活本身，并由此拒斥人类对于不朽的追寻，并滑向对意义追寻和生命激情的消解。昆德拉曾获得六次诺贝尔文学奖提名，但从未获奖。按照诺贝尔当年的遗嘱，诺贝尔文学奖要颁发给真正的理想主义作家。昆德拉的思考或许与这个评奖标准产生了内在抵牾。《不朽》具有世界现代主义文学作品那种对于世界、对于人性的认识，也将生活中最现实的一面撕开给世人看，对个人存在意义的探讨留给了读者更大的思考空间。正因如此，在世界各地，人们一次又一次地掀起了“昆德拉热”。

① 米兰·昆德拉. 被背叛的遗嘱［M］. 余中先，译. 上海：上海译文出版社，2003：83.

第三节 绚烂璀璨的民族音乐

捷克人热爱音乐，他们的生活缺不了音乐，捷克的一年四季都充溢着音乐。那里的音乐气氛不亚于维也纳，莫扎特时代的捷克和奥地利同属一个国家。布拉格是古典音乐的发源地，莫扎特、德沃夏克的音乐活动就固定在这里，《唐璜》等多部著名歌剧也在此首演。1946 年二战胜利后，享誉世界的布拉格之春音乐节首开，自 1952 年起形成惯例，每年 5 月 12 日演奏《我的祖国》，以缅怀捷克音乐之父斯美塔纳。至今，音乐节已成为世界知名的国际文化活动，每届都有来自不同国家的交响乐团、音乐家、歌唱家和演奏家齐聚布拉格，共享音乐盛宴。

一、捷克民族音乐发展历史

9 世纪时，大摩拉维亚帝国的音乐文化受拜占庭音乐的影响很深。这在教会歌曲中表现得尤为明显。10 世纪，大摩拉维亚帝国退出历史舞台，罗马教会的势力加强，随之而来的西欧音乐文化的影响愈来愈大。13—14 世纪，布拉格宫廷的世俗音乐发展起来，此后又加入了德国、意大利世俗音乐的元素。15 世纪，捷克爆发了反罗马教会的胡斯战争，当时胡斯教派的歌曲创作非常繁荣。其中，塔博尔人的宗教歌曲风格最为独特，其传统一直延续下来，直到在 19 世纪的专业音乐创作中仍然可见。

1583 年，神圣罗马帝国皇帝的宫廷迁至布拉格后的 20 年间，布拉格成为欧洲音乐文化的一个重要中心。西欧音乐对这里的影响加强了，于是在捷克音乐史中出现了一个复调音乐的兴盛时期。当时最重要的捷克作曲家有克里斯托夫·哈兰特（Krystof Harant）、图尔诺夫斯基（Martin Turnovský）。当捷克丧失独立，被哈布斯堡王朝统治之后，外国音乐文化的地位也随之加强，开始占据主导地位。

18 世纪，捷克巴洛克音乐的重要代表人物是切尔诺霍尔斯基（Bohuslav

Matěj Černohorský)，他的管风琴作品有复杂的复调音乐技巧，又具有捷克的民族特点，被称为“波希米亚的巴赫”。与此同时，意大利歌剧在贵族的宫邸中很盛行。18 世纪后半叶，捷克的器乐发展迅速，最重要的代表人物是在德国曼海姆乐派创建者、小提琴家约翰·斯塔米茨（Jan Václav Antonín Stamic）。他的两个儿子——卡尔和安东的演奏和创作，为中提琴独奏的演出曲目打下了基础。他们对交响曲体裁和管弦乐风格技巧的发展都有重要贡献。

19 世纪，捷克音乐文化的发展同捷克民族运动有密切关系。1826 年上演了弗兰季谢克·什克鲁普（František Ján Škroup）创作的第一部用捷克文演唱的歌剧《补锅匠》，为斯美塔纳的民族歌剧创作做了准备。19 世纪捷克音乐文化最杰出的代表人物是斯美塔纳和德沃扎克。斯美塔纳的主要成就在歌剧方面。他的歌剧《被出卖的新娘》成为捷克民族歌剧的典范，获得了世界声誉。他的交响诗套曲《我的祖国》也达到了很高的水平，为世人所喜爱。德沃扎克的成就则主要体现在器乐方面，他的交响音乐创作如《自新大陆》《斯拉夫舞曲》《b 小调大提琴协奏曲》等，将捷克音乐提高到了世界水平。

20 世纪捷克音乐中民族性最鲜明的是摩拉维亚作曲家莱奥什·亚纳切克（Leoš Janáček）。他的歌剧《耶奴发》有独特的民族风格，在 20 世纪歌剧领域中独树一帜。在器乐创作方面的重要作曲家还有弗尔斯特、苏克、诺瓦克等人，他们的音乐同 19 世纪的浪漫主义风格有一定的联系，很富于情感表现。在捷克现代音乐中值得关注的有哈巴（Alois Hába）和博胡斯拉夫·马尔蒂努（Bohuslav Martinů）。音乐理论家哈巴追求无调性的风格，创造了四分之一音的体系，体现在作品《母亲》《你的王国来临》当中。而马尔蒂努的音乐受新古典主义流派的影响较深，但常常也包含着捷克民族的性格。他的交响曲、协奏曲是捷克现代音乐的重要文献，如《双弦乐团钢琴与提帕尼双协奏曲》《第一交响曲》和《马德里加尔奏鸣曲》。

二、捷克著名音乐家

捷克人民引为自豪的有三条：一是比尔津的啤酒，二是斯美塔那，三是德沃夏克。波希米亚从 16 世纪就是奥地利哈布斯堡王朝的领地，这里音乐很发达，音乐人才流往欧洲各国，素有“欧洲的音乐学院”之称。波希米亚音乐因此与欧洲主流音乐多有交流，交相辉映。

（一）德沃夏克的音乐：来自心灵，来自新大陆

欧洲民乐派代表安东尼·德沃夏克（Antonín Dvořák）被捷克人民奉为 19 世纪最伟大的作曲家。由于他的天才使人们认为其作品比早期斯美塔那的作品更具普遍性，尽管后者常常被称为捷克音乐的创立者。1865 年，他的第一交响曲《茨洛尼斯的钟声》问世，此后便开始了源源不断的音乐创作。1878 年，他的民族主义音乐作品《斯拉夫舞曲》获得很大成功，一举成为国际知名的作曲家。

他是一位具有强烈爱国心和民族自尊心的艺术家，音乐真挚质朴，感情鲜明亲切，创作活动与祖国人民的民族解放斗争密不可分。在一生的音乐创作中，他始终把民族性放在首位，无论在歌剧、交响乐或室内乐作品中，都努力把将民族性、抒情性和欧洲古典音乐传统紧密结合起来，达到尽可能完美的境地。他的《何处是我的家》（Where is My Home?［英］，Kde domov můj?［捷］）音乐主题后来成为捷克的国歌：

Kde domov můj, kde domov můj?	我的家在哪儿？我的家在哪儿？
Voda hučí po lučinách,	溪水潺潺流过牧场
bory šumí po skalinách,	风声飒飒响起在山崖
v sadě skví se jara květ,	这是人间乐园
zemský ráj to na pohled!	园里开满鲜花
A to je ta krásná země,	锦绣山河 天然图画
zeměčeská domov můj,	捷克大地我的家！
zeměčeská domov můj!	捷克大地我的家！

德沃夏克的作品涵盖了交响乐、协奏曲、室内乐、宗教音乐甚至歌剧等形式，其中的九部交响曲是 19 世纪民族乐派交响曲的代表作。德沃夏克的交响曲不但能充分地发挥各种乐器的特性，充分发挥出旋律的魅力，而且在乐器的组合运用方面更是得心应手。1892 年，德沃夏克来到美国，担任了纽约音乐学院院长。任教期间，他以美国黑人音乐为素材，创作了著名的《F 大调弦乐四重奏》（黑人四重奏）和 e 小调《第九交响曲》（*From the New World*）。

《第九交响曲》这部作品实际上是作者对于美国“新大陆”印象的体现，

曲中揉进黑人灵歌与美洲印第安民谣的旋律。作者为这部交响曲加了一个标题:"自新大陆",如同写一封思乡的书信,把这部交响曲从美国遥寄给故乡波希米亚。由此可见,尽管这部交响曲的素材来自美国,但它的文化支柱仍然是捷克民族精神。全曲共四个乐章,其中最著名的莫过于第二乐章广板英国管奏出的主题,那是一首新大陆的田园诗,它充分地表现了远离祖国的移民的乡愁,听起来催人泪下。合唱《思故乡》就是德沃夏克的学生用这个主旋律填词之作。德沃夏克在美国的生活里既有孤单迷茫,也有适应和坚定,宛如塔尔科夫斯基《乡愁》中流落异乡的俄罗斯诗人,手持蜡烛,在微弱的光明下,回忆美丽的家乡,遥望属于自己的那一方安静而美丽的土壤,支持着从未改变的信仰。

(二)贝多依齐·斯美塔那:《我的祖国》

贝德里希·斯美塔那(Bedřich Smetana)有"捷克民族音乐之父"之称,在捷克享有极其崇高的地位,主要作品有歌剧《被出卖的新娘》《达里波》等。斯美塔那生活的时代,捷克正在奥匈帝国的统治之下。随着革命的失败,斯美塔那迫于生计不得不离开祖国赴瑞典。1860 年,哈布斯堡王朝给予了波希米亚省一定程度的文化自主权和政治自治权,斯美塔那才重返祖国。

作为捷克民族歌剧的创始人,斯美塔那将捷克民间音乐素养充分融化在作品中,极少直接采用民歌,却处处充满了浓郁的民族风格、生活气息和乐观的爱国精神,体现了 19 世纪后半期捷克民族解放运动的精神面貌,表达了人民高涨的情感。他的不朽名作交响诗套曲《我的祖国》(*My Fatherland*[英],*Má Vlast*[捷])是其标题交响音乐的代表作,创作于 1874—1879 年间,在音乐史上有着很高的地位,被认为是捷克民族交响音乐的起点。《我的祖国》是斯美塔那在失聪后用心灵谱写出来讴歌祖国、讴歌民族解放、讴歌自由的交响诗篇,乐曲结构宏伟绚丽,音乐形象富有诗意,被称为捷克第二国歌。

这部作品共分六个乐章。第一乐章《维谢格拉德》(*Vyšehrad*)追溯了古波希米亚的光荣历史。第二乐章《沃尔塔瓦河》(*Vltava*)描绘了母亲河的诞生和沿岸的风光与古迹。第三乐章《沙尔卡》(*Sarka*)以古老的传说为主题,描写少女莎尔卡由于情人的不忠而向所有的男人复仇。第四乐章《波希米亚的森林与草原》(ZČeských Luhů A Hájů)具有田园风格,表现了踏在波希米亚故土上所带来的思绪和感受。第五乐章《塔波尔》(*Tabor*)和第六乐章《布兰尼克山》

（Blanik）叙述了祖国遭受的苦难[①]，表现了捷克民族与异族压迫进行不屈不挠斗争的精神，并畅想光辉灿烂的未来。

其中，第二乐章《沃尔塔瓦河》（*Vltava*）更是脍炙人口，尽人皆知，为西方音乐会上时常演出的曲目之一。沃尔塔瓦河是捷克最大的河流，它由南北纵贯捷克国土，是捷克人民赖以生存的母亲河和捷克民族繁荣昌盛的摇篮，在捷克人民心中占有重要的地位。交响诗《沃尔塔瓦河》，从河水的源头开始描写，逐渐映现出奔腾不息的河流、岸边茂密的森林、富有生气的乡村、宁静的月夜、险要的峡谷、古老的城堡，这些景致与民俗生活和神话传说相联系，展示了捷克山河的美丽和悠久的历史文化。最后，小提琴上奏出了波动的旋律，宛如河水从容地流向天际，流向远方……仿佛是将军的得意忘形常常使舞步踏错了拍子，整首乐曲力度偏重，暗示舞步如操练一样，震得地动山摇，结尾的和弦硬朗、爽快，充分体现出将军至情至性的幽默感。

在捷克人的眼中，《我的祖国》不仅仅是交响诗，更是“一个光荣的梦，一种超越一切诗歌的语言，一曲天使的欢歌，一声惊魂摄魄的和声之雷，一团将天国的闪电射入灵魂深处的乌云……”

第四节　民族认同的文艺话语

国家身份可以通过文艺方式表达和建构。在早期，波希米亚、摩拉维亚和斯洛伐克地区受哈布斯堡王朝统治。在民族解放之前，捷克民族复兴运动坚持不懈地为民族独立提供历史证据。对捷克民族历史认同的斗争也投射到文化艺术实践的话语中。在民族意识的重生和放大中，文艺复兴主义者试图把捷克人与一个历史悠久、爱好和平的国家联系起来。马萨里克在19世纪和20世纪初强调了捷克人在欧洲历史上的地位，并主张斯洛伐克人与捷克人在语言和种族

① 塔波尔是坐落在布拉格以南约100千米的城镇，在胡斯教徒战争期间，这里是捷克争取民族自由和反抗异族压迫的坚强堡垒。布兰尼克是布拉格附近一座山脉，传说胡斯教派的勇士们战斗并牺牲于此。

上的联系。支持“两族一国”的争论最终催生了捷克斯洛伐克在 1918 年联合国家的建立。

一、捷克民族意识的文化觉醒

19 世纪是许多中东欧群体民族意识的复兴或觉醒的时期，这一时期最终决定了现在中东欧国家的政治和社会的基本组成。捷克和斯洛伐克的民族复兴也在 19 世纪发生，但不是一个统一的运动，因为领导人和推动者的利益和目标处于不断变化的状态。由于哈布斯堡王朝的政治压迫，活跃于 1848 年之前的捷克觉醒者们专注于文化问题而不是政治问题，在某些情况下代表爱国主义的利益。利用艺术，来唤起捷克人民的民族意识，捷克人民被定义为波希米亚说捷克语的居民。他们在通俗文学和高雅文学、戏剧表演、音乐（包括民间和当代）和视觉艺术中推广了口头和书面语言，并将其归因于特定的民族素质。

总的来说，19 世纪上半叶的“觉醒”以浪漫主义历史观为基础，民族复兴主义者在君主制中寻求更大的政治权利。19 世纪下半叶，他们想在奥匈帝国君主政体内实现政治自治与建立在民族和文化统一基础上的独立国家的愿景相融合，直到 1918 年国家的独立。

1848 年之后，波希米亚经历了一场文化洗礼，捷克人经历了一个自我实现的阶段。捷克新闻事业取得发展，捷克语戏剧表演等用于动员民族意识的文化活动普遍兴起。例如建立国家博物馆、国家剧院、民族英雄墓地，为特定景点配备具有民族意义的纪念碑，重新命名地点等等。国家剧院只用捷克语进行表演。由于它镶有奢华的镀金装饰，故被称为“金礼拜堂”。纪念性建筑装饰风格属于新文艺复兴风格，以绘画和雕塑描绘了从斯拉夫神话到历史场景，展示了波希米亚和摩拉维亚的浪漫主义风景，以及著名捷克人的肖像。除了国家剧院，其他具有历史意义和国家重要性的建筑的设计和装饰都是为了提醒捷克人他们历史上和现在的伟大事件和人物。19 世纪早期约瑟夫·舒尔茨（Josef Schulz）设计的捷克博物馆建筑，或称鲁道夫菲纳姆艺术屋（Rudolfinum art house），也是一座布拉格众多新古典主义风格建筑，由 Zítek 和舒尔茨设计。19 世纪 70 年代，“捷克特性”的新文艺复兴建筑表达民族愿望和象征意义，受到了维也纳建筑风格的影响，如布尔诺议会大厦、德国议会大厦。

穿过布拉格伏尔塔瓦河上的马内斯大桥（Mánes Bridge），右侧有一座庄严的新巴洛克式建筑——“斯特拉卡学院”（Straka's Academy）。斯特拉卡学院建于1891年至1896年之间，最初是捷克贵族家庭贫困儿童的教育机构。1914年第一次世界大战爆发后不久，该建筑被红十字会用作临时医院。1921年，这里成为捷克斯洛伐克学生会的所在地，后来也成为学生俱乐部“学术之家”的所在地。自1993年1月1日起，斯特拉卡学院一直是捷克共和国政府所在地。

19世纪的捷克民族复兴主要是基于捷克语作为母语的地位。作为捷克民族的特殊标志，语言既在民族认同形成中发挥关键作用，特别是与斯洛伐克人的接近。捷克人将语言的亲和力作为一种工具，帮助捷克融入更大的斯拉夫民族社区，促进了与其他斯拉夫国家的联系，成为民族身份多样化的基础。然而，在寻找泛斯拉夫联系的过程中，捷克试图建立一种自给自足的民族认同机制，这种认同不受俄罗斯或波兰等更强大的斯拉夫文化的影响。1848年之前，捷克人发起的一项政治计划“奥地利斯拉夫主义”作为替代方案出现，在哈布斯堡王室内部寻求斯拉夫人之间更紧密的合作，这成为捷克人的另一项计划。

除了这些概念，在第一次世界大战之后，其他政治家和学者也提出了捷克斯洛伐克统一国家的想法，约翰·戈特弗里德·赫尔德（Johann Gottfried Herder，1744—1803）的一篇关于欧洲不同民族的历史起源和典型特征的短文成为国家认同建构的基础。在《关于历史哲学的思想》（*Ideen zur Philosophie der geschhte*）一书中，赫尔德描述了不同民族的特点，其中包括斯拉夫人和德国人，这些特点不仅对“觉醒”的作家产生了至关重要的影响，而且他的影响一直延伸到20世纪。

根据赫尔德的说法，“德国人有好战的天性，凭着刚毅和英勇，统治了很多民族，但缺乏农业、科学和艺术方面的技能”，而斯拉夫人的民族性格是“仁慈，顺从，热情好客，追求自由的乡村生活”，热爱农业、家庭艺术、商业和音乐，“从来不像德国勇士或冒险家那样有进取心，也不喜欢抢劫”。因此，赫尔德预见了斯拉夫人的伟大未来，并声称“斯拉夫人会从漫长的沉睡中醒来，从枷锁中解放出来，将拥有和使用美丽的土地，自由地庆祝古老的工业和贸易节日”。这种描述和预测影响了捷克和斯洛伐克民族复兴的倡导者。

诗人政治家扬·科拉尔（J. Kollár）制定了一项泛斯拉夫主义的政治计划，

该计划将从塔特拉到黑山，从克尔科诺谢山到乌拉尔的斯拉夫人统一起来，因此成为很多同时代人的追随者，被视为“斯拉夫统一和团结思想之父”。他总结了斯拉夫性格的五个积极特征：虔诚、勤奋、天真快乐、热爱自己的语言和宽容。他最著名的作品《斯拉夫的女儿》有意识地借鉴了赫尔德，引用了许多当代事件，将斯拉夫人与和平、民主和人文主义联系起来，展示斯拉夫民族对世界历史和未来的重要性，并在这些国家的成员中激发民族意识，但没有为建立一个独立国家提出任何激进的政治主张。

1826年，历史学家、语言学家帕·约·沙法里克（Pavel Josef Šafařík）出版了《诸斯拉夫语言和文学史》（*Geschichte der slawischen Sprache und Literatur*）一书。沙法里克是第一个将比较历史方法应用于斯拉夫民族研究的斯拉夫主义者。他的主要作品《斯拉夫古物》和《斯拉夫民族志》为斯拉夫统一（Slavic Unity）的概念提供了历史证据，并展示了斯拉夫人所扮演的角色。他的作品同样受到赫尔德的影响，试图证明斯拉夫人受过良好教育的天性、道德上的完美，以和平而非扩张的方式生活，并与其他欧洲大国确立平等地位。

沙法里克和科拉尔都出生在斯洛伐克，并意识到捷克和斯洛伐克语言和文化之间的差异。作为新教徒，他们使用捷克语作为16世纪晚期福音帕克拉里斯圣经的语言，而斯洛伐克天主教徒使用斯洛伐克语在他们早期的文本中，他们交替使用“斯洛伐克”（Slovák）和“斯拉夫”（Slovan），以证明自己是典型斯拉夫民族的身份。同时，他们把捷克和斯洛伐克文学在概念上取得统一，来表达斯拉夫的团结。他们认为匈牙利的统治剥夺了斯洛伐克人的历史，在一个捷克斯洛伐克（或捷克斯拉夫）国家，通过将他们的语言和文化相结合，斯洛伐克人的复兴将会更加成功。他们宣称，斯洛伐克语保存了古老的原始斯拉夫语形式，是斯拉夫方言的起源，也是捷克语的起源。根据这种解释，斯洛伐克人是其他斯拉夫民族的祖先。

弗朗齐歇克·帕拉茨基被称为“捷克国父”，最初用德语写了捷克的第一部历史，即捷克民族在波希米亚和摩拉维亚的历史。他将捷克视为一个独立的历史实体。斯拉夫和日耳曼元素之间的斗争被强调为国家历史的一个组成特征，这也被视为民主和贵族之间的斗争，可以说，捷克的历史主要是基于捷克人对德意志模式和秩序的接受或拒绝而展开的。这场斗争不是由外部领导的，而是在捷克境内，不是针对外国人，而是针对当地人，不是用剑和盾，而是通过精神和语言、宪法和习俗。虔诚、温顺的捷克人为了生存，必须改变他们的习惯，将罗马和德国的元素融入他们的国民生活，充当斯拉夫人和德国之间、东西方之间的桥梁。①

然而，帕拉茨基的政治要求相当温和。他预测捷克的未来取决于奥地利君主制，按照他的政治设想，奥地利应该重组为一个自治的民族国家联盟。因此，奥地利斯拉夫主义的政治纲领反对把所有斯拉夫民族团结在一个泛斯拉夫统一中。对此，哈夫利切克（Havlíček）从 1848 年开始在其创办的《布拉格报》上发表《斯拉夫与捷克》（*Slovan a Čech*），首次阐明了“奥地利斯拉夫主义”的概念，来批评“泛斯拉夫主义”（Pan-Slavism）。除了语言之外，哈夫利切克还将风俗、宗教、政府类型、教育、同情心等视为构成国家认同的因素，也是体现国家差异的特性。由于德国文化和德语使用者对捷克语、思维和习俗的影响，为了复兴捷克民族，有必要研究“德国化”之前的历史，从泛斯拉夫民族志和文物中了解未受破坏的祖先。

最早的“泛斯拉夫主义”的起源有两个主要动因。第一，俄国在拿破仑战争中的崛起增强了整个斯拉夫民族的民族意识。第二，奥地利帝国境内德意志人和马扎尔人的扩张政策让西斯拉夫人感到了威胁。于是，在捷克诗人多布洛夫斯基号召下，西斯拉夫知识分子开始了斯拉夫语言和文化的研究热潮，斯洛伐克诗人扬科拉尔提出斯拉夫各民族“文化互惠”的口号。1848 年 6 月，西斯拉夫人为了实现在中东欧建立统一国家在布拉格召开了斯拉夫人大会，呼吁斯拉夫人联合起来，号召欧洲各民族平等看待斯拉夫人和斯拉夫文化。然而，“泛斯拉夫主义”一方面遭到了欧洲强国的抵制，另一方面俄国泛斯拉夫主义主张由俄国统一所有的斯拉夫人。这与早期“泛斯拉夫主义”要求民族独立与联合的理念有本质的区别，实际上是对俄罗斯以外的其他斯拉夫人的征服与统治。哈夫利切克认为“泛斯拉夫主义”是“危险的”建构，只是建立在个别斯拉夫语言的相似性之上，因为俄罗斯的扩张主义可能成为斯拉夫民族的统一者和征

① 在捷克的历史和文学中，捷克的土地代表着横贯东西方之间的桥梁。这一观点得到捷克精英的公认，从 15 世纪的国王波杰布拉迪的乔治到两次世界大战之间的捷克政治家，再到 1989 年以后的政治家都在倡导和践行这一理念。

服者。同样，他也担心与波兰结盟，而捷克和伊利里亚（巴尔干半岛上的南斯拉夫人）是唯一对外没有威胁性且惺惺相惜的民族国家。因此，他相信，除了“泛斯拉夫主义”，奥地利帝国是保护中欧地区斯拉夫人避免德意志人和俄罗斯人奴役的最好保障。奥地利帝国的力量越强大，捷克民族就越安全。1848 年，帕拉茨基拒绝参加法兰克福议会，也拒绝在俄国倡议的基础上统一斯拉夫人，并承认哈布斯堡王朝的君主制。他提出了一个折中的立场，为斯拉夫主义者中的保守派（贵族和神职人员）和自由派（知识分子和新兴的经济中产阶级）阵营所接受。然而，奥地利帝国仅限于在国家教育和语言政策领域做出一些让步。

无论是宣扬“泛斯拉夫主义”还是后来的“奥地利斯拉夫主义”，19 世纪的捷克爱国者都致力于强调捷克人和斯洛伐克人的历史特殊性。这两个民族在语言和文化上的接近最终导致试图建立一种更密切的联盟，遵循泛斯拉夫或奥斯拉夫方案的要求，或建立一个完全独立的统一。但是，1861 年后的自由主义时代和由此产生的德国中央集权主义方法摧毁了奥地利帝国境内斯拉夫人对平等待遇的希望。1867 年，奥地利和匈牙利相互妥协，建立了二元制君主国，捷克人觉得自己被忽视了，不得不放弃了“奥斯拉夫主义”的政治构想。

19 世纪末，在西欧工业化、个人主义的带领下，更开明地对未来的定位在波希米亚和摩拉维亚得到推广。在艺术方面，日益国际化的现代主义倾向的兴起导致了对捷克民族主义的批评，人们倾向于将更多的注意力放在外交事务上。

典型的例子来自马萨里克的作品。他对国家的愿景是以现在为中心，面向未来，并从社会学的观点来探讨。1895 年，他在关键文本《捷克问题》（*Česká otázka*）中，重新审视捷克民族的复兴历史，关注其在欧洲的地位，“捷克在改革中接受了一切欧洲思维的愿景，这就是为什么捷克重生完全是一个自然的历史发展，实际上是泛欧主义发展的一部分”①。

马萨里克在第一次世界大战中扮演了重要角色。他与爱德华·贝奈斯（1884—1948）、斯洛伐克代表米兰·雷斯提斯拉夫·什特凡尼克（1880—1919）一起在巴黎建立了一个流亡委员会。捷克官方支持奥地利，就如何在冲突结束后重组中欧进行了会谈。除了马萨里克关于独立国家的想法之外，其他的设想

---

① MASARYK T G. *Česká otázka. Snahy a tužby národního obrození* [M]. Prague：Melantrich，1969：22.

也被讨论过。例如卡雷尔·克拉马日与波兰、俄罗斯一起协商建立一个泛斯拉夫国家。然而，历史的发展合力倒向了马萨里克的建国方案。马萨里克成功地建立了一个独立的捷克国家，并与匈牙利的斯洛伐克地区和鲁塞尼亚相毗邻。1918年捷克斯洛伐克建立的新的政治联盟也意味着两国之间的文化和民族关系得到了修正。

二、捷克斯洛伐克民族语言的身份构建

在19世纪民族复兴时期，捷克人和斯洛伐克人共同产生了身份认同的思想，促成了第一次世界大战后捷克斯洛伐克民族的建立。其中，语言在民族认同的建构中扮演了重要的角色。由于受教育阶层更常用拉丁语、匈牙利语。1867年，匈牙利王国宣布马扎尔语（Hungarian［英］，Magyar［匈］）为官方语言，斯洛伐克成为一个非自治区，通常被匈牙利人称为“上匈牙利”，在语言使用上仍然受到限制。虽然早期的民族主义者推动了帝国的联邦化，使斯洛伐克人获得了很大程度的独立，但在第一次世界大战之前主权并不完整。斯洛伐克复兴主义者首先寻求的是文化和语言上的独立，而不是政治上的独立。他们努力将捷克语确立为一种文学语言，并反对其他语言社区，以加强共同的民族特性和民族意识。

捷克和斯洛伐克的政治伙伴关系本来是平等的，但其他因素却导致了事实上的不平等，特别是经济差异。在国家形成的时候，与工商业更发达的波希米亚和摩拉维亚相比，斯洛伐克主要是贫穷的农村。因此，捷克突然发现处于比东部地区更优越的地位，这不仅导致了在行政、工商业方面的集权化倾向，还有语言和文化上的特权。捷克斯洛伐克的民族主义和民族认同在当时的斯洛伐克几乎不存在，或者说是捷克的舶来物。

对于斯洛伐克人，有两种普遍的看法。一种认为他们是捷克民族的一部分，他们的语言是一种捷克方言，特别是捷克的文学语言。在两次世界大战之间的时期，有许多类似的主张；另一种是1918年后官方推广的观点，认为捷克和斯洛伐克都是一个国家的成员，在政治的基础上人为地将这两个民族合并到一个国家。同时，捷克斯洛伐克语也被构建出来，来凸显这个新兴国家的内部文化联系，以及官方承认的民族间平等对外还使其加强了在欧洲的政治地位。

更重要的是，增加捷克斯洛伐克境内斯拉夫居民的数量。例如，在布拉迪斯拉发，在1921年的人口普查中，只有40%的人口声称拥有捷克斯洛伐克国籍，而27%和22%的人口分别是德国和匈牙利血统，剩下的10%是其他国籍。在人口数量上，一战后的捷克斯洛伐克人分别是700万捷克人、200万斯洛伐克人、300万德国人、75万在斯洛伐克的匈牙利人、50万乌克兰人和10万波兰人。居住在捷克地区的德国居民人数仍然多于斯洛伐克境内的斯洛伐克居民人数，因此强调捷克斯洛伐克的共同特性可以反驳少数民族的政治诉求。①

三、民族文化艺术机构的兴起

捷克艺术的发展也得益于一系列文化机构的创立。19世纪后半叶，波希米亚和摩拉维亚建立了一系列的博物馆、学院、教育机构、展览和出版商，并有意识地把它们作为捷克境内德国文化机构的对等物，为民族复兴主义者重新发现捷克文化和历史提供了制度上的支持。他们发展爱国主义项目，采用了学术奖学金，文化活动都是在承认德国文化的情况下进行的。波希米亚首府布拉格由复杂的民族组成，是捷克民族复兴和艺术历史研究的中心。由于摩拉维亚地区与维也纳保持相对密切的关系，故以国家为导向的艺术史发展得较晚。

（一）布拉格的爱国社团

19世纪，波希米亚和摩拉维亚的爱国者建立了一些贵族式文化机构和小规模文化组织。在讲捷克语的土地上，贵族常常利用慈善活动，为建立博物馆收集保存有历史价值的当地文化遗产。这些机构开始在促进民族文化、娱乐和展示过去方面发挥着重要作用。

1796年，由波希米亚地区的安东·科洛拉特·诺沃赫拉德斯克（Anton Kolowrat Novohradský）② 和斯滕贝格—曼德沙伊德家族（Šternberk Mandescheid）

---

① ZNOJ M. The Great Czechoslovak Nation and the Roots of Czech Resentment [J]. *The New Presence*, 1998 (4): 10.

② 安东·科洛拉特·诺沃赫拉德斯克伯爵是波希米亚贵族和奥地利政治家，来自科洛拉特家族。作为一名温和的自由派政治家，他是沃马兹时代国家总理克莱门斯·冯·梅特涅亲王的主要反对者之一。在1848年的三月革命中，科洛拉特成为奥地利第一位宪法部长兼总统。

的弗朗茨伯爵[1]（Franz Count）领导建立“波希米亚艺术爱国之友协会”，后来发展成为一个面向全国的文化机构。该协会收集波希米亚的艺术作品和纪念碑，在布拉格开设了艺术画廊。1814 年，爱国之友会图画馆成立，其宗旨是教育大众，提高大众品味，让更多的人了解民族艺术作品。1885 年，美术馆将藏品迁至布拉格城堡对面的新文艺复兴时期的建筑——鲁道夫音乐厅（Rudolfinum），是捷克爱乐乐团的所在地。[2] 1896 年 1 月 4 日，鲁道夫音乐厅见证了捷克爱乐乐团的首场音乐会。这场音乐会永远将乐团的起源与捷克最著名的作曲家安东宁·德沃夏克联系在一起。他登上舞台指挥乐队演奏自己的作品《平坦大调第三斯拉夫狂想曲》《奥赛罗序曲》及享誉全球的第九交响曲《来自新世界》。

1818 年，波希米亚的爱国博物馆（Nάrodní Muzeum）建成，后更名为国家大剧院博物馆，最初专注于自然科学，增加了历史、文学和艺术文物的收藏，是今天捷克国家美术馆的所在地。创始人是奥地利财政部部长克勒贝尔斯贝格的弗朗茨·约瑟夫伯爵（František Klebelsbergu）和古生物学家施滕贝克的卡什帕尔·玛丽亚（Kašpar Šternberk）。虽然博物馆的成立宪章以及报告和其他行政文件是用德语写的，但是它鼓励捷克的地区爱国主义，在 19 世纪波希米亚的文化活动中发挥了重要作用。1827 年，帕拉茨基在此创立第一本捷克科学期刊《波希米亚爱国博物馆协会杂志》（即现在的《国家博物馆杂志》），每三个月出版一次，关注的主题广泛，如捷克历史、语言学、自然科学和艺术，为捷克科学和文学基础作品的出版做出了贡献。

随后，波希米亚和摩拉维亚建立了许多其他的博物馆，其中一些是受到奥匈帝国或其他地方举办的大型展览的启发，例如 1891 年成立的捷克艺术与科学学院、1896 年成立的捷克斯拉夫民族志博物馆。他们的主要目标包括培养和支持捷克文化、语言和艺术，为学术、文学和艺术活动提供财政援助，以及保护民族历史遗迹。同时，波希米亚的德国居民也建立了本民族的科学学院，支持

---

① 自 13 世纪以来，贵族斯滕伯格家族的成员担任皇家波希米亚国家的重要职务，热心慈善捐助和学术扶持，对波希米亚的文化发展产生了决定性的影响。

② 鲁道夫音乐厅位于布拉格市中心的伏尔塔瓦河畔，雄伟的建筑被设想为缪斯女神的多功能座位：音乐之家、艺术画廊和音乐学院。这个项目的起源已经超越了它的时代，见证了捷克 19 世纪社会的变化。建造工作既不是由贵族和君主带头的，也不是由天主教会的领导人物带头的；相反，艺术赞助人和捐助者的角色由商人和金融机构承担。

布拉格德国大学的波希米亚德国科学、艺术和文学协会。因此，这两所学院彼此共存，为促进本民族文化而各自活动，加强了专属于群体的民族归属感。

（二）布拉格大学

在教育领域也出现了类似的情况，德语教育机构与捷克语机构独立并存。在波希米亚和摩拉维亚，艺术史逐渐独立于历史和考古学的学科，被规范化，获得了更多的权威，被正式承认为加强国家身份的工具。

在19世纪末20世纪初，波希米亚的艺术历史研究中心在查尔斯大学。这里是许多学科民族主义思想的重要发祥地，某些学者在其学科的学术话语建构中发挥了重要作用。正如马萨里克所说，真正的捷克高等教育机构只能有一个国家目标：持续地完成未完成的复兴。因此，该大学有许多具有明显民族主义倾向的捷克学者，也是许多种族紧张局势的场所，特别是在1882年它被分裂为捷克和德国部分之前和之后不久。

在这一过程中，由于捷克人对本国语讲座少于德语的情况越来越不满，因此设立了两个独立的部分。1861年，该大学的187门课程中只有22门是用捷克语讲授的。到1891年，工作人员人数为144人，其中捷克学者只有10名，员工比德国人少。因此，这一划分意味着捷克奖学金得到承认并获得独立。在该大学德国部分注册的学生人数逐渐减少。20世纪初，布拉格的德语学生只占捷克学生人数的40%左右，特别是来自摩拉维亚和西里西亚的学生更喜欢在维也纳学习。他们经常感觉到布拉格的气氛是异己的和充满敌意的，而且被捷克人支配。因此在许多学科的教育分裂成两个语言的教学，导致教师人数的增加与各学科的独立发展。

1882年，查尔斯大学分成德国大学和捷克大学。其中，德国大学处于有利地位，获得了几乎所有的图书馆、收藏和设施。同时，布拉格日益增长的民族主义意识开始孤立德国大学。德语讲师一般不学习捷克语，两种语言和种族群体有自己的戏剧表演、音乐会和展览，之间没有交流，显示出布拉格大学在民族文化差异下日益分裂。德国大学的工作人员不愿与布拉格的捷克同行合作，而是与奥地利、匈牙利、德国的其他大学保持联系。这两个集团对布拉格大学的就业问题有着截然不同的看法。捷克学者认为在捷克大学教书是他们职业生涯的巅峰，而德国人则更愿意从布拉格搬到维也纳、莱比锡或柏林。无论是活跃在19世纪还是20世纪的捷克艺术历史学家都倾向于忽视这些德国学者的存在和重要性。捷克学者对发表捷克艺术作品的德国作家也有偏见或批评，德国作家的写作也常带有民族主义倾向，因此，波希米亚和摩拉维亚的艺术史学在很长一段时间里被选择性地理解为捷克作家所钦定的。

四、摩拉维亚的艺术史

艺术历史研究也在布拉格以外的各区域中心进行，与波希米亚和布拉格相比，摩拉维亚民族意识伴随着捷克艺术史的兴起显得相当滞后。历史上，摩拉维亚的玛格莱维亚独立于波希米亚的统治，在政治和文化上与维也纳的联系更加紧密，这有利于不同知识领域的学术发展。直到20世纪初，第一批历史、地理或艺术著作的作者以德语出版，因为这种语言是摩拉维亚知识分子的通用语。在摩拉维亚的大城镇，德国居民也占多数。1880年，在摩拉维亚首都布尔诺（Brünn），德国人口接近5万，而捷克人口为3万。1900年，奥洛穆茨主教所在地（Olmütz）有6000名捷克人和大约12000名德国人。这两个种族或语言群体之间也存在冲突，比如19世纪80年代中期，捷克人要求在布尔诺建立一所捷克大学，这被德国居民理解为对德国城市特色的攻击，但是，捷克技术大学还是在1899年得以建立。然而，在很长一段时间里，摩拉维亚的艺术史研究是由个人进行的，通常是出于对艺术和建筑的个人兴趣，而对民族主义差异不太感兴趣。

建筑文化是捷克文化圈不可或缺的一部分。1817年，弗朗茨·约瑟夫一世在布尔诺建立了一个以皇帝的名字命名的地区博物馆，由德国式贵族管理。之后，摩拉维亚设计博物馆（Moravské Zemské Muzeum）也于1873年在布尔诺建立。关于摩拉维亚的历史和艺术史，最早的文本是用德语写成的。德语和波希米亚语一样，是教育和学术交流的主流语言。该地区的第一部简史于1860年出版，由Beda Dudík撰写，名为《摩拉维亚通史》（*Mährens Allgemeine Geschhte*）。他试图在更大的背景下解释艺术和建筑，描述了不同历史时期人民的经济、社会和文化状况。摩拉维亚艺术史学家、建筑师奥古斯特·普罗科普（August Prokop）写了一本摩拉维亚简明艺术史。布尔诺装饰艺术博物馆馆长朱利叶斯·莱兴（Julius Leisching）明显受到维也纳学派的影响，他的《摩拉维亚艺术史》只关注摩拉维亚的德语城镇，直到 1932 年才出版。

摩拉维亚说捷克语的爱国者开始发行自己的期刊，如《摩拉维亚地形》(*Vlastivěda Moravská*)、《摩拉维亚基金会期刊》(*Časopis Matice Moravské*)。他们还成立了勇于提高国民意识和普及教育的爱国协会，如女子职业学校（Brněnská Vesna）、艺术之友俱乐部（Klub Přátel Umění）。20 世纪捷克斯洛伐克艺术最著名的推动者建筑师杜尚·尤尔科维奇（Dušan Jurkovič）编写了《捷克斯拉夫民族志展览》，还将当地民间艺术与维也纳最先进的现代主义趋势相结合，完成了艺术之友协会大楼的设计。这些捷克俱乐部还通过组织展览、购买艺术品和出版文章，支持当代摩拉维亚和波希米亚视觉艺术以及艺术史研究。更成功的是他们的德国同行，如朱利叶斯·莱兴发起的摩拉维亚艺术俱乐部和布尔诺艺术之友协会。他们的活动包括组织各种展览、讲座和艺术课程，不仅展示了德国艺术家的本地艺术作品，而且介绍了来自维也纳分离派和哈根邦德艺术协会（Hagenbund）的当代国际艺术，吸引了大量观众。

五、19 世纪下半叶捷克艺术史构建的代表人物

早在 1820 年，弗朗齐歇克·帕拉茨基就考虑到艺术在民族复兴中的潜力，并强调编纂民族艺术史的重要性。波希米亚中世纪的视觉艺术成了俄国人亚历山大·波波夫（1820—1877）的研究对象，他在 1846 年出版的《关于中世纪捷克绘画》一书中研究了中世纪绘画，以"色彩柔和"来形容布拉格画派的特点。当然，集大成者还属布拉格大学艺术史和考古学的第一位教授——扬·埃拉齐姆·沃塞尔（Jan Erazim Vocel，1802—1871）——捷克美术史的奠基人。他的研究从建筑开始，接着是绘画，雕塑，最后是语言。他无意中开创了一种确定青铜器年龄的化学方法，出版了许多科学和历史小说，包括他的论文《捷克土地史前史》，为该国的科学考古学奠定了基础。同时，沃塞尔作为最早有意识地关注捷克艺术及其意义的主要人物，为捷克语的发展奠定了基础。他所描述的作品大多是流落海外的波希米亚作品，认为这些艺术作品才是民族遗产和身份的内在组成部分。沃塞尔对捷克政治主权的主张保持温和，并保留了奥斯拉夫人的理想，即在奥地利境内建立一个自治的捷克国家。因此，在他的文本中，许多地方都强调将捷克和斯洛伐克的古老历史与当前的民族复兴联系起来的延

续传统，对国家古迹的保护对后代来说很重要，这样他们就能在宝贵遗产中看到祖先的精神力量。作为捷克复兴主义者的一员，他挑战传统上对德语文本的依赖、德语翻译和德国作家的主导地位，认为尽管德国学者学识渊博，但他们往往既缺乏对这些国家的斯拉夫居民的热爱，也缺乏进行公正研究所必需的斯拉夫语言知识。只有捷克的艺术历史学家才被完全授权编写国家艺术史，因为只有他们有语言知识，对固有传统的理解比外来者的观点要好得多。由于 19 世纪中期学术捷克语的词汇量仍然相当有限，沃塞尔的写作也受到了当代小说、诗歌和科学修辞的影响。他特别运用了复兴的捷克语的词汇和风格，这是捷克民族觉醒者的主要关注点。例如，在描述中世纪早期的照明时，Vocel 使用了后来从捷克语中消失的新词，如“rozvilina”，意为“arabesque”，但在当代捷克语中已被“arabeska”所取代。根据语言的推广者，如 Jungmann 和 Václav Hanka (1791—1861)，捷克语作为一种屈折变化的语言，能够表达“音乐的”“敏感的”和“柔和的”，主要适用于诗歌。沃塞尔对捷克语的性质持有类似的观点，并敦促在学术写作中使用捷克语，关心和尊重民族语言是公民的义务，尤其是资产阶级，他们有能力通过教育来改善工人阶级的生活。因此，语言成为从富裕阶层向下重建国家的重要工具。

沃塞尔的学生卡雷尔·弗拉迪斯拉夫·扎普（Karel Vladislav Zap）是帕马基考古学杂志（Památky archeologické）的编辑。与 Herder 对斯拉夫人和德国人的总体描述一致，扎普强调了古斯拉夫人的和平和安定的本性，与“除了战争、袭击和狩猎一无所知”的日耳曼部落形成鲜明对比。① 和沃塞尔一样，扎普在大量艺术作品的基础上将捷克文化与德国文化进行了对比。他区分了几个建筑时期：罗马式拜占庭、哥特式、文艺复兴、洛可可、伪古典主义、浪漫主义复兴风格（新巴洛克、新文艺复兴、新哥特式）以及随后的风格。扎普对德国画派在 15 世纪中叶主宰波希米亚绘画的事实表示遗憾。在他看来，它的代表们严格地遵循了《自然》，这导致了漫画般的身体，所有的四肢、脸和部分尖锐而有棱角，他们的长袍看起来像皱巴巴的纸，在绘画中表现得僵硬。尽管在中世纪后期出现了明显地向德国模式的倒退，但根据扎普的说法，16 世纪国家学派的

---

① SAYER D. The Language of Nationality and the Nationality of Language: Prague 1780—1920 [J]. *Past & Present*, 1996 (1): 131.

发展虽然具有荷兰、德国或意大利的灵感特征，但更体现出捷克起源的典型特征。虽然扎普使用了捷克艺术的概念，但他并不认为捷克是一个独立的国家。相反，他将他们与斯拉夫超国家联系起来，指的是一个“捷克斯拉夫国家”。这个概念出现在早期捷克觉醒者的修辞中，强调更广泛的斯拉夫语言和文化的相互联系，试图唤起一种对德国和匈牙利文化的防御；当捷克人与其他利益相似的集团结盟时，他们将更好地面对德国和匈牙利的威胁。这相当于扬·科拉尔提出的泛斯拉夫的所有斯拉夫国家联盟的想法。对此，哈夫利切克认为这种想法不切实际而拒绝接受，他将捷克斯拉夫人定义为波希米亚、摩拉维亚和西里西亚的捷克人，以及斯洛伐克境内的斯洛伐克人，这种理解是基于捷克和上匈牙利（当时的斯洛伐克）民族的语言相似。

沃塞尔呼吁全面研究捷克民族艺术的历史，这一呼吁出现在19世纪下半叶许多其他捷克艺术史学家的作品文本中，天主教牧师斐迪南·约瑟夫·雷纳（Ferdinand Josef Lehner，1837—1914）对此做出了回应，他首次尝试创作这样的作品。他把收集和出版波希米亚和摩拉维亚的艺术史视为自己的爱国责任，在捷克各地游历，专注于宗教纪念碑，把他的发现作为宗教艺术品的目录发表在自己创办的天主教杂志《方法》上。他试图将这些单独的文章扩展成一个简洁的艺术史，介绍波希米亚和摩拉维亚的罗马式、哥特式和文艺复兴时期的艺术，并出版了《捷克民族的艺术史》（*Dějiny umění národa českého*）。然而，在出版了关于罗马式艺术和建筑的三卷之后，关于哥特式和随后的艺术时期的卷本没有完成。作为一名爱国者，雷纳强调艺术在民族认同形成中的作用，“国民受教育程度越高，就越热爱艺术”。因此，对他来说，艺术史是捷克高水平知识的真实镜子，所有的历史都反映在建筑师、雕塑家和画家的作品中。雷纳是最后一个幸存的浪漫主义者，他的作品不是艺术史，而是一套材料和一本为初学者准备的初级术语教科书。因此，雷纳被批评缺乏专业历史学家或艺术历史学家的训练，而他的作品只不过是一幅地形调查。不管雷纳的作品有多少问题，他仍然应该被认为是捷克艺术史形成的关键人物。

第五节 捷克汉学研究的回顾

"Sinology"一般被翻译为"汉学"，是指中国以外的学者对有关中国传统学术的研究，其中尤以欧洲学术界对中国研究有数百年的悠久历史，奠定其汉学研究的显耀地位。布拉格地处欧洲中心，历史厚重，东西方文明与各种思潮在此交汇。19 世纪末，捷克汉学研究兴起，被称为"布拉格汉学学派"。布拉格汉学学派因其在中国现代和传统文学、语言学、历史和哲学领域筚路蓝缕，受到西方同行的推崇，成为世界汉学研究一支重要力量。

一、捷克汉学的发展历程

从 16 世纪晚期耶稣会士初译《四书》迄今，中国典籍西译已经有四百多年的历史。现代捷克汉学研究起步于中捷建交以前。20 世纪中叶，为巩固社会主义阵营，中国与东欧国家形成政治联盟，捷克汉学得到长足的发展。1968 年，受"布拉格之春"事件影响，捷克汉学随之转而式微。直到 1989 年以后，汉学研究的整体情况才有所改善。回顾 20 世纪捷克汉学的发展历程，我们可以将其划分为孕育、开创、兴盛、低谷和回升等五个阶段。①

（一）捷克汉学的孕育期

作为 18 世纪中西"礼仪之争"历史舞台上的关键人物，比利时人卫方济（Francois Noel）是第一个完整翻译《四书》的西方传教士。1711 年，他在布拉格出版拉丁文本《中国典籍六种》，除《大学》《中庸》《论语》之外还有《孟子》《孝经》《小学》，对于儒经西传起到了重要作用。1716 年，捷克传教士严嘉乐（Karel Slavíček）来华传教，开启了中捷文化交流的先河。严嘉乐展示出在数学、天文、音乐等方面的才能，受到雍正皇帝的赏识。他在华生活近 20 年，以大量信件记录了中国的民俗、天文、官制、艺术等，激起了捷克人对中

① 唐萌. 20 世纪捷克汉学研究的回顾与反思［J］. 汉学研究通讯，2017（36）：10-15.

国的向往，为日后的捷克汉学埋下了伏笔。

（二）捷克汉学的开创期

19世纪中叶到20世纪初，捷克正式拉开了汉学研究的序幕。1882年，查理大学恢复后，培养了一大批汉学家，成为捷克汉学的重镇。代表性汉学家主要有奥古斯特·菲特马伊尔（August Feitmayer）、鲁道夫·德沃夏克（Rudolf Dvořák）、雅罗斯拉夫·普实克（Jaroslav Průšek）、博胡米尔·马修斯（Bohumil Mathesius）。其中，菲特马伊尔最早以捷克语翻译中国二十五史。1897年，首位捷克汉学家德沃夏克翻译了中国古代诗歌经典《诗经·国风》和道家经典《道德经》，出版了著作《孔夫子生平及其学说》与《中国宗教》。马修斯开始以第三语言翻译中国古诗约170首。普实克早年在斯德哥尔摩大学，师从著名汉学家高本汉（Bernhard Karlgren）。

除查理大学外，捷克的第二个汉学基地——布拉格东方研究所（Orientalni ustav Akademie ved CR）应马萨里克总统的提议及东方学者们的倡导，于1922年成立，分为三个部门：非洲和近东部、南亚部、东亚部，主要的活动有出版刊物、举办专业讲座和语言培训班等。东亚部专注于汉学领域，包括道教和早期中国佛教、中国少数民族、中国历史和政治、中国在西藏的影响、中国文学和中文。第二次世界大战期间，由于高等院校均被关闭，研究所显著扩大了东方语言的教学。1945年9月，科学月刊《新东方》正式创刊发行。

20世纪30年代前后，以普实克为首的汉学研究者陆续调任至东方研究所工作，取得了丰硕的成果。普实克在1932年首次来到中国，研究中国的社会生活、风俗和民间艺术。以普实克为首的汉学研究者陆续调任至东方研究所工作，取得了丰硕的成果。他在1932年首次来到中国，研究中国的社会生活、风俗和民间艺术。普实克结识了茅盾、冰心、丁玲、郭沫若、沈从文、郑振铎等，并通过研究中国古典小说和短篇故事的论文，和鲁迅先生进行了书信交谈。在逗留期间，普实克还受到日本政府邀请他访问日本，但他对中国保持相对同情，并谴责日本的侵略暴行。1937年，普实克回到捷克斯洛伐克，撰写了《我的姐妹中国》（*Sestra moje Čína*），以唤起了捷克年轻人对中国的兴趣和对中国文化的热爱，以鼓励他们献身于中国研究。该书充满了他在20世纪30年代的中国冒险经历，成为捷克读者了解当代中国的重要读物。1939年纳粹占领了捷克后，捷克汉学界与世界汉学界的联系中断，但普实克仍积极在捷克斯洛伐克推广汉学，活跃在汉语教学的第一线，并且完成了第一部用捷克语编写的汉语教材。1940 年，普实克发表了《中国的新文学》一文，对以鲁迅为首的中国现代作家做了详细介绍。此文是欧洲汉学家对中国现代文学最早、更加全面而翔实的研究成果之一。1947 年，他被任命为查理大学远东研究系主任，正式讲授中国语言文学，开设第一批汉语班。1949 年 4 月，由郭沫若率领的中国代表团在前往巴黎参加和平大会途中，因签证问题在布拉格短暂逗留了两三周，无意中鼓励了普实克的学生学习汉语的热情。

（三）捷克汉学的兴盛期

20 世纪 50 年代，中国与中东欧同在社会主义阵营，捷克汉学的发展首先是因为共同的社会制度在两国之间架起了一座桥梁，其次是普实克和他的学生在东方研究所促成了捷克汉学的兴起与蓬勃发展，后来被称为“布拉格汉学学派”（Prague School of Sinology）。因此，这一时期的捷克汉学集体记忆的社会构建主要处于汉学发展与政治意识形态影响的混合地带。与汉学有关的课程包括“中国文学与文化”“中国人民文学”“中国文学与教育”“新中国文学”“毛泽东主席与中国文学”，以及“解放后的文学与人民传统”。1950 年 12 月 10 日至 1951 年 2 月 23 日，普实克担任捷克斯洛伐克文化代表团团长进行了第二次访华，得到中国政府的高度重视。这次中国之行历时两个多月，他们去了北京、上海、杭州、广州和武汉，访问了许多政界、学术界和社会各界人士，还参观了工厂、学校、图书馆、博物馆和托儿所。中国政府向他们提供了大量的中文书籍，作为中国人民的礼物。由此，捷克东方研究院于 1952 年建立了“鲁迅图书馆”，成为中欧最大的中文图书馆。在普实克的领导下，几代捷克学者多有建树，在欧洲乃至世界中国研究领域，产生深远的影响。1956 年 9 月 28 日至 11 月 8 日，普实克担任捷克斯洛伐克科学院访华代表团团长第三次访华，历时一个多月。期间，两国科学院签署了合作协议。

这一时期的捷克汉学界涌现出一大批学者，标志着 20 世纪捷克汉学研究达到最高水平。代表性学者主要有何德理（Zdeněk Hrdlička）、高马士（Josef Kolma）、高利克（Marian Galik）、史丹妮（Danuška Šťovičková）、白利德（Augustin Palát）、克拉尔（Oldřích Král）、傅思端（Zdenka Heřmanová）、罗然

(Olga Lomová)、包捷(Lucie Olivová)、爱娃·里赫特洛娃(Eva Rychterová)、约瑟夫·海兹拉尔(Josef Hejzlar)、米列娜·霍拉科娃(Milena Horáková)等，可谓群星璀璨。其中，普实克的研究代表了欧洲的最高水平，《新中国文学及其民间传统》《20世纪中国小说中叙述模式流变》《中国现代文学中的主观主义与个人主义》具有较高的学术价值，因此他被公认为“捷克汉学集大成者”“布拉格汉学学派的奠基者”。作为马克思主义者和人文主义者，普实克在作品中采用了民族主义、浪漫主义、马克思主义、人文主义和结构主义的独特融合，开创了研究现代中国文学的新路径，奠定了布拉格汉学派于1945年在捷克斯洛伐克作为一门学科的基础。他认为现代化理论与中国马克思主义或左翼努力是相容的，这种观点既反映了他对捷克斯洛伐克教条式实施共产主义的抵制，也反映了他对中国社会主义实践的认同。

（四）捷克汉学的转折期

20世纪60年代初，捷克汉学家在国际汉学界享有盛名。普实克前往美国访学，与哈佛大学的费正清建立了深厚友谊，成为新中国文学研究领军人物李欧梵的老师。1961年，美籍华人学者夏志清出版了影响深远的《近代中国小说史》，有意贬低鲁迅的学术地位。普实克认为，鲁迅作品代表了中国现代文学的最高成就，随即写了长篇书评来阐述自己的不同意见，与之展开辩论。作为马克思主义者，他的治学观受到形式—结构主义诗学和马克思主义文学批评两方面的影响，突破了西方思维传统的制约，高度评价了左翼文学家和革命根据地作家，把更多的笔触放在冰心、鲁迅、茅盾、老舍、叶绍钧、丁玲、赵树理等人身上，带领捷克汉学在文学领域真实地刻画了中国社会与时代面貌的转变。但是到了60年代末期，中捷之间的学术交流被接二连三的重大政治事件所打断。给汉学研究带来了巨大的负面影响。普实克被撤销东方研究所所长，汉学成果被禁止发行，汉学家被赶出大学和研究所，甚至被迫离开捷克。苏联及东欧各国学者与布拉格汉学学派分道扬镳，捷克汉学研究进入停滞状态。普实克和其他捷克汉学家拒绝批评中国，因此遭受了政治清洗。普实克不仅研究鲁迅，在生活中也实践着鲁迅的精神，一直坚持研究直到去世。在接下来的20年里，大多数汉学家被迫放弃研究。值得一提的成果有两个，一是傅思端和达努斯卡·赫罗尔多夫(Danuška Heroldová)在1974年至1984年间，用有限的预算完成了九卷捷克汉语词典的撰写与出版。二是克拉尔完成了对《红楼梦》《易经》《孙子兵法》《中国哲学》的捷克语翻译。

（五）捷克汉学的回升期

1989 年“天鹅绒革命”后，捷克的社会和政治制度发生了巨大变化。同时，中国正在高速发展，中捷文化交流越来越活跃。20 世纪后期，米兰·昆德拉的作品传到中国，他的小说、诗歌以及文论都引起了中国比较文学学界的研究热潮。昆德拉小说中知识分子的形象与命运引发中国学者对知识分子在现实中应负何种社会责任的思考，推动了捷克汉学的再次回升。① 进入 21 世纪以后，捷克汉学家的研究成果对于促进中国与捷克之间的友好互信，增强相互了解，建立文化、经济等领域合作，起到文化先导的积极作用。特别是在中国提出“一带一路”倡议以来，捷克作为重要的支点国与中国开展经济合作，汉学研究也迎来了发展的历史契机。

二、捷克汉学研究的特点

第一是研究领域广泛。捷克汉学凭借着对中国文化的热情与探索精神广泛地涉猎中国文化，成果按类型划分，涉及文学、哲学、宗教、史学、文艺学、语言学、目录学、文献学、民俗学等。研究成果丰厚，仅普实克的发表文献就多达 481 篇。

第二是聚焦中国经典作品。按时代划分，有中国古代先秦时期的《老子》《周易》，汉代的《论衡》，魏晋南北朝的《文心雕龙》，唐代白居易的诗歌，明清小说《西游记》《红楼梦》《儒林外史》；现当代作品有《林家铺子》《家》《药》等。这充分证明中国的经典作品具有超越地域、阶级、种族、族群的普适性价值和意义，吸引着捷克汉学家的眼光，一定程度上影响着捷克汉学的研究走向。

第三是体现了布拉格汉学学派的研究路径。捷克汉学家善于运用西方的文学理论来观照中国古代文学，汉学家们在超越古今、跨越国界的两种文化间找

① CHENG T H. Between Sinology and Socialism: Collective Memory of Czech Sinologists in the 1950s［J］. *Mongolian Journal of International Affairs*, 2014（19）: 116-133.

到了共性。无论是文化传统还是思维方式，异质文化之间并不存在不可逾越的障碍。捷克汉学的发展遵循捷克文化传统，首先是诗歌和艺术，其次是历史和哲学。西方汉学往往注重研究中国古典文化，而布拉格汉学学派更倾向于研究现代中国文学、戏剧、汉代哲学，并结合结构主义、符号学和马克思主义理论等方法进行研究。如今，他们的汉学研究领域不断得到拓展，增加了对中国政治思想和制度、台湾、新疆、西藏以及丝绸之路等领域的关注。

三、捷克汉学家眼里的中国古代哲学

欧洲对中国儒学的最初认知是由16—18世纪在中国旅居的耶稣会士促成的。卫方济（Francois Noel，1651—1729）可能是第一个把中国古代哲学思想系统地传播给捷克斯洛伐克的西方人。他在中国旅居24年后，于1709—1711年在布拉格耶稣会管理的查尔斯—费迪南大学讲学期间，翻译和编写了三本有关中国古代哲学的书。第一部书《中国哲学三论》（*Philosophia Sinica Tribus Tractatibus*）探讨了世界本原的问题，即天（Heaven）、上帝（God）和太极（Tai Chi），天和上帝象征了中西方思想的首次碰撞。他把第三部分命名为“中国伦理观”，并划分为伦理经济和伦理政治。第二部书《中国六大古典名著》（*Sinensis Imperii Libri Classici Sex*）是儒学六经的翻译合集，即《中庸》《孟子》《孝经》《小学》《大学》和《论语》。其中，卫方济首次将“四书”全部译成拉丁文。这是中国典籍西传史上的一大里程碑，对西方后来的汉学及汉学家产生了极大影响。第三部书《中国礼仪中的历史学》（*Historica Notitia Rituum ac Ceremoniarum Sinicaru*）的主题是17世纪至18世纪初的礼仪之争。这场持续长达三个世纪之久的有关中国礼仪的争论，表现为天主教的教义、礼仪与儒家思想中的“敬天”“孝亲”“尊师”等礼仪观念的差异，催生了儒家经典的西译和欧洲早期汉学的发展。当前中西之间在意识形态、价值观念方面的冲突，在一定意义上可以说是“中西礼仪之争”（The Controversy between Chinese and Western Etiquette）在政治、思想观念领域的延续。卫方济延续的是一条经由理性抵达信仰的经院哲学阐释路线，主张“以耶释儒”“耶儒合融”，认为天主教与儒家思想是相合相通的，而不是相违相斥的；两种文化应该共存、包容乃至融合。正如卫方济所言：“中国人的唯一崇拜是人类对自己的终点和目标所怀抱的期望。"① 卫方济放弃了神学解释，从而展示了一种哲学的形象，其翻译作品持续影响了欧洲的启蒙运动，因此成为18世纪早期中学西渐（Introducing Chinese Learning into the West）最重要的文化使者之一。卫方济的著作对德国哲学家克里斯蒂安·沃尔夫（Christian Wolff，1697—1754）产生了重要影响。沃尔夫继承了卫方济的所谓的实证科学的观点，即把科学分为伦理、政治和经济，认为儒家的伦理观念和管理国家的制度视为同时代欧洲人学习的范本。1721年7月，沃尔夫在哈勒大学做了一场《中国人实践哲学演讲》（*De Sinarum Philosophyia Practicea*），进行了伦理学上可知论与渐进论的解释，极力赞美儒教，认为儒教可以弥补基督教的不足，在整个欧洲引发了一场"精神地震"，对欧洲人了解孔子思想起到了极大的推动作用，并对康德的伦理学产生了重要影响。

卫方济和沃尔夫在捷克斯洛伐克的研究活动对捷克斯洛伐克早期汉学的产生起到了启蒙作用。时隔两百年后，19世纪80年代的捷克斯洛伐克出现了第一位本土汉学家——鲁道夫·德沃夏克（Rudolf Dvorák，1860—1920）。他在1887年和1889年分两部分出版了小册子《孔子的生活和教义》（*Číňana Konfucia život a nauka*）。他把苏格拉底同孔子进行了比较，认为孔子的思想同希腊哲学家有着某种相似之处。德沃夏克认为孔子在他的年代敢于同黑暗、腐朽的社会做斗争，将孔子的伦理和道德思想当成一种道德的自我提升和完善，而非一种教条。他在小册子中阐述了孔子宣扬的美德，即"仁"和"五伦"。值得注意的是，他改变了"五伦"的顺序，从夫妇关系出发，进而是到长者和幼者以及兄弟间的关系，然后是朋友，最后才是君臣关系。最终，德沃夏克得到结论，认为孔子是一个伟大的历史人物，当属世界最伟大的人物之列。

伊曼纽尔·拉德尔（Emanuel Rádl，1873—1940）在他的游记《西方和东方》（*Západ a Východ*）中表达了对中国和儒家思想的思考。拉德尔对中国哲学对于孔子和东方哲学做出负面的评价，显然是受到黑格尔贬低东方哲学偏见思想的影响。拉德尔这样描述孔子："平庸就是他的理想，抑制思想的飞扬就是他的哲学；他既不是天才也非英雄，既不是一个受欢迎的领导者，也不是一个专注于自己研究领域的思想家，更不是道德的宣传者，他是典型的中国人的声音，

① 钟鸣旦. 礼仪之争中的中国声音［M］. 陈妍蓉，译. 上海：上海人民出版社，2021：306.

是活生生的中国人的声音，但是孔子生活的那个坚守信念的黄金时代已经过去了。”① 他在1922年访华之后，认为当时的中国是一个残暴而落后的国家。统治者只是表面将仁爱当作维系政权的手段，实则以恐怖行为来控制被统治者。他对中国命运进行了思考，改变中国就必须大力发展工业化和产业化，同时运用西方批判精神，进行革命运动，推翻封建专制。

鲁道夫·齐茨瓦雷克（Rudolf Cicvárek，1860—1950）的著作《真实的现代中国》（*Moderní Cína jaká Vskutku je*）同样受到汉学界的广泛关注。齐茨瓦雷克曾在中国上海居住多年。1923年，他在婆罗洲的写作中对于孔子和儒学进行了严谨、客观的分析，对于中国人的性格进行了思考和阐述。值得一提的是，他并没有像其他学者一样持有偏见地对儒学和中国哲学进行抨击，而是给予了相对公正、理性的评价，并把出现的问题归咎于当时社会背景的黑暗与复杂。

奥塔卡尔·佩托尔德（Otakar Pertold，1884—1965）教授是捷克斯洛伐克亚洲宗教研究的先驱。他在后期对孔子和老子进行了具有借鉴价值的研究，但他的大部分观点仍然是早期观点的延续。包括佩托尔德教授及其之前的所有进行儒学研究的捷克学者中，最具权威的代表性人物始终是德沃夏克。

雅罗斯拉夫·普实克在翻译孔子的《论语》时在序言中写道，“从前，我不认为儒学是富有同情感的，我更喜欢浪漫并带有原始迷梦色彩的道家，只有在真正的专制主义的压迫下，我才能感到严格的不妥协的道德的价值。三千年的历史所形成的中国伦理的精髓，使我逐渐地改变着先前的看法。可能中国主要就是依靠这种伦理，这也使延续至今的唯一的古代的观念。我也开始有意识地关注孔子性格的研究，在整个社会秩序变化而又痛苦的身在其中的时候，他的追求真理和充当救世主的勇气让人敬佩，在关键时期，迈前一步，进入到未知中去也是必要的”。② 由此看出，普实克在该阶段对于孔子本人及其思想做出了高度的评价。

普实克在《中国社会的三重教义》（*Trojí ucení o spolecnosti v Číne*）中，表达了儒学思想更适合中国社会的观点，并指出了道家和儒家思想的联系与区别之

---

① RADL E. Západ a Východ：Filosofické úvahy z cest [M]. Prague：Laichter J. 1925：90.

② PRUSEK J. O čínském písemnictví a vzdělanosti（论中国文学与教育） [M]. Praha：Družstevní práce，1947：5-6.

处。他认为，儒家思想更多是立足于人、以人为出发点，并强调人作为社会中一员的角色，二者的联系在于“都认为理想的社会是建立在和谐、和平和善良人为群体的基础上的”。由此引出了普实克对于善良人群体和善的概念。他认为，善即孔子的“仁”，是指人的慈悲和仁爱之心，该理解很大程度是受到其当时从事的慈善工作的影响。在当时，“善”与“恶”“仁政”与“暴政”的对立面使他对于孔子所谓的“礼”有了更深层次的理解。他认为，“礼”是指秩序，是孔子对于天的信念。普实克确信，只有具有崇尚道德和和平的统治者才能推动世界进程，迎来属于每一个人的黄金时代。

真正开启后期儒家哲学研究的是他的学生鲍格洛。鲍格洛（Timoteus Pokore，1928—1985）曾发表《中国哲学的重要十字路口》（*Důležitá křižovatka čínské filosofie*），表达了对公元前和公元之交的中国哲学的高度关注。他于 1971 年出版了著作《论衡评充》（*Wang Čchung：Kritická pojednání*），在文中对王充进行了详尽的介绍，这对于后期捷克读者了解中国是非常有益的。1971 年，鲍格洛发表论文《孔子是谁》（*Co s Konfuciem?*），在学术界引起了不小的反响。该著作主要综合描述了孔子及其地位在中国当时新的时代背景下的改变与发展。鲍格洛在此著作中更多关注到孔子的性格和思想，这相较于他之前的作品是前所未有的。他在文中指出，在中国，对于孔子的研究是历史和实际政治的双重需要。而孔子的思想在他的时代，既是政治的，又是具体的，他关心和维护底层人民的根本利益，并要求社会的上层运用民众给予的权利履行道德责任。除上述外，鲍格洛同时关注孔子有关家庭和社会伦理方面的理念，但他并不赞成孔子纯伦理的唯心主义的观念。

除以上两位学者外，斯特热莱切克和克拉尔的著作对于年轻后辈有着非同小可的影响。普实克的学生亚罗米尔·斯特热莱切克（Jaromír Střeleček，1930—1964）曾在北京大学学习，留下一本关于道家文本的手稿。克拉尔在手稿的基础之上，编辑了《对中国哲学的介绍·历史和文本 1》（*Uvod do čínské filosofie. Historie a texty I*），该书的重点内容是儒学的“保守”特质。

阿图尔·岑普利纳（Artur Zempliner，1921— ）在 1966 年出版了《欧洲现代哲学视角中的中国哲学》（*Čínská filosofie v novověké evropské filosofii*）。严格意义上讲，岑普利纳并不是一个汉学家，但他与鲍格洛对于孔子有相似的评价，认为孔子“有足够的能力左右整个中国哲学的方向”。岑普利纳认为孔子是“日益衰落的士族阶层”的一员……，“反对统治阶级的宗教伦理，孔子哲学中的道德虽然建立在宗教的基础之上，但却是以一种怀疑的态度对待宗教问题的。它宣‘敬鬼神而远之’，努力争取和赢得被压迫阶级，它确立了‘人道主义’和‘己所不欲，勿施于人’，批判封建专制”。“孔子理想社会的概念包括如下几点：一个好的政府的主要目标是整个民族的幸福和安宁；这个目标实现的一个必要条件就是国家要由最有能力的人来治理；参与政治管理的人的权力不应该取决于他们的出身、财产或者社会地位，而应该也只能取决于人的品质和知识，品质和知识则是良好教育的结果。”①

岑普利纳的研究成果参考了大量学者的著作和书籍，贯穿时间之久、内容借鉴价值之大可想而知，其中涉及沃尔夫思想的篇幅更是占到25页之多。岑普利纳将沃尔夫视作“形而上学学派”，他认为中国的伦理哲学是沃尔夫思想的根基和来源，并且认为沃尔夫受政治观点的影响多于伦理观点。中国儒学的义务伦理观深深影响并作用于沃尔夫的伦理思想，这种思想后续体现在其学生康德的“绝对命令”思想上。

四、捷克汉学研究的思考

回顾总结20世纪中捷文化交流史与捷克汉学研究的特点，捷克汉学研究之路历尽坎坷，却能居西方国家前列，实属难能可贵。

第一，捷克汉学的发展与意识形态有着密切联系，始终处于政治因素的正负两方面影响。捷克是典型的东欧小国，历史上大多数时间处于周边大国的民族压迫之中，滋生强烈的民族主义和民主自由的精神，对中国持有怀疑防范的心态。汉学是一面照鉴中华民族内在气质的镜子，为西方社会纠正刻板印象、重新认识中国的和平崛起，打开了一扇不带有文化偏见的窗户。这都是捷克汉学家基于对中国文化的热爱，投身于传播中国文化、发展两国文化交流、促进两国对话的伟大事业当中所做的贡献。他们多数人都有过在华留学经历，担任过访华使团的捷语翻译，为中捷政府互访做出了具体工作。在中捷关系的困难

① ZEMPLINER A. *Čínská filosofie v novověké evropské filosofii* [M]. Praha: Academia, 1966: 17.

时期，他们坚守汉学研究的事业，甚至因此遭受政治迫害，折射出他们对中国文化的热爱和对中华文明的正确认知，是名副其实的“中国通”，是中捷两国历史发展的见证人与友好关系的维系者。

第二，捷克汉学家以极大的热情与探索精神展开了对中国的全面研究，致力于学术研究方法的创新，取得了举世瞩目的成果。例如，普实克的汉学研究推动了布拉格社会学学派的成立。普实克背靠着大陆理性主义思维模式，经历了从形式主义到结构主义的理论转型，把文学、社会历史、政治、经济等多种维度看作相互关联、相互影响的系统，强调把中国现代性的发生与封建社会末期社会政治经济状况联系起来，完成了从单纯的结构主义共时性研究向历时性研究的转变。捷克汉学家应用西方思想、学术理论和方法来研究中国，对中国学术界看待本国文化提供不同的视角、理论与方法，以及研究范式的更新。这不仅推进了中华文化的跨文化、跨语言、跨国别传播，也是中国当代学术发展的重要部分，其经验对中国本土现代学术的传承创新具有启示意义。

第三，捷克汉学研究打破文化壁垒，促进东西文明互渐。对于捷克汉学家来说，中华民族文化是渊源不同的异质文化。综观整个捷克汉学研究，这是一个在世界格局、国家政局经历剧变的特殊历史时期的产物。他们怀有强烈的本土情怀，并以开放的国际视野接纳东方文化，兼顾传统与现代、本土与域外。东学西渐和西学东渐，既给予西方文明自我反思的养料，展现中华文化的世界性意义，也对中华文明重新焕发生机起到了倒逼和催化作用。人类发展史充分证明，不同文明间的交流互鉴是文明发展的强大动力。面向未来，只有推动文明交流互鉴，人类文明才能进步，世界才能和平发展。

第六节 夸美纽斯的教育思想

夸美纽斯（Jan mos Komenský［捷］，Comenius［拉］）是17世纪捷克新教育学的奠基人，又被称为欧洲封建社会的最后一位教育家，同时也是资产阶级最早的教育家之一。他继承了文艺复兴时期人文主义教育家的成果，总结了宗教改革时期丰富的教育实践经验，奠定了西方近代教育理论体系的基础，对整个世界的教育发展都产生了重大而积极的影响。

一、夸美纽斯教育思想的主要渊源

夸美纽斯的教育思想如世界教育史中的稀缺瑰宝，有着深远的思想渊源。他的教育思想与宗教思想、哲学思想及时代背景都有着密切联系。他的宗教观有别于当时天主教维护的权威和腐化，而是经过文艺复兴洗礼后把人性神圣化的新基督教哲学。希腊哲学中的斯多亚派主张人要“按照自然生活”，提倡自然科学、实验科学，尊重客观规律、重视方法论研究是其教学理论的主要基础。17 世纪的欧洲，英国率先完成的资产阶级革命，新的政治、经济条件为思想的解放、科学的发展提供了土壤。宗教改革运动不仅改革教会，而且改革现实社会，推崇人道精神、批判意识。夸美纽斯经历了长达 30 年之久的国际性宗教战争，饱受流亡之苦和亡国之恨。夸美纽斯自身所接受的教育知识与教学实践也是其教育思想产生的理论与现实来源。1650 年，他前往匈牙利担任教育顾问，开办了一所泛智学校。夸美纽斯在总结前人教育成果及自己丰富教育实践经验的基础上，形成了自己的教育思想、教育理论和教学方法。

二、夸美纽斯教育思想的主要观点

“泛智论”（Pansophism）是夸美纽斯教育思想的核心。他开创了教育方面的社会正义问题，提倡普及教育（universal education）的民主思想，从“人人平等”的角度中出发，每个孩子，以及穷人，富人，残疾人，年轻人和老年人，无论性别，都有受教育的权利。这使得教育对象的范围扩大，不再只限于封建贵族、资产阶级的上层人物，许多劳动人民的子女也可以享有受教育的权利。这无疑是人文主义教育的进步。

与笛卡尔和后来的理性主义经验主义或康德的认识论不同，夸美纽斯关于认知和学习的观点并不是要从社会和自然边界中获得独立。相反，夸美纽斯认为学习和获得知识是参与世界。只有从这个意义上说，学习才能造就人性，并能够改变他和他的同时代人所经历的世界的混乱。夸美纽斯对公共和普通教育的强烈呼吁源于认知，行动和政治的结合，其中伦理被纳入认知过程。他痛恨天主教会的腐化和世俗封建主的专横统治，一生关注欧洲秩序瓦解的影响，谴责国际间大国干涉小国国家事务的现象，要求各民族一律平等。各国人民都应勇敢站出来争取本国独立和宗教自由。只有当人们停止战斗，团结合作，地球上的和平才会存在。他深信，要做到这一点，最好的办法是对所有国家的所有人进行泛智训练，使他们看到世界根本的和谐，并克服其明显的不和谐。通过这种方式，他没有在现代思想的门槛上以世界为中心，而是将人类作为超越秩序的一部分，该秩序通过单一元素之间的关系及其与真实思想的关系来维护。① 夸美纽斯的“泛智思想”反映了文艺复兴以来新兴资产阶级反对宗教蒙昧主义、提倡发展科学的时代精神，也反映了广泛发展教育的民主要求，适合当时社会生产力的发展要求，具有重要的历史进步意义。

“教育适应自然”（Education adapts to nature）是夸美纽斯提出的一条根本性指导原则。根据他的说法，既然人是自然的一部分，就应该遵守自然的一般规律，所有的教育方法都应该符合自然。这条原则以其宗教观为理论基础。夸美纽斯运用“自然观”“古经院主义”与一切轻视自然、违反自然规律的现象进行斗争。在他看来，所有的事物只是对外表现形式上不同，因为上帝创造了事物的原型，自然是事物的反映，艺术就是事物的镜像。研究自然和人活动的结果——生产技术与科学就是一项神圣的事业。②

17 世纪的欧洲处在文艺复兴和启蒙运动之间，时代的成就与局限在夸美纽斯思想中的反映都极为明显。夸美纽斯用神学观点论述教育的作用、目的与任务。他认为教育有三项基本任务，就是要使人成为“理性的动物”“造物主的形象和爱物”，需要进行“博学”“德行”与“虔信”的教育。在教育目的上，他总结为三点：

第一，强调教育对于改造社会、建设国家的作用。夸美纽斯把教育当作“人类得救”的主要手段。有教养的民族“会很好地利用世界上的自然力量和地

① MICHAEL A P. *Encyclopedia of Educational Philosophy and Theory* [M]. Singapore: Springer, 2017: 198-204.

② MURPHY D. *Comenius: a critical reassessment of his life and work* [M]. Cambridge: Cambridge University Press, 1995: 179.

下的矿藏”来造福人类，“不让一寸土地荒芜，不让一点物质浪费”。[①] 在他看来，德育比智育更重要，重视道德和现实生活的联系，批判封建旧道德传统，教导人们要从宗教狂热中解脱出来，从而把世俗道德的培养从宗教中分离出来，要为国家政治服务，关心国家的文化繁荣。

第二，强调教育在人的发展中的作用。在夸美纽斯看来，所有的人都是“上帝的爱物”，人都有一定的天赋且人性本善。人类后天的成长在于教育。“假如要去形成一个人，那便必须由教育去形成”，“只有受过合适的教育之后，人才能成为一个人”。在其晚年著作《人类改进通论》一书中，夸美纽斯声称教育应当从摇篮甚至更早的时候开始，直至进入坟墓方告结束，从而在教育领域中首次引进“胎儿教育”（Fetal education）“终生教育”（Lifelong education）和“公立学校”（Public school）的概念。他把明辨是非、节约适度、坚忍克制、公正为善作为道德教育的内容，还纳入劳动教育，并辅以榜样示范和规则约束。

第三，重视智育。在他看来，智育是“德行”和“虔信”的基础。人类的认识潜能是无尽的，它“能接受万物的影像，能够接纳整个宇宙中的一切事物”。他强调给予学生“博学”“泛智”“周到的教育”，同时还要求学生能力的提高与发展。

三、夸美纽斯教育思想的具体实践

从教育的自然适应性以及普及教育的思想出发，夸美纽斯提出了一个前后衔接的学校教育制度体系。依据年龄特征与学习能力的不同，他把人从出生到青年分为四个阶段，分别是母育学校、国语学校、拉丁语学校、大学与旅行。不同学校要用不同的方法去学习，循序渐进，才能得以成人成材。

他提出了实行学年制（semester system）和班级授课制（Class Teaching System），使得学校的教育更加正规。学年制指学校只在秋季招生，统一开学和放假的时间。学生入学后必须完成规定的课程，期末须通过考试统一升级。班级授课制就是说把不同年龄、不同知识水平的儿童，分成不同年级，通过班级来

---

① MAKSIMOV I. The pedagogical ideas of J. A. Comenius the biblical aspect [J]. *European Journal of Science and Theology*, 2018, 14 (2): 55-64.

进行教学。每个班有一定的目标和固定的教科书，大大节省了教学人员的时间和精力。这些制度反映了教育工作的客观规律，符合学校教育和普及教育发展的需要，在世界各国的初等教育及高等教育中占据主导地位，且沿用至今。

夸美纽斯的大多数教学著作都对教师进行了评论，在《泛教论》(*Pampaedia*)中，他用了整整一章来描述教师的角色。他意识到，教师的素质对于学生有很大的影响。他强调教师在教学中的主导作用。教师的职业是“太阳底下最光辉的事业”，应该既要有渊博的知识，又要有活泼有效的教学方法；不仅能够激发学生独立思考的能力，还要有良好耐心的品质。教师必须熟练掌握教学艺术，并享受他的工作。教师应该与学生建立良好、和谐的关系，学生能够在轻松愉快的氛围中得到智慧的增长。

《大教学论》(*Great Didactic*［英］，*Didoactica Magna*［捷］)是他的代表作。夸美纽斯在《大教学论》中还提出了许多重要的现代教学中需要遵循的原则，如直观性原则、启发诱导原则、量力性原则、循序渐进原则、巩固性原则，以及因材施教原则等。《大教学论》全面地论述了改革中世纪的旧教育、建立资本主义新教育的主张，提出了一套完整的教育理论体系，它第一次把教育学从哲学中独立出来，完成了教育理论上有史以来的重大变革。《大教学论》开创了近代教育理论的先河，勾画出现代教育改革运动的轮廓，具有划时代的意义。

晚年，他主要从事政治、宗教的研究，以寻求和平之道，渴望民族独立，写成《改善人类事务的总协商》(*General Consultation About the Improvement of Human Affairs*)一书，提出了全面改善人类社会事务的方案，为世界和平而大声疾呼。在教育领域，夸美纽斯提议各国应该促进文化教育和科学技术的发展，设立科学院和学会，开办图书馆，翻译和出版各种图书资料；在国际上，建立“光明委员会”，搜集和推广各国的科学发明，帮助落后国家发展文化教育。①

他的教育思想经过数百年的考验，成为现代教育、教学理论的精华和核心，被称为近代教育理论的始祖、人类教育史上的“哥白尼”。因此，对夸美纽斯教育理论的研究，不仅可以深化和扩展对其教育思想的理解，丰富人类教育史的研究成果，而且对当代教育的发展和改革实践具有重要的指导意义。

---

① MEINERT A M. *Gewalt sei ferne den Dingen*!: *Contemporary Perspectives on the Works of John Amos Comenius* [M]. Wiesbaden: Springer, 2015: 369-384.

附　录

附录 1　捷克共和国历任总统

姓名	捷克语	任期	政党
瓦茨拉夫·哈维尔	Václav Havel	1989. 12—1992. 7	公民论坛/公民民主联盟
扬·斯特拉斯基	Jan Stráský	1992. 7—1992. 12	公民民主党
瓦茨拉夫·哈维尔	Václav Havel	1993. 2—2003. 2	公民民主党
瓦茨拉夫·克劳斯	Václav Klaus	2003. 3—2013. 3	公民民主党
米洛什·泽曼	Miloš Zeman	2013. 3—2023	公民权利党
彼得·帕维尔	Petr Pavel	2023—	无党派

附录 2 捷克共和国历任总理

姓名	捷克语	任职时间	政党
彼得·皮特哈尔特	Petr Pithart	1990. 2—1992. 6	公民论坛/公民民主党
马瑞安·恰尔法	Marián Čalfa	1992. 6—1992. 7	公民民主党
瓦茨拉夫·克劳斯	Václav Klaus	1992—1998	公民民主党
约瑟夫·托绍夫斯基	Josef Tošovský	1998. 1—1998. 7	无党派
米洛什·泽曼	Miloš Zeman	1998—2002	社会民主党
弗拉基米尔·斯皮德拉	Vladimír Špidla	2002—2004	社会民主党
斯坦尼斯拉夫·格罗斯	Stanislav Gross	2004—2005	社会民主党
伊里·帕鲁贝克	Jiří Rusnok	2005—2006	社会民主党
米雷克·托波拉内克	Mirek Topolánek	2006—2009	公民民主党
扬·费舍尔	Jan Fischer	2009—2010	无党派
彼得·内恰斯	Petr Nečas	2010—2013	公民民主党
伊里·帕鲁贝克	Jiří Rusnok	2013—2014	公民民主党
博胡斯拉夫·索博特卡	Bohuslav Sobotka	2014—2017	社会民主党
安德烈·巴比什	Andrej Babiš	2017—2021	ANO2011 运动党
彼得·菲亚拉	Petr Fiala	2021—	公民民主党

附录 3 捷克内阁成员的政党属性

(2014—2020)

<table>
<tr><th>年份</th><th>总统</th><th>总理</th><th>外交部部长</th><th>国防部长</th><th>内政部长</th><th>工业和贸易部长</th><th>欧洲事务国务秘书</th><th>下议院议长</th><th>参议院议长</th></tr>
<tr><td>2014</td><td rowspan="7">Miloš Zeman (SPOZ)</td><td rowspan="4">Bohuslav Sobotka (ČSSD)</td><td rowspan="4">Zaorálek (ČSSD)</td><td rowspan="4">Stropnický (ANO)</td><td rowspan="4">Chovanec (ČSSD)</td><td rowspan="3">Mládek (ČSSD)</td><td rowspan="3">Prouza (ČSSD)</td><td rowspan="4">Hamáček (ČSSD)</td><td rowspan="5">Štěch (ČSSD)</td></tr>
<tr><td>2015</td></tr>
<tr><td>2016</td></tr>
<tr><td>2017</td><td>J. Havlíček (ČSSD)</td><td rowspan="2">Chmelař (ČSSD)</td></tr>
<tr><td>2018</td><td rowspan="3">Andrej Babiš (ANO)</td><td>Stropnický (ANO)</td><td>Šlechtová (ANO)</td><td>Metnar (ANO)</td><td>Hüner (ANO)</td><td rowspan="3">Vondráček (ANO)</td></tr>
<tr><td>2019</td><td rowspan="2">Petříček (ČSSD)</td><td rowspan="2">Metnar (ANO)</td><td rowspan="2">Hamáček (ČSSD)</td><td>Nováková (ANO)</td><td rowspan="2">Hrdinková (no party affiliation)</td><td>Kubera (ODS)</td></tr>
<tr><td>2020</td><td>K. Havlíček (ANO)</td><td>Vystrčil (ODS)</td></tr>
</table>

参考文献

一、英文文献

［1］ BERNATZIK E. *Die osterreichischen Verfassungsgesetze mit Erlauterungen* ［M］. Wien Manzsche k. uk Hof-Verlags, 1911.

JIRI M. *Knizka o ceskem charakteru* ［M］. Vyskov Obzina, 1924.

［2］ WISKEMANN E. *Czechs and Germans a study of the struggles in the historic provinces of Bohemia and Moravia* ［M］. Royal Institute of International Affairs. Oxford University Press, 1938.

［3］ MUNZER J. *We Were and We Shall Be The Czechoslovak Spirit through the Centuries* ［M］. New York Frederick Ungar, 1941.

［4］ TAYLOR A J P. *A History of Austrian Empire and Austria-Hungary* ［M］. London Hamish Hamilton, 1948.

［5］ KANN R A. *The Multinational Empire, Nationalism and National reform in the Habsburg Monarchy* 1848—1918 ［M］. New York Columbia University Press, 1950.

［6］ KOHN H. *Pan-Slavism Its History and ideology* ［M］. Notre Dame Univ. Press, 1953.

［7］ KLOFAC J. On the possibility and need of sociological research in Czechoslovakia ［M］. *Filosofcky casopis*, 1956 (3).

［8］ DITTRICH Z R. *Christianity in Great Moravia* ［M］. Groningen J. B. Wolters, 1962.

［9］ PERMAN D. *The Shaping of the Czechoslovak State Diplomatic History of the*

Boundaries of Czechoslovakia, 1914—1920 [M] . Leiden E. J. Brill, 1962.

[10] ZINNER P. *Communist Strategy and Tactics in Czechoslovakia*, 1914—1948New York Frederick A. Praeger, 1963.

[11] HEYMAN F G. *George of Bohemia King of Heretics* [M] . Princeton Princeton University Press, 1965.

[12] STRAKOSCH H E. *State Absolutism and the Rule of Law The Struggle for the Codification of Civil Law in Austria*, 1753—1811 [M] . Sydney University of Sydney Press, 1967.

[13] BURIAN P. *The State Language Problem in Old Austria* (1848—1918) [M] . Cambridge Cambridge University Press, 1970.

[14] OBRDLIKOVA J I A. *Blaha's federative functionalism* [M] . Collected papers of the Faculty of Arts, Brno University, 1970.

[15] PELIKAN J. *The Secret Vyso Cany Congress Proceedings and Documents of the Extraordinary Fourteenth Congress of the Communist Party of Czechoslovakia* [M] . New York St. Martin's Press, 1971.

[16] MAMATEY V S. LUZA R. *A History of the Czechoslovak Republic* 1918—1948 [M] . New Jersey Princeton University Press, 1973.

[17] SKILLING H. G. *Czechoslovakia's interrupted revolution. Princeton* [M] . NJ Princeton University Press. 1976.

[18] CARER B M. *The Young Czech Party* 1874—1901 *and the emergence of a multi-party system* [M] . New Haven Yale University Press, 1978.

[19] DAVID W P. The Cultural Limits of Revolutionary Politics Change and Continuity in Socialist Czechoslovakia [J] . *Boulder East European Quarterly*, 1979.

[20] KUNDERA M. The tragedy of central Europe [J] . *New York Review*, 1984.

[21] GATI C. *Hungary and the Soviet Bloc* [M] . Durhsam Duke University Press, 1986.

[22] LEWIS F. *Europe Road to Unity* [M] . New York Simon and Schuster, Touchstone, 1992.

[23] PATOCKA J. *Schriften zurtschechischen Kultur und Geschichte* [M]. Stuttgart Klett-Cotta, 1992.

[24] GLENNY M. *The Rebirth of History Eastern Europe in the Age of Democracy* [M]. London and New York Penguin Books, 1993.

[25] RADL A. *Valka Cechu s Nemci* [M]. Prague Melantrich, 1993.

[26] MASARYK T G. *Constructive sociological theory Forgotten legacy of Thomas G. Masaryk* [M]. New Brunswick, NJ Transaction Publishers, 1994.

[27] MIKUS J A. *Slovakia A political and constitutional history* [M]. Bratislava Slovak Academic Press, 1995.

[28] HAVELKA M. A Hundred Years of the Czech Question and The Czech Question a Hundred Years On [J]. *Czech Sociological Review*, 1995, 3 (1) 7-19.

[29] MIKUS J A. *Slovakia A Political and Constitutional History* [M]. Bratis-lavaSlovak Academic Press, 1995.

[30] DENNI P. *The Palgrave Concise Historical Atlas of Eastern Europe* [M]. New York St. Martin's Press, 1996.

[31] KREJCI J. MACHONIN P. *Czechoslovakia*, 1918—1992. *A Laboratory for Social Change* [M]. Houndmills Macmillan. 1996.

[32] HOLY L. *The Little Czech and the Great Czech Nation* [M]. Cambridge Cambridge University Press, 1996.

[33] SAYER D. The Language of Nationality and the Nationality of Language Prague 1780—1920 [J]. *Past & Present*, 1996 (1).

[34] LEFF C S. *The Czech and Slovak Republics National Versus State* [M]. Boulder Westview Press, 1997.

[35] BUDELEUX R. *A History of Eastern Europe Crisis and Change* [M]. New York Routledge, 1998.

[36] ZNOJ M. The Great Czechoslovak Nation and the Roots of Czech Resentment [J]. *The New Presence*, 1998 (4).

[37] WANAYCA P. *The Price of Freedom A History of East Central Europe from the Middle Ages to the Present* [M]. New York Routledge, 2001.

[38] Hronsky M. *The Struggle for Slovakia and the Treaty of Trianon* 1918—1920 [M] . Bratislava Veda, 2001.

[39] WOLVERTON L. *Hastening toward Prague*, *Power and Society in the Medieval Czech Lands* [M] . Philadelphia University of Pennsylvania Press, 2001.

[40] PETRUSEK, M. Pouceni ze zcela nekrizoveho vyvoje ceske sociologie let 1989—2001 [J] . *Czech Sociological Review*, 2002 (38) .

[41] PURSELL B C. *The Winter King Frederick V of the Palatinate and the Coming of the Thirty Years War* [M] . Aldershot Ashgate, 2003.

[42] AGNEW H L. *The Czechs and the Lands of the Bohemian Crown* [M] . Palo Alto Hoover Institution Press, 2004.

[43] BRADLEY F A. *The Struggle for the Soul of the Nation Czech Culture and the Rise of Communism* [M] . Lanham Rowman & Littlefield Publishers, 2004.

[44] Ceska sociologie v letech 1965—1989 [J] . *Czech Sociological Review*, 2004, 40 (5) .

[45] KAMINSY H A. *History of the Hussite Revolutio* [M] . EugeneWipf and Stock, 2004.

[46] KARLAS K. CzechoslovakiaCzech Republic and European integration During and after the Cold War [J] . *Journal of European Integration History*, 2004 (10) .

[47] PRUSEK J. *My Sister-China* [M] . Beijing Foreign Language Teaching and Research Publisher, 2005.

[48] ASMUS R D. The Origins of Atlanticism in Central and Eastern Europe [J] . *Cambridge Review of International Affairs*, 2005 (18) .

[49] MACHONIN P, TUCEK M, NEKOLA M. The Czech Economic Elite after Fifteen Years of Post-socialist Transformation [J] . *Sociologickýč asopisCzech Sociological Review*, 2006 (3) .

[50] DRULAK P. *Czech geopolitics Struggling for survival* [J] . Geopolitics, 2006 (3) .

[51] SOMMER P. *The Christianisation of Bohemia and Moravia* [M] . Annual

of Medieval Studies, Budapest CEU Press, 2007.

[52] CISAR O. Editing Politologicky Casopis the Czech Journal of Political Science [J]. *European Political Science*, 2007 (6).

[53] OATES L. *The limits of thought The regulatory framework of social sciences and humanities in Czechoslovakia* (1968—1989) [M]. Europe-Asia Studies, 2008.

[54] SKOVAJSA M. Editor's Introduction Placing Contemporary Czech Sociology in a Historical Context [J]. *Polish Sociological Review*, 2008, 162 (2).

[55] DRBOHLAV D. The Czech Republic on its way from emigration to immigration country [R]. Prague IDEA Working Paper, 2009.

[56] NESPOROVA O. Religion An Unsolved Problem for the Modern Czech Nation [J]. *Czech Sociological Review*, 2009 (6).

[57] HOLZER J, PSEJA P. *Political Science in Central-East Europe Diversity and Convergence* [M]. Opladen & Farmington Hills Verlag Barbara Budrich, 2010.

[58] CAENEGEM R C. *International Encyclopedia of Comparative Law* [M]. Leiden Martinus Nijhoff, 2011.

[59] DUSAN J. A Contribution to the Sociological Analysis of the History of Czech Sociology [J]. *Czech Sociological Review*, 2011, 47 (5).

[60] URBASEK P, JIRI P. *Vysokoskolsky vzdelavaci system v letech* 1945—1969 [M]. Olomouc Palacky University. 2012.

[61] SABIC Z, DRULAK P. *Regional and International Relations of Central Europe* [M]. London Palgrave Macmillan, 2012.

[62] HOLY L. *The little Czech and the Great Czech Nation national identity and the post-communist transformation* [M]. Cambridge Cambridge University Press, 2012.

[63] SABIC Z, DRULAK P. *Regional and International Relations of Central Europe* [M]. London Palgrave Macmillan, 2012.

[64] ORT T. *Art and Life in Modernist Prague Karel Capek and His Generation*, 1911—1938 [M]. New York Palgrave Macmillan, 2013.

[65] KLANICZAY G. Saints of the Christianization Age of Central Europe [J]. *Central European Medieval Texts*, 2013 (6).

[66] DRBOHLAV D. Building an Integration System Policies to Support Immigrants' Progression in the Czech Labor Market [EB/OL]. International Labour Organization, 2014-10-01.

[67] CHENG T. Between Sinology and Socialism Collective Memory of Czech Sinologists in the 1950s [J]. *Mongolian Journal of International Affairs*, 2014 (19).

[68] KUKLIK J. *Czech Law in Historical Contexts* [M]. Prague Karolinum Press, 2015.

[69] KOUBA K, CISAR O, NAVRATIL J. *Political Science in Europe at the Beginning of the 21st Century* [M]. Krakow Jagiellonian University Press, 2015.

[70] KOUBA K, CISAR O, JIRI N. *The Czech Political Science A Slow March Towards Relevance In book Political Science in Europe at the Beginning of the 21st Century* [M]. Krakow Jagiellonian University Press, 2015 14.

[71] MEINERT A M. *Gewalt sei ferne den Dingen! Contemporary Perspectives on the Works of John Amos Comenius* [M]. Wiesbaden Springer, 2015.

[72] VESELY A. *Policy Analysis in the Czech Republic* [M]. Prague Policy Press, 2016.

[73] MARTA B. *Sociology in Poland* [M]. Basingstoke Palgrave Macmillan. 2016.

[74] SKOVAJSA M, BALON J. *Sociology in the Czech Republic Between East and West* [M]. London Palgrave Macmillan UK, 2017.

[75] MICHAEL A P. *Encyclopedia of Educational Philosophy and Theory* [M]. Singapore Springer, 2017.

[76] BORIL V. Political Macrogeography of Current Public Opinion on Migration and Refugee Crisis in the European Union Multilevel Analyses [D]. Master's thesis, Univerzita Karlova, 2018.

[77] MASARYK T G. Theory and Practice The Establishment of Sociology in the Czech Environment [J]. *Historicka sociologie*, 2018 (2).

[78] NEJESCHLEBA T. *The Fifteenth Annual Conference of the International Society for Neoplatonic Studies* [M]. Lydney, 2019.

[79] KOPECEK M. Czechoslovak interwar democracy and its critical introspections [J]. *Journal of Modern European History*, 2019, 17 (1).

[80] VILAGI A, MALOVA D, KOSTOVA D. *Political Science in Central European Democracies Under Pressure, Opportunities and Challenges for New and Peripheral Political Science Communities* [M]. Gewerbestrasse Palgrave Macmillan. 2021.

[81] VLADIMIRA D, Ceska politologie a jeji smerovani v kontextu evropske politicke vedy [J]. *Politologicka Revue*, 2021 (2).

[82] LIN X Q. *Sinology during the Cold War* [M]. New York Routledge, 2022.

二、中文文献

[1] 弗兰兹·卡夫卡. 捷克斯洛伐克史纲 [M]. 叶林, 译. 北京: 生活·读书·新知三联书店, 1973.

[2] 雅·哈谢克. 好兵帅克历险记前言 [M]. 星灿, 译. 北京: 人民文学出版社, 1983.

[3] 伊里·贝利康. 永无尽头的春天——一个布拉格共产党人的回忆 [M]. 北京: 北京出版社, 1983.

[4] 王绳祖. 国际关系史资料选编上册第二分册 [M]. 武汉: 武汉大学出版社, 1983.

[5] 文暖根. 欧洲反法西斯抵抗运动史 [M]. 西安: 陕西人民出版社, 1985.

[6] 中国人民大学科学社会主义系. 国际共产主义运动史文献史料选编第五卷 [M]. 北京: 中国人民大学出版社, 1986.

[7] 中国社会科学院苏联东欧研究所. 捷克斯洛伐克关于政治与经济体制的重要文献选编 [M]. 北京: 中国社会科学院出版社, 1986.

[8] 瓦·胡萨. 捷克斯洛伐克历史 [M]. 陈广嗣, 译. 上海: 东方出版社, 1988.

[9] 安·安·葛罗米柯. 苏联对外政策史上卷 [M]. 韩正文, 译. 北京: 中国人民大学出版社, 1988.

[10] 塞·亨廷顿. 变化社会中的政治秩序 [M]. 王冠华, 译. 北京: 生

活·读书·新知三联书店，1989.

［11］辛灿. 风云变幻的东欧四国［M］. 北京：新华出版社，1990.

［12］王绳祖. 国际关系史第五卷［M］. 北京：世界知识出版社，1995.

［13］曹宏. 严寒扼杀“布拉格之春”［M］. 北京：世界知识出版社，1997.

［14］艾伦·帕尔默. 夹缝中的六国：维也纳会议以来的中东欧历史［M］. 于亚伦，译. 北京：商务印书馆，1997.

［15］本·福凯斯. 东欧共产主义的兴衰［M］. 北京：中央编译出版社，1998.

［16］黄继峰. 东欧新马克思主义［M］. 北京：中央编译出版社，2002.

［17］米兰·昆德拉. 被背叛的遗嘱［M］. 余中先，译. 上海：上海译文出版社，2003.

［18］米兰·昆德拉. 小说的艺术［M］. 董强，译. 上海译文出版社，2004.

［19］张月明，姜琦. 政坛十年风云——俄罗斯与东欧国家政党研究［M］. 上海：上海社会科学院出版社，2005.

［20］陈广嗣. 捷克［M］. 北京：社会科学文献出版社，2005.

［21］沈志华. 冷战时期苏联与东欧的关系［M］. 北京：北京大学出版社，2006.

［22］蒋承俊. 捷克文学史［M］. 上海：上海外语教育出版社，2006.

［23］高杰. 夸美纽斯的教育思想研究［D］. 长春：吉林大学硕士论文，2008.

［24］王志连，姬文刚. 捷克政党政治演变的基本特点［J］. 当代世界社会主义问题，2008（1）.

［25］马立安·高利克. 捷克和斯洛伐克汉学研究［M］. 李玲，译. 北京：学苑出版社，2009.

［26］孔寒冰. 东欧史［M］. 上海：上海人民出版社，2010.

［27］宋静. 冷战后捷克政党体制嬗变与政党沉浮［J］. 天津行政学院学报，2012（6）.

［28］宋静. 捷克地缘政治思想之争［J］. 兰州学刊，2012（3）.

［29］威廉·马奥尼. 捷克和斯洛伐克史［M］. 陈静，译. 上海：东方出版

中心，2013.

［30］高晓川. 马萨里克政治思想初探［J］. 俄罗斯东欧中亚研究，2015（2）.

［31］陈欢欢. 扬·胡斯对捷克文化价值形成的影响［D］. 北京：北京外国语大学，2016.

［32］高晓川. “布拉格之春”及其意义再认识［J］. 国际冷战史研究，2017.

［33］高晓川. 1989 年捷克斯洛伐克天鹅绒革命中的民意压力与捷共妥协［J］. 当代世界与社会主义，2018（1）.

［34］唐萌. 20 世纪捷克汉学研究的回顾与反思［J］. 汉学研究通讯，2017（2）.

［35］詹姆斯·罗伯逊. 论捷克马克思主义——伊万·兰达和扬·梅尔瓦尔特专访［J］. 管小其，译. 学术交流，2017（5）.

［36］姜琍. 捷克和摩拉维亚共产党在捷克政党政治中地位的变化及原因分析［J］. 当代世界，2018（11）.

［37］张益. 捷克和摩拉维亚共产党对社会主义理论与实践的探索研究［D］. 武汉：华中师范大学，2018.

［38］倪梁康. 胡塞尔与帕托契卡的生活世界——作为实践哲学家的现象学家［J］. 江苏社会科学，2020（4）.

后 记

本书的写作经历了一个缓慢的积累过程。本人自2003年先后师从王志连、杨烨两位教授，进入中东欧区域国别研究领域，并有幸领略姜琦、张月明等老一辈学人的风骨与情怀。在此，本人向诸位先生致敬，薪火相传，不忘师恩。在读博期间，本人接待了捷克国际关系研究所所长彼得·杜拉克（Petr Drulák）先生，与他之间的交流使我了解到捷克地缘政治的丰富内涵。他游走于学术与政治之间，体现出捷克文人的经世济用。他对中西方政治的理解超越了同时代大多数欧洲学者的认知，并在其从政后为促进中捷两国友好往来发挥了积极作用。

之后，华东师范大学国际关系与地区发展研究院与德国艾伯特基金会建立了学术合作项目。本人参与部分会议，与捷克学者保持学术关系，重点研究捷克政党政治。2009年，上海外国语大学陆续出版“欧盟及其成员国研究丛书”。借此机会，本人初步完成对捷克历史与文化的大致梳理。十八大召开后，中国全方位对外开放进程的加快为区域国别研究发展提供了良好契机。特别是在“一带一路”倡议和人类命运共同体理念的稳步推进下，中东欧政坛整体开始出现向东看的趋势。捷克总统泽曼积极推动对华合作，使中捷关系进入历史最好时期。但近年来，中捷战略伙伴关系在一定程度上受到大国竞争的负面波及。双方目前存在的困难和争议更多体现在人文社会领域，迫切需要在文化层面进行有效的沟通对话。跨文化交流有助于增进两国民众和社会层面的相互理解，培育包容，消除偏见和误解。

当前，区域国别研究方兴未艾，已经从“大写意”向“工笔画”转变，进入“一国一策”的需求层面。全国许多高校成立了捷克研究中心，对捷克共和国的研究正在全方位展开。为推动区域国别学科建设的完善和更好地服务于国家对中东欧地区的事业拓展，本人经过一年有余的资料整理、撰写和后期完善，最终完成此书稿的写作，期望能为学界同仁提供可资借鉴参考的价值。我还要特别感谢九州出版社的各位朋友！他们在出书的过程当中，承担了大量编辑校对的工作，设计出精美的封面，令本书增色不少。最后，本书在编写过程中参考了国内外同行的研究成果，在此表示衷心的感谢。同时，由于作者水平有限，书中难免有不足之处，敬请专家和读者批评指正。

汉 唐

2025 年 3 月于晋阳湖畔